北方民族大学文库

2022年北方民族大学校级科研平台"区域文化对外传播及翻译研究团队"（项目编号：2022PT_S14）

王　静 ◎著

英汉翻译职业译者搜索行为研究

A STUDY ON
THE SEARCH BEHAVIOR OF
PROFESSIONAL TRANSLATORS
IN ENGLISH-CHINESE
TRANSLATION

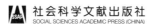

社会科学文献出版社
SOCIAL SCIENCES ACADEMIC PRESS (CHINA)

目　录

图目录

表目录

第一章

引言

第一节　研究背景

翻译职业化时代，职业译者的翻译对象包罗万象。按照葛岱克（2011）的分类，翻译活动可分为一般性翻译和专业性翻译。他进一步列举了专业性翻译的四个主要特征，源语文本符合以下一项或多项条件的均为专业性文本：

一、该材料性质属于专门类别；二、该材料涉及某一高度专业化领域（如法律、金融、信息技术、电信等）；三、该材料采用特定的格式和载体（如多媒体载体、胶片、视频等）；四、翻译该材料需遵循特定的操作程序和协议，且/或使用特殊工具或技术（如计算机软件、多媒体资料等）。

专业性翻译涉及信息技术、法律、生物医药、机械制造等高度专业化的领域。不同领域的专业文本包含的主题知识广且深，术语和惯用语表达相对固定，且格式规范较严密。专业文本的翻译中，译者需要借助软硬件工具、机辅技术和网络资源的辅助才能获取源语文本相关知识，顺利完成翻译任务。

此外，翻译市场上职业译者的学习背景和翻译经验各异：有些译者是高校翻译硕士专业的毕业生，其本科通常为外语专业；有些译者在某个教育阶段接受过较为系统的专业领域知识①的培训；有些译者则是自学自训的自由职业译者。虽则如此，大部分译者仍然以外语为主要学习背景。根据一项对中国翻译硕士专业学位研究生教育与就业的调查，受访的 2330 名翻译硕士学生的本科专业为英语，占全体受访学生的 90.42%（崔启亮，2017）。从译者个体层面来看，译者囿于其学识背景和翻译经验，不可能做到无所不知，无所不能译。大部分译者在进入职业岗位后，会逐渐找到适合自己的专业领域的翻译方向，并逐步固定下来。职业译者越早定岗，就越能快速适应职业化翻译市场的要求和变化，迅速在职业市场上占据优势（葛岱克，2011）。

译者各异的教育背景和翻译实践经验与市场对专业文本翻译要求的错位，促使研究者和翻译行业管理者思考译者需要具有多少专业领域知识，才能保证翻译质量（Gile，2011；Cary，1956，转引自 Niedzielski & Chernovaty，1993；Kim，2006；Künzli，2005；赵政廷，2014）。大部分研究者认可译者熟知专业领域知识可以促进译文质量提升的观点（Kim，2006；Niedzielski & Chernovaty，1993）。然而，在职业翻译和职业市场的语境下，翻译活动追求时效性和成本效益，要求只有外语背景的译者像行业专家一样系统、深入掌握专业领域知识并不符合现实情况。即使译者经常翻译某些领域的专业文本，译者的专业领域知识仍可能是碎片化的、浅显的。为了在规定时间内高效地完成翻译任务，译者需要快速获取即时知识（ad hoc knowledge）（Gile，2011），虽然其中的"主题知识如百科知识或高度专业的知识"，

①　本研究中的专业领域知识又称领域知识（domain-specific knowledge，area knowledge），不同研究者对类似概念的称谓不同：主题知识（subject knowledge，thematic knowledge）、专业知识（specialized knowledge）、背景知识（background knowledge）、言外知识（extra-linguistic knowledge）等。这些称谓的概念有所差异，但本研究不在此进行详细区分。依据本书的研究目标，专业领域知识包括源语和译入语文本涉及的表征文本专业性、保证跨语言顺利交际的相关知识，包括术语、术语使用等知识。后文中在描述其他研究者的研究成果中仍保留各研究者的称谓和说法。

"不一定是译者的主动知识"（Neubert，2012），只是孤立的、尚未整合到译者知识体系的知识，与行业专家系统性的知识结构有所区别（Gile，2011），"但译者必须知道查找这些知识的途径"（Neubert，2012）。研究者皮姆也强调，比起内化知识本身，知道如何查找知识更为重要；找到和加工在线资源来降低学习曲线的能力是译者"学习怎样学习"（learning to learn）的重要技能之一（Pym，2013）。

第二节　研究问题缘起

早在 20 世纪前谷歌搜索时代（pre-google）就有研究[1]表明（B. Nord，2009），没有外部资源的帮助，职业译者的翻译无法顺利进行。如今，在职业译者的工作环境中，基本的软硬件设施如电脑、翻译辅助工具、网络等已是开展翻译工作的必备条件，在协助译者高效完成翻译任务，帮助译者"抵御时间等成本风险"方面功不可没。完整的职业翻译流程中，译者与其他项目合作译者、项目管理者和质量控制人员的交流也都离不开电子技术和工具。不仅如此，电子媒介沟通极大地提高了译者与客户的沟通效率，降低了沟通成本。网络时代信息资源存储和传播方式的电子化也为译者通过翻译记忆系统（translation memory system）、机器翻译（machine translation）和在网络上迅速搜索并提取信息[2]提供了技术和资源便利。

国际标准化组织为了描述翻译市场对职业译员的新要求，在 2015 年更新了翻译服务管理标准（ISO 17100），该标准规定职业译者的能力除了翻译

①　该研究是诺德（Britta Nord）在 1997 年展开的调查，2002 年她将调查数据用于德语撰写的博士学位论文中。

②　信息搜寻领域（information seeking）中对信息的定义依据视角的不同而有所差异。马奇奥尼尼（Marchionini）对信息定义的综述显示，信息可以被定义为过程，也可以是知识或是传播信息的事物（Buckland，1991，转引自 Marchionini，1995）。信息最广泛的定义是可以改变个体知识状态的任何事物。若将信息视作抽象的概念，则承载信息的是信息资源（Byström，2002）。本研究中信息的定义沿用此概念：翻译中的信息是译者为解决翻译问题所搜索、使用的任何知识。信息资源据此可被定义为译者为解决翻译问题查询的词典，使用的搜索引擎、术语库、网页内容等资源。

能力，源语和译入语的语言、语篇能力等之外，还包括研究能力、信息获取和加工能力。后两项能力是译者获取知识的能力，需要译者具备使用研究工具的经验和有效搜索的知识与策略。翻译市场的要求促发研究者们重视信息研究和管理能力，并提出翻译活动中译者的信息素养能力（information literacy）。里斯库（Risku，1988，转引自 Massey，2017）甚至认为这是专家译者（expert translators）和非专家译者（nonexpert translators）[1] 的主要区别特征之一，该观点也得到不少研究论证和支持（Gile，2011；王少爽，2014；王育伟，2014；Zheng，2008，2014；Kuznik，2017；Enríquez Raído，2011a，2011b，2014）。

译者借助技术工具和资源以搜索行为解决信息需求[2]的过程是人机互动的复杂过程，是译者对技术工具集的综合运用（Pym，2013）。欧盟翻译硕士项目（European Master's in Translation，EMT）翻译能力框架（EMT Expert Group，2009）中的信息挖掘能力（information mining competence）不是独立的技能集合，因为大部分与翻译相关的信息储存在私有或公共的翻译记忆系统、在线数据库、译者自有语料库等中，译者对信息的搜索、判断和提取过程能够改变和平衡 EMT 翻译能力框架中其他能力的关系，该能力甚至具有策略性和计划性的特征。

全球化引领的新技术爆炸式发展促进职业翻译的形态变化，要求职业译者不断学习新知，进行自我增值，以适应工作环境。这些变化也同样引起了相关组织和教育机构对职业翻译人才要求的思考（Pinto & Sales，2007a，2007b，2008；Sales & Pinto，2011；Massey，Riediger，& Lenz，

---

[1] 里斯库所称的专家译者和非专家译者在宏观策略发展、信息组织、计划和决策以及自我管理四个认知要求维度上有差异。非专家译者采用自动化的、一维的问题解决结构，转换信号（transfer signals）时采用静态不变的规则；而专家译者在动态、自动化的复杂问题解决过程中"创造意义"，以适应内部、外部要求和要素的变化。

[2] 信息需求（information needs）的概念来自信息搜寻领域，是指搜索者所遇到的问题。换言之，信息需求是搜索者初始搜索状态或情境与预期达到的状态或情境之间的差距。这一理解信息需求的角度来自问题解决的相关理论，因此，一些研究者也称信息需求为信息问题（information problem）。本研究中的信息需求特指译者遇到的需启动搜索行为解决的翻译问题。具体概念描述和解释详见第三章第二节。

2008；Mikhailov，2015；Gile，2011）。例如，有学者（Pinto & Sales，2007a）对西班牙口笔译教师的调查显示，68%的口笔译教师认为职业译者需具备的能力首先是信息搜索能力，其次才是主题知识（subject knowledge，34%）。口笔译教师的观点反映翻译培训过程中学生搜索能力培养的重要性，而培养学生提高搜索能力不但是翻译教学的重要环节，也有助于学生与职业翻译市场的有效链接。

由此，芬兰、西班牙、瑞士、中国等国的口笔译教师开始尝试开设技术和翻译课程，或增加信息搜索培训环节，培养学生使用信息资源、搜索文献的方法和信息管理能力（Colina，2009；Vienne，2012；Enríquez Raído，2011a，2011b，2014；Massey，Riediger，& Lenz，2008；Shih，2017）。这些搜索能力培养尝试的效果良好，受过搜索培训和工具使用训练的学生更加注重对信息资源使用的反思，翻译问题意识有所增强，文献研究和搜索能力也更有计划性（Massey，Riediger，& Lenz，2008）。

口笔译教学机构的搜索课程设置尝试与 EMT 对翻译行业和译者培训衔接的考量相互呼应。EMT 从企业、译者、高校等组织和个人的多元参与主体角度出发，强调译者在职业化时代语境下应具备的职业能力，EMT 翻译能力框架强调译者需要具备信息挖掘能力，即译者按照特定的文本要求有效使用工具和搜索引擎（以及术语软件、语料库和电子词典等），正确评价网络和其他媒体的关系，提取并归档文本等的能力。与之相关的是主题能力（thematic competence），即帮助译者更好理解原文的专业领域知识能力和推理分析能力，以及与二者相关的技术能力（technological competence）——快速有效使用软件工具的能力（EMT Expert Group，2009）。这三种能力息息相关，相互影响，并共同作用于翻译过程。EMT 为适应机器翻译等新技术的发展和翻译行业的新趋势，于 2017 年对该框架进行了调整（EMT Expert Group，2017），将信息挖掘能力归于技术能力之下，使搜索能力与技术、资源结合的复合能力观进一步明晰化。

具体而言，旧版 EMT 翻译能力框架中的"信息挖掘能力"根植于翻译职业市场对职业译者的要求；PACTE（Hurtado Albir，2017）的"工具能力"（instrumental competence）和 TransComp 翻译研究小组（Göpferich，2009）的"工具和研究能力"（tool and research competence）面向翻译教育和培训，以翻译能力元素的探索为主要研究目的；而"译者信息素养"（INFOLITRANS）（Pinto & Sales，2008）借鉴信息搜寻领域的研究探究译者的信息能力培养。三个视角虽各有差异，但均阐明译者利用软硬件工具搜索、使用和管理信息的能力在翻译中占重要一席。

综上所述，职业翻译要求、翻译教育和培训现状、译者需具备的搜索能力这三者的互动关系为本研究提供了理论和现实基础。职业翻译市场对译者提出了有效使用工具和技术进行搜索及有效利用和管理信息资源的要求；为了应对网络和信息时代的要求，口笔译教育和培训机构逐渐重视学生的信息和技术能力培养；研究者根据翻译教育规律和翻译市场要求建构了翻译能力模型。然而，与译者搜索实践、搜索能力培训的重要性相对照，翻译搜索研究的文章仍然寥寥，译者的搜索行为特征仍未被充分探索。作为特殊的搜索群体，译者的职业现实对其搜索能力提出更高的要求，他们在翻译中时时需要启动搜索来改变知识状态，以理解原文蕴含的知识和明确译文表述的准确性。基于搜索的重要性和研究匮乏现状，本研究将探讨职业译者在不同熟悉度的翻译任务中的搜索行为表现，描述搜索行为所表征的译者能力特征，并为学生译者翻译能力培养和职业译者自我发展提供有效数据支撑。

第三节　研究问题

一　译者搜索行为的研究

前谷歌时代是网络才刚刚起步之时，译者查询的外部资源除了行业专家、纸质专业参考资料之外，还包括各类单语、双语纸质词典，百科辞典等。其中，语言词典在第二语言和翻译学习中一直扮演非常重要的角色，是译者首选使用的语言类资源，因此在译者搜索行为研究中，译者和语言学习者查询纸质载体的单语／双语词典的行为最早得到研究者的关注。

诸多研究者聚焦译文质量与查询词典类型（单语词典或双语词典）或查询频次的相关性，发现翻译能力不同的译者或第二语言学习者使用词典类型的差异（Roberts，1990，1992，1997；Krings，1986；Kussmaul，1995；Gerloff，1988；Livbjerg & Mees，1999，2002，2003；House，2000；Atkins & Varantola，1997；Atkins，1998；Nesi，1999；Jelveh & Nejadansari，2013；Jääskeläinen，1989a，1989b；Fraser，1999；Dancette，1997；Ronowicz，Hehir，& Kaimi，et al.，2005）。但仅关注纸质词典使用的研究已不适应信息数字化时代对译者提出的新要求。电子技术的发展推动翻译技术的更新，网络资源的丰富性逐渐改变了传统一笔一纸就能翻译的状况，促使译者适应新的技术要求和工作环境（Ehrensberger-Dow，2014）。如今，译者翻译时查询纸质语言类词典或纸质百科辞典的频次大幅减少，通过电脑、手机查询网络信息资源已成为翻译工作常态。网络技术和电子计算机等技术正在为全球超过 38 亿网民（IWS，2017），包括 7.51 亿中国网民（CNNIC，2017）提供信息服务。美国的市场研究机构 eMarketer（2017）在 2017 年底对全球智能手机和网络用户的预测数据表明，2017 年全球经常上网的用户为 34.7 亿人，占全球人口的 46.8%。

信息爆炸和技术的革新一方面提高了翻译效率，另一方面也促使译者调整更新相关知识体系以适应新的翻译技术和工作环境。如今，创新性行业如生物医药技术、信息技术、机械制造行业等领域的新知识、新术语呈现爆炸式增长态势，新语词层出不穷（Austermühl，2006），新知识的飞速传播更加依赖功能集成、内容体量大的崭新词典形态。得益于新技术发展的 CD/DVD 载体词典、掌上电子词典、在线词典等新词典形态无论是在获取方式和功能集成方面，还是在内容体量和更新速度方面都远优于纸质词典。译者和语言学习者如何受到电子词典的影响，他们使用电子词典的行为与使用纸质词典的行为有何差异，怎样开发和整合词典功能，以及电子词典使用技术的新发展对翻译教学的启示等课题引起很多研究者的兴趣（Law，2009；Corris，Manning，& Poetsch，et al.，2000；Sánchez Ramos，2005；Taylor & Chan，1994；Mahmoud，2017；Nesi，1999；Pastor & Alcina，2010；Künzli，2001，转引自 Zheng，2014；Durán-Muñoz，2010）。研究显示，学生译者和语言学习者较为偏爱电子词典和在线词典，尤其是年轻的译者已很少使用纸质词典（Law，2009；Taylor & Chan，1994）。不过，获取在线网络词典资源并非易事，且在线词典的多功能整合方式已经改变了词典的查询界面和使用方法，学生译者对 CD 等介质的电子词典不太熟悉（Sánchez Ramos，2005），仍在学习怎样适应和有效利用这类载体的词典和在线词典。

译者可用的外部资源除了语言词典和百科辞典之外，还有体量庞大、内容丰富、获取方便的网络资源，这些资源包括一般类网页，获取途径和出版发行方式较为特殊的特种文献，如远程数据库、标准文献、学位论文、专利文献等。数字化网络资源的传播速度极快，获取和存储管理方便，在译者的翻译过程中也长期扮演不可或缺的角色。对此，诸多中国学者特别关注搜索网络资源的技巧问题。有研究者细致地介绍怎样利用网络工具查询和核实信息，提高译文的准确性（李沛鸿、廖祥春，2007；倪传斌、郭鸿杰、赵勇，2003；万兆元，2008；汪洋，2013；王峰、彭石玉、严丹，2010；王军礼，2007；王勇，2005；于伟昌，2008；赵会军，2007；周杰，2007；朱明炬、谢少华，2003；朱宪超、华德荣，2007），研究中提出的搜索方法建议与争鸣为译者提供了术语搜索和查证、基于不同搜索目的的不同搜索方法、信息资源使用技巧等方面的借鉴，尤其对翻译教育和培训有益。

相当一批研究始于对译者信息行为（information behavior）① 的调查，他们关注学生译者、翻译教师和职业译者使用的外部资源，特别是网络信息

---

① 信息行为是人与信息交互行为的总称，包括信息搜寻领域中发现和获得信息资源的信息搜索行为。威尔森（Wilson，1999）对该概念进行了详细区分。本研究的信息行为特指翻译过程中译者为解决信息需求与信息系统交互的搜索信息、管理信息的行为。

资源的基本情况（Fulford & Granell-Zafra，2005；Pinto & Sales，2007a，2007b，2008；Sales & Pinto，2011；Palomares Perraut & Pinto，2000，转引自 Enríquez Raído，2014；B. Nord，2009；Massey & Ehrensberger-Dow，2011a；Xu & Wang，2011；丘柳珍，2011；Lafeber，2012；Gough，2016；Désilets，Melançon，& Patenaude，et al.，2009）。一些学者以信息素养概念为基础，对译者翻译过程中的信息需求等情况进行了大规模调查，总结出译者的信息需求基本类型（Massey & Ehrensberger-Dow，2011a；Pinto & Sales，2007a，2007b，2008），信息资源类型与译者搜索风格（Gough，2016），以及职业译者解决翻译问题时使用的资源与工具（Désilets，Melançon，& Patenaude，et al.，2009）。在英国一项对职业译者使用软件工具的调查中（Fulford & Granell-Zafra，2005），439 名英德、英法和英西等语言组合的自由译者参与了问卷调查。瑞士学者的一项调研囊括了百余名学生译者、教师和自由职业译者，涉及德语、英语、法语、意大利语等多个语种（Massey & Ehrensberger-Dow，2011a）。有西班牙学者（Lafeber，2012）对欧洲 300 多名政府间组织中的企业内部译者、审校人员和企业主管展开问卷调查，涉及 24 种语言，对受访者①的翻译技能和知识做了初步调查和分析。高夫的研究中接受网络问卷调查的自由职业译者有 540 名之多（Gough，2016）。以上研究多以问卷、自我报告、小组焦点访谈（focus group sessions）和搜索日志统计数据为主要研究方法，调查样本量大，样本构成较为多样，为后续深入研究译者搜索行为提供了基础数据参考。

然而，迄今为止深入聚焦并挖掘译者翻译过程中搜索行为的研究尚不多。这些研究的视角可大致分为以下几个方面：从语言方向（directionality）角度切入的对搜索行为的研究（Pavlović，2007；Hirci，2009，2012；Hurtado Albir，2017；龚锐，2014；Kuznik，2017）；聚焦翻译过程中译者执行不同翻译任务时使用网络资源的搜索行为与资源评价研究或不同翻译能

---

① 本书在提及其他以问卷调查为手段的研究时，将其对问卷做答的对象称为"受访者"，而将本研究中参与翻译实验的译员称为"受试者"。

力水平的译者使用信息资源的差异研究（Domas White, Matteson, & Abels, 2008; Enríquez Raído, 2011a, 2011b, 2014; Daems, Carl, & Vandepitte, et al., 2016; Karjel, 2012; Shih, 2017, 2019; Fernández, 2015; Hvelplund & Dragsted, 2018; Hvelplund, 2017, 2019; Zapata, 2016; Sales, Pinto, & Fernández-Ramos, 2018; Sycz-Opoń, 2019; Désilets, Melançon, Patenaude, et al., 2009）；以及从译者翻译能力和搜索能力培养角度切入的搜索行为研究（王少爽，2014；王育伟，2014；Zheng, 2008, 2014；龚锐，2014；Massey & Ehrensberger-Dow, 2010, 2011a; Kuznik, 2017; Kuznik & Olalla-Soler, 2018; Olalla-Soler, 2018; Chang, 2018; Fernández, 2015）。

以上研究中以搜索作为辅助观察点的研究较多。例如，在有关语言方向的研究中，有学者为译入 L2 的必要性和可行性正名，其研究中关注了译者使用外部资源的特征（Hirci, 2009, 2012）。也有学者发现，相较译入母语而言，译入 L2 时译者借助外部资源的行为增多（Pavlović, 2007；龚锐，2014），还有研究通过比较搜索行为在人工翻译和译后编辑两种翻译工作形态中的差异论证两类翻译形态下的翻译产出速度与质量的可比性（Daems, Carl, & Vandepitte, et al., 2016）。也有研究者从译者使用外部工具的搜索行为角度探究译者在译后编辑过程中使用嵌入在 CASMACAT 中的 BiConc 工具时外部资源的使用情况（Zapata, 2016）。以上研究只是把搜索行为作为被观察的变量之一，用来论证不同翻译工作模式和条件下译文质量与搜索特征的关系，其研究从不同侧面初步描述了搜索行为特征和搜索在某种限定条件下发生的变化。从这些研究中仍可管窥搜索行为在翻译过程中的基本形态、影响搜索的相关要素，以及搜索可作为描述翻译过程工具的研究理据。但此类研究仍是对搜索的外缘研究，其研究视角和目标限制了对搜索深入观察和探究的可能性。侧重探察译者搜索本质特征的还是以下以翻译能力为主要理论框架的研究。

搜索特征与翻译能力的关系是研究者持续关注的领域（王少爽，2014；Zheng, 2008, 2014; Kuznik, 2017; Massey & Ehrensberger-Dow, 2010; Chang, 2018; Kuznik & Olalla-Soler, 2018；王育伟，2014）。该类研究以搜

索时长、提问式（query）① 特征、信息资源类型和使用频次等为基本指标发现职业译者与学生译者/半职业译者的区别性特征。虽然他们的视角稍有不同：有的以术语能力为研究目标（王少爽，2014），有的以译者能力、工具能力和能力习得为主要关注点（Kuznik，2017；Zheng，2008，2014；Kuznik & Olalla-Soler，2018；Chang，2018；Olalla-Soler，2018；王育伟，2014；Fernández，2015；Sales，Pinto，& Fernández-Ramos，2018）。但这些研究却在某些发现上极为一致。简而言之，研究者们均发现职业译者对外部信息资源的态度审慎，他们的搜索频次比非职业译者多，使用的外部资源类型更为丰富，搜索时长更长。

一些研究特别关注并描写译者使用网络资源时的搜索表现，如搜索行为在翻译任务难度变化时的差异化特征规律，职业译者、学生译者等群体偏好使用的网络资源特征，其信息素养表现或学生译者搜索能力的习得过程与特征等（Domas White，Matteson，& Abels，2008；Enríquez Raído，2011a，2011b，2014；Karjel，2012；Fernández，2015；Chang，2018；Kuznik & Olalla-Soler，2018；Sales，Pinto，& Fernández-Ramos，2018；Hvelplund，2017，2019；Hvelplund & Dragsted，2018；Sycz-Opoń，2019；Gough，2016）。该类研究聚焦翻译中搜索行为和译者解决问题时体现的译者搜索能力，研究者借助信息搜寻等学科领域的研究方法，以提问式、搜索时段（search session）、信息资源等作为研究指标，跳脱以往翻译过程中搜索研究的视角，刷新了学界对译者搜索要素与本质内核的认识。

多马斯-怀特等学者（Domas White，Matteson，& Abels，2008）虽然来自信息科学系，但他们对职业译者走出熟悉区（zone of familiarity）后的搜索行为变化的研究，以及将翻译作为任务的研究视角和结论对学界相关研究颇有启发性。他们从任务的本质属性角度出发分析了翻译任务的复杂性

---

① 信息搜寻领域中，提问式是搜索者产生信息需求后，以零词项（item）、一串词项或词项与布尔运算式结合等方式表征的与信息系统交互的信息（Marchionini，1995）。本研究在翻译中的提问式特指译者搜索时提交至信息系统的词项或/和符号。本书第六章将对提问式的结构和改变风格等进行详述。

以及对职业译者翻译任务难度认识的影响。研究发现，职业译者对翻译任务复杂性的认识（perceived task complexity）会影响搜索行为。此外，他们还进一步分析了译者对翻译任务复杂性的客观评价与译者搜索行为的关系。翻译作为任务的视角在恩里克斯-拉迪奥等研究者的文章中得到扩延（Enríquez Raído，2011a，2011b，2014；Fernández，2015；Hvelplund，2017；Hvelplund & Dragsted，2018）。恩里克斯-拉迪奥（Enríquez Raído，2011a，2011b，2014）发现在翻译难度较高的专业文本时，受试译者扩大了搜索范围，信息需求和搜索频次增多，首次搜索行为也发生变化。费尔南德斯（Fernández，2015）以学生译者的医学文本翻译行为为研究对象，发现受试者的网络搜索行为与翻译任务的性质以及译者的翻译经验等变量有关。另有研究者在确定搜索的研究方法（Hvelplund，2017）后借助眼动仪，以文体熟悉度为参照设计不同翻译任务实验，考察了文学译者和专业译者（LSP translator）[1] 在熟悉和不熟悉文体的文本翻译和搜索过程中的认知负荷差异，是对译者搜索行为认知研究极为有价值的前沿探索（Hvelplund & Dragsted，2018；Hvelplund，2019）。郑冰寒（Zheng，2008，2014）、施怡怡（Shih，2017）、张（Chang，2018）、萨莱斯等（Sales，Pinto，& Fernández-Ramos，2018）对学生译者、半职业译者和职业译者的搜索频次、提问式、信息资源类型特征，或学生译者搜索能力习得的过程规律进行了描述。PACTE 研究小组近年来专注于翻译能力习得的研究，逐渐从翻译能力的各子能力成分探究转向链接翻译能力与职业翻译要求的研究。2018 年该小组成员发表了工具子能力的习得研究成果（Kuznik & Olalla-Soler，2018），该

---

① 该研究中的专业译者（translators specializing in language for specific purposes）指擅长并熟悉某一专业领域文本翻译的译者，研究者将专业译者与文学译者进行对照分析。该称谓区别于里斯库等研究者所称的专家译者（expert translators），以及在本研究中所指的以职业特征为主要划分依据的职业译者（Risku，1998，转引自 Massey，2017；Jakobsen，2005）。本研究所引文章中，研究者对两组或三组译者进行对照研究，因不同研究者的研究目的和受试者选择方法不同，他们对具有翻译能力译者的称谓有专业译者（王育伟，2014）、专业译员（龚锐，2014）、职业译员（赵政廷，2014）、职业译者（王少爽，2014；Zheng，2008，2014；Kuznik，2017；Jensen，1999；Rothe-Neves，2003）、专家（Rothe-Neves，2003）等。

研究发现信息资源数量、搜索时长、每个翻译阶段的搜索时长、搜索频次和搜索种类这五个搜索指标可以作为观察和衡量学生译者工具能力习得的指标。

以上对搜索的研究从问卷、访谈到实验录屏等研究工具综合运用的三角验证方法，再到探究译者认知活动的键盘记录软件、眼动仪的使用，研究工具不断更新，方法的复合性越发加强。搜索研究借鉴信息搜寻等领域的研究视角，研究主题逐渐扩容、多样化，研究结果越发深入、细化和明晰。已有搜索研究既有对不同组别受试者搜索行为的横向比较，又有对同组译者搜索能力习得的描述，展示了集技术、搜索对策、资源使用策略和评价等于一体的搜索行为基本特征，描绘了不同译者群体的搜索行为概貌和译者利用搜索来协调内、外部资源的基础性样态特征，是本研究的重要推演基础。

二 译者搜索行为研究的局限性

囿于研究视角，搜索行为在较多研究中仅仅作为辅助观察变量存在。有关搜索行为的结论常常作为语言方向研究、翻译在线平台的机辅工具研究的副产物出现（Daems, Carl, & Vandepitte, et al., 2016；Zapata, 2016；Pavlović, 2007；Hirci, 2009, 2012；龚锐, 2014），搜索相关的结论仍为表层、易显的特征描述，研究者还未深入挖掘译者利用外部资源在限定条件下使用特定搜索行为的方式和特征。具体而言，当译者对源语文本相关知识的熟悉程度不同时，其使用的信息资源类型的特征有何变化？再如，搜索频次会受到哪些因素的影响，怎样受到影响？信息资源有哪些类型，其丰富性又与译者的哪些知识要素相关？搜索能力作为翻译能力的要素之一，其在诸能力要素中的地位如何体现，如何协调语言能力或专业领域知识能力等深层次的问题还未得到现有研究的深入探索，为本书提供了研究空间。

多项研究已经证实职业译者搜索和使用外部资源区别于非职业译者的显著特征：职业译者搜索的频次比非职业译者多（王育伟, 2014；Kuznik, 2017；Zheng, 2008），前者使用的信息资源类型也更为丰富（王少爽,

2014；王育伟，2014；Kuznik，2017；Zheng，2008）。研究者基于对搜索频次和信息资源使用频次的计量比较不同组受试者的差异。然而正如前述，以上研究发现重复性较高，且其主要研究发现只是搜索表象的差异，差异的成因及其与结果的关系如何还没有得到有效探索。本研究认为，若深入探索翻译中的搜索行为，可借鉴图书情报学、信息搜寻等领域的人机互动（human-computer interaction）或有研究者（Zapata，2016）所称的人息互动（human-information interaction）的研究视角，将搜索行为的特定指标在限定条件下分离并控制，放置在翻译过程中的问题解决视角之下，如此，搜索的其他特征会更多地被挖掘出来。

从受试者样本构成和研究方法来看，除调查问卷外，以上大多数研究采用了职业译者和非职业译者对照的方式发现翻译能力的本质（王育伟，2014；Zheng，2008，2014；王少爽，2014；Enríquez Raído，2011a，2011b，2014；Kuznik，2017）。有研究者比较翻译硕士一年级的新手组、翻译硕士二年级的半专业组和有 4 年以上翻译经验的专业译者组（王育伟，2014）；也有研究者以本科专业三年级学生、翻译专业硕士学生，以及有 3 年以上翻译经验的职业译者为受试者（王少爽，2014）；更有研究者以非英语专业的初学者、翻译硕士生和有 3 年以上翻译经验的职业译者作为研究对象（Zheng，2008）或以译者、双语教师为实验受试者（Kuznik，2017）。另有研究围绕基本翻译能力框架的搜索能力展开，以学生译者为主要研究对象，其他译者组作为参照，探讨了学生译者的搜索能力和搜索能力习得过程和特征（Shih，2017，2019；Chang，2018；Kuznik & Olalla-Soler，2018；Sales，Pinto，& Fernández-Ramos，2018；Sycz-Opoń，2019）。只有少数研究专门描述职业译者群体的翻译认知和搜索特征（Domas White，Matteson，& Abels，2008；Hvelplund，2017，2019；Hvelplund & Dragsted，2018；Gough，2016；Désilets，Melançon，& Patenaude，et al.，2009；Sales & Pinto，2011）。

笔者认为聚焦职业译者搜索行为特征的描述和研究是对现有研究的有效补充。了解职业译者怎样在不同翻译任务中使用软硬件获取网络信息资源的方式和特征可以帮助翻译教育者了解职业译者对搜索的认识和其中所反映出的问题，从而链接职业译者和学生译者的培训和教学环节，反哺翻译教育。同时，该类研究也对翻译公司管理者评估职业译者和译者的自我发展有益。

在研究方法上，一些研究也表现出一定的局限性。不少对译者信息需求和信息行为的调查为了解搜索特征提供了基础性的数据（Fulford & Granell-Zafra，2005；Pinto & Sales，2007a，2007b，2008；Sales & Pinto，2011；Palomares Perraut & Pinto，2000，转引自 Enríquez Raído，2014；B. Nord，2009；Massey & Ehrensberger-Dow，2011a；Xu & Wang，2011；丘柳珍，2011；Lafeber，2012；Gough，2016；Désilets，Melançon，Patenaude，et al.，2009），但调研仍局限于某些国家（西班牙或英国等欧洲国家），这些数据与当地翻译职业市场和翻译教育状况息息相关，结论也受地域限制较多，且问卷采集的数据受到受访者的意愿、发放问卷的时间，甚至问卷问题设计等因素的影响，在控制问卷精度上面若有偏差，其信度和效度可能会有一定程度的消减。因此，在无足够大样本的情况下，问卷调查只能为搜索研究提供初步的概貌描述，作为研究的辅助数据支撑。

多马斯-怀特等人的研究采用了小组焦点访谈的方式，三名研究人员在受试者回答开放式问题时做访谈和笔记，然后归纳访谈数据（Domas White，Matteson，& Abels，2008）。这种基于扎根理论的研究方法所汇集的数据无法脱离受试者主观看法的影响，访谈时对受试者谈话的引导方式也会对数据提取的客观性造成导向性影响。研究者也称这种方法只是用于明确概念及概念之间的关系，提出理论假设，不能用来探索影响翻译过程变量的变化情况（Domas White，Matteson，& Abels，2008）。

恩里克斯-拉迪奥（Enríquez Raído，2011a，2011b，2014）开展了多重个案研究（multiple case study），但受试译者只有 6 名，样本混杂，区别性特征不明显（其中有 4 名本科生、1 名教师和 1 名博士生）。受试译者在实验前的翻译量、翻译经验、实验文本相关的领域知识也并未被控制。其实验文本的难度控制也不科学，只以一般性和专业性文本来定义文本难度的方法稍显粗糙。恩里克斯-拉迪奥也在研究中说明，多重个案研究的结论源于实验变量不受控制后的自然观察和总结，任何对变量间关系的估计都只是假设、初步探索性的结论（Enríquez Raído，2011a），还需其他实验进一步证明。

郑冰寒等（Zheng，2008，2014；王少爽，2014；Shih，2017；Chang，2018；Sycz-Opoń，2019）在研究时使用了共时有声思维（concurrent TAPs）。共时有声思维会导致翻译过程中断，翻译时间延长。通过这种方法获得的数据来自有个体差异的受试者，若无其他方法进行三角验证，其数据受到受试者主观因素影响的可能性较大，且职业译者翻译过程中的自动化程度较高，若采用共时有声思维，其有声思维报告产出量很低，可能无法形成完整可靠的实验数据链。

已有研究成果中搜索行为在翻译过程中的作用、表现和特征均未被完整、深入地探讨，且大部分已有搜索研究的关注点为职业译者与非职业译者的区别性特征，旨在说明搜索在翻译能力中的功能和地位。而职业译者在工作环境中常常面临不同专业领域文本的翻译任务，他们在接受陌生领域文本翻译任务时如何利用搜索解决翻译问题，以弥补文本相关知识的不足等问题还未得到深入探索。

三 提出研究问题

翻译可被视作一项复杂的任务，有研究者（Domas White，Matteson，& Abels，2008）从任务的角度描述了翻译的 7 个内在属性和 2 个外在属性，其中与本研究较为相关的为以下几点：翻译可以被分析并可被分解为几个子任务；翻译是客户驱动的任务，可能有几个相互独立的可选途径达到预期翻译目标；翻译在某种程度上是重复性的，经过一段时间的翻译，译者遇到的翻译文本也许在形式或主题知识上类似（Domas White，Matteson，& Abels，2008）。从上述任务的特性可以得出以下推论。

第一，翻译任务包含不同的子任务，如阅读、理解源语文本的任务，用译入语表达源语文本信息的任务，搜索子任务，等等。依据翻译任务视角的不同，子任务的划分有所不同。若以搜索为划分依据，搜索子任务为阅读和理解原文的时间与译文产出时间之间发生的动作。由于翻译过程的非线性特征，搜索子任务贯穿翻译全过程。

第二，翻译任务会影响搜索子任务的表现。从译者对翻译任务的熟悉度视角来看，翻译可分为常规任务（routine task）和非常规任务（non-routine task）① 两种（Laukkanen，1996；Jääskeläinen & Tirkkonen-Condit，1991），不同任务类型会对搜索行为产生不同的影响。除了不同翻译任务的共性特征外，还有一些施礼夫（Gregory M. Shreve）所称的"经验参数"（experiential parameters）为翻译任务带来变数，如"语用环境、文本类型、主题领域、翻译目的"等（Shreve，2006）。

第三，基于不同翻译目的，解决翻译问题的策略可能会不同。在执行同类翻译任务一段时间之后，译者遇到的任务形式或文本涉及的专业领域知识、文本的相关知识重合会更多，文本格式规范类似，由此，译者会对熟悉的常规任务中问题解决的外部信息资源更为了解，并逐渐形成较为程式化的搜索行为特征。

多马斯–怀特等学者（Domas White，Matteson，& Abels，2008）对翻译任务的阐述紧密贴合职业翻译的重要特征。职业翻译环境下，翻译任务的时间要求、翻译纲要（brief）、翻译产品依附的载体、信息资源的可得性等限制并塑造了职业译者的搜索策略。例如，客户要求完成翻译任务的时间紧迫时，因译者搜索查询的信息深度受制于时间压力要求，他们对源语文本中专业术语、惯用语等的意义无须系统深入理解，为了解和获得相关专业领域知识的搜索可能点到为止。再如，有些翻译任务中需要对源语文本内容进行全译，而有时源语文本只作为译者的参考文本，是译者编译的起点之一。毋庸置疑，不同类型的翻译任务对译者的搜索任务计划和执行会产生宏观上的影响。

在某种程度上，搜索是译者解决翻译问题的外显方式，也是一种问题解决策略。高普夫里奇（Göpferich，2013）曾提出，译者在解决问题的过程

---

① "常规任务"的概念与译者对翻译任务的熟悉度有关（Laukkanen，1996）。翻译研究中对"常规"与"非常规"任务的分类因视角不同而不同，其分类视角包括译者惯常翻译的语言组合、文体、专业领域等。本研究以译者对源语文本相关知识的熟悉度为划分标准，将受试者经常执行的熟悉的翻译任务称为常规任务，反之称为非常规任务。

中会使用常规的例行技能，也会因新的情境创造性地使用新的策略技能。普拉苏尔（Prassl，2010）的问题解决策略分类更为详细，包含常规策略、固定策略等四种类型。两位研究者对解决问题的策略分类不同，但他们都认可译者在解决问题时执行的两大类策略，即译者调动长期记忆中的知识解决问题的常规策略，以及长期记忆中的知识无法帮助译者解决问题，译者转向外部资源使用的非常规策略。这种对策略的看法与埃尔维斯（Alves，1995，1997，转引自PACTE，2005）的"内部支持"和"外部支持"的分类方法都为本研究提供了视角借鉴。

借助以上对策略的分类方法，本研究据此推演，在执行熟悉的常规任务时职业译者对文本涉及的术语表达、专业领域知识、文本规范、文体风格等知识更为了解，解决问题的方式更为程式化。同样，因为译者更熟悉信息需求的属性、应使用的外部资源和获取方式，搜索和提取外部资源信息的行为也具有程式化的倾向。译者在不熟悉的非常规翻译任务中也许会有常规搜索行为，但译者的常规搜索行为不总能成功解决非常规任务中的问题，由此，译者的搜索行为可能会变得更为灵活，甚至出现具有创新性的搜索策略。

另外，搜索是译者为解决翻译问题而启动的行为，研究者已发现翻译过程具有非线性和线性交织的特点。译者翻译时会在原文和译文间来回切换，有时会在源语/译入语文本与信息资源间来回转换，有时会重复阅读之前读过的源语/译文文本，或重复查询某些外部资源，这时翻译过程呈现非线性的特点（Séguinot，2000a；Enríquez Raído，2011a，2011b，2014；C. Nord，2006）。但从整体来看，译者总是遵循译前准备、初译和译后修正的线性过程——有些职业译者的译前准备会镶嵌在初译的过程中。要言之，从问题解决的角度看，译者总是在发现问题—评估问题—解决/搁置问题（重新解决未解决的问题）—发现新问题的过程中推进翻译进程，直至翻译任务完成。问题解决的过程中，翻译问题是否能成功被解决与译者的翻译能力、心理认知、情感因素，翻译问题的类型以及翻译任务的属性都有关。

大多数翻译问题定义不良（ill-defined，Sirén & Hakkarainen，2002），有时解决问题的途径不明确，需要译者不断尝试、试错，才能逐渐找到解决方案，还有的翻译问题因源语和译入语的语言谱系关系不紧密，造成译入语的语词空缺，特有的文化表达空缺、句型结构差异、表达规范不同等因素也使得解决问题的方案不止一种。这种问题解决过程的基本模型和扩展模型在拉舍尔（Lörscher，1986，1991，1992，1996，2005）的系列论文[①]以及其他研究文献（Krings，1986；C. Nord，2006；Carl & Schaeffer，2017）中都有详细的描述。

不过，虽然翻译问题异常复杂，译者识别问题和解决问题的策略仍有规律可循（Lachat，2003，转引自 Muñoz Martín，2009），且职业译者"无论是否处理本专长领域的文本，在获取解决方案的手段、元认知活动、对管理结果的自信度等方面的表现极为相似"（邓志辉，2016）。乔纳森对问题解决的四个情境维度的看法对本研究颇有启发。他认为，问题解决在不同情境下的解决方式不同，不同类型问题的解决方案也不同，特定领域内问题的解决方案依靠特定领域的认知方法。无论问题的类型有多少种，解决问题所需的认知加工在同一种问题类型内部类似。例如数学题中的运动问题（motion problem）通常有火车、飞机等交通工具反向运动，或者一个交通工具在某一时间点超过另一个交通工具等类似结构。解决不同类型的运动题时，解题者需要将不同交通工具置于不同认知结构关系中，并在特定的情境中运用不同的解决方法（Jonassen，2003）。成功解题需要特定领域的知识以及解题者将情境与认知结构模型联系起来的能力。

基于以上问题解决相关理论和翻译任务视角，本研究意图探索在职业翻译语境下译者执行不熟悉的翻译任务时如何通过搜索获取文本相关知识，补偿相对欠缺的知识。本研究将在译者执行熟悉和不熟悉两类翻译任务为实验设计的基础上，借助信息搜寻等领域研究中的相关搜索概念并将其转化为衡量搜索行为特征的指标，提出以下研究问题。

---

① 拉舍尔在系列文章中将翻译问题解决的过程总结为基本模型、扩展模型和复杂模型。其中基本模型中有五类问题解决类型。在基本模型的基础上增添其他策略，形成扩展模型。复杂模型由几个基本模型和/或扩展模型组成。他的研究虽称为翻译问题和策略的研究，实为对翻译流程中可能发生的翻译问题解决途径的描述。

——职业译者执行非常规翻译任务时，导致其启动搜索行为的信息需求有哪些类型？与常规任务相比，信息需求在数量和类型上是否有差异？若有差异，差异表现如何？

——职业译者执行常规和非常规翻译任务时启动搜索行为的频次是否有显著差异？若有差异，差异的表现如何？什么因素影响搜索频次？

——职业译者执行非常规翻译任务时使用的网络信息资源有哪些类型？与执行常规任务相比，其信息资源的类型和使用频次是否有差异？若有差异，差异的表现如何？

——职业译者执行非常规翻译任务时信息需求表征方式如何改变？改变频次如何？与执行常规任务相比，信息需求表征方式改变的频次是否有差异？若有差异，差异的表现如何？

——职业译者为成功解决信息需求的搜索时长是否与信息需求的解决正确率相关？若相关，正相关还是负相关？

第二章

文献综述

第一节　译者使用词典的研究

一　纸质词典的使用研究

在前谷歌时代，译者可以借用的外部资源除了专家、同行之外，主要为各种载体的词典，因此，早期关于译者查询外部资源的研究主要集中在词典使用上。一般类语言学习词典和适用某些特定领域的专业词典通过提供单语或双语释义、双语对照例句、图示等方式帮助译者解决语言类问题。除此之外，百科辞典在提供专业领域知识方面具有独特优势，几乎是译者的必选工具。20世纪末，一项在德国的调查显示职业译者对外部资源的需求必不可少，且译者知道怎样使用工具来翻译；词典也并不总是饱受诟病，职业译者仍能从各类词典中获益（B. Nord，2009）。该调查还是于网络新生之时进行的，译者仍更多使用纸质载体资源，研究中受访职业译者使用的49种词典中只有3种是电子词典（B. Nord，2009）。

除了对译者使用词典的调查，一些研究者以实证的方法对译者使用词典的行为规律展开了研究。他们的研究主要汇集词典使用者对词典的态度和评价，或翻译过程中词典查询行为特征所反映出的译者或第二语言学习者的词典查询特征（Nuccorini, 1992；Roberts, 1990, 1992, 1997；Krings, 1986；Kussmaul, 1995；Gerloff, 1988；Livbjerg & Mees, 1999, 2002, 2003；House, 2000；Atkins & Varantola, 1997；Atkins, 1998；Jääskeläinen, 1989a, 1989b；Fraser, 1999；Jensen, 1999；Mackintosh, 1998；Kiraly, 1995；Dancette, 1997；Ronowicz, Hehir, & Kaimi, et al., 2005）。研究发现，翻译水平较高的学生译者或二语学习者对词典持谨慎态度，翻译水平较低的译者过度依赖词典释义或过度使用词典，易轻信词典提供的释义（Jääskeläinen, 1996；Dancette, 1997；House, 2000；Wakabayashi, 2003；Ronowicz, Hehir, & Kaimi, et al., 2005）。前者查询词典的主要目的是核实已产生的译文，会更巧妙地使用单语词典（Atkins & Varantola, 1997）；而后者缺乏查询技巧。水平较高的译者查询词典的频次并不少，且更注重查询深度（Jääskeläinen, 1996）。例如针对一个词项，翻译水平较高的译者可能会查询多个词典以核实释义的正确性（Jääskeläinen, 1989a）。无论译者的翻译水平如何，似乎双语词典的使用频次更高（Mackintosh, 1998）。值得注意的是，研究者还考察了词典等资源使用的原因和顺序（Jääskeläinen, 1989a；Kiraly, 1995）。基拉里（Kiraly, 1995）发现新手和职业译者查询词典的过程并无显著差异：两组译者均在内部认知资源无法解决问题时才使用词典。不过，似乎高年级学生更喜欢首先查询单语词典解决源语理解类问题或译文表达问题（Ronowicz, Hehir, & Kaimi, et al., 2005）；而低年级学生首选双语词典（Jääskeläinen, 1989a），较少使用多个词典进行交叉验证（Ronowicz, Hehir, & Kaimi, et al., 2005）。总而言之，查询词典的类型似乎与词典使用者的翻译或双语水平有关，能产出较高质量译文的词典使用者会更加巧妙地利用词典，不盲信词典提供的词条建议（Dancette, 1997；Ronowicz, Hehir, & Kaimi, et al., 2005）。

另有研究表明纸质词典容量有限，时效性不强，因而有些译者质疑词典的权威性，对词典的评价不高（Fraser, 1999；Roberts, 1990），甚至有研究发现词典对翻译质量的正面影响并不显著——虽然译者仍然觉得使用词典比不使用词典更好（Livbjerg & Mees, 1999；Jääskeläinen, 1996）。帕斯特和阿尔西纳（Pastor & Alcina，2010）总结了已有研究中查询词典反映的主要问题和障碍，问题有二：第一，词典本身设计存在某些缺陷或用户界面不友好，导致使用者查询不便或查询不到有用的信息；第二，查询者对词典缺乏了解，不知道如何有效使用词典。词典与使用者之间的矛盾促使研究者意识到词典辅助翻译的功能有限，并建议在课堂上增设有关词典使用的方法指导（Roberts，1992；Corpas, Leiva, & Varela，2001，转引自Pastor & Alcina，2010；Jääskeläinen，1989b）。

早期的词典研究初步描述了词典使用者的查询行为特征，考察了词典使用对语词习得、词汇库建构，以及对翻译过程和译文质量的影响。词典使用的差异化特征似乎与使用者的翻译水平或外语语言水平相关。但其研究结果仍须谨慎解读，因为这些实验中受试材料和受试者选择等有其时代烙印，实验方法也以共时有声思维（Think Aloud Protocols，TAPs）、问卷调查为主，具有质性研究的特点。20世纪80年代乃至21世纪初的诸多词典使用研究只使用有声思维的形式提取词典使用者的心理活动（Gerloff，1988；House，2000；Lörscher，1986；Jääskeläinen，1986b；Ronowicz, Hehir, & Kaimi, et al.，2005），这种仅使用有声思维的研究方法易导致实验的生态效度不高，实验结果的代表性不足，且这些研究的测试材料通常是一般性文本，也许这种实验设计是为了让受试译者不要聚焦于专业术语，使实验数据更集中在词义和语法层面（Enríquez Raído，2014）。但译者遇到的翻译问题不单纯是语言理解、译文表达等语言问题，还有术语和术语背后的专业领域知识、文体风格与文本规范等问题，用一般性文本测试受试者的搜索行为无法触及上述问题。此外，一些词典查询研究中的受试者是第二语言学习者（Gerloff，1988；House，2000；Krings，1986），该群体使用词典的主要目的是学习语言知识、提升语言能力，该类查询与译者翻译查询词典的状况不尽相同。纸质词典是译者在特定时代受到技术所限使用的外部资源之一，该领域的研究为后续译者使用外部资源的相关研究提供了文献基础。随着电子技术的发展，纸质词典在翻译行业慢慢退隐，逐渐让位于新形态、新载体的电子词典。

二 电子词典的使用研究

时至今日，电子技术和网络技术促使纸质词典的形态发生变化。在新技术的支持下，词典内容极大丰富，词典载体也更加多样化，使得传统纸质词典和百科辞典在强大的网络技术功能对比下相形见绌。据报道，全世界最权威的英语词典之一《牛津英语词典》（Oxford English Dictionary）的纸质版从 2010 年开始停印，收费式的网络版词典取而代之。历史悠久的《不列颠百科全书》（Encyclopedia Britannica）紧随其后，2012 年 3 月该世界著名的百科全书全面转向了数字版（戴远君、徐海，2014）。纸质词典开始让位于新技术革命创造的跨终端新形态词典，由此语言学习者查询词典的行为和偏好也发生了相应变化。

20 世纪 90 年代对香港本科生和研究生的调查显示，当时已有 18% 的大学生使用掌上电子词典（Pocket Electronic Dictionaries，PEDs），这显示出年轻的词典使用者乐于尝试电子词典的趋势（Taylor & Chan，1994）。至 2005 年，有西班牙学者对学生译者使用词典的调查已囊括纸质、光盘和在线词典（Sánchez Ramos，2005）。该学者对学生译者使用的词典类型、查询词典的原因、查询频次等进行了问卷调查。调查发现双语词典仍是学生最常使用的词典类型（87.8%），且有 61.2% 的学生知道在线双语词典。初学者使用双语词典的人数占 91.8%，中级水平的学生（students at the intermediate level）使用人数占比降至 83.7%，且后者使用的英语和西班牙语单语词典人数（分别占 12.2% 和 4.1%）较前者更多；翻译水平较高的学生使用双语词典的人数稍有下降。不过，虽然 70.8% 的初学者和 59.2% 的中级水平的学生每天都会查询词典，但他们对词典结构并不太了解，自我评价为"较擅长使用词典者"学生人数只有 4.1%。2016 年对日本 498 名英语为第二语言的大学生的一项调查表明（Collins，2016），掌上词典是大学生的首选词典（占总受访者的 34.1%），其次是其他类电子词典（占总受访者的 32.9%）。无论是单语还是双语纸质词典，受访学生使用均为最少（总占比分别为 2.8% 和 2.4%）。用户从纸质词典向其他载体词典形式的转换偏好促使研究者开始探索译者使用集成多部单/双语词典，具有例句展示、在线搜索、百科查询、语料库句对等功能的在线电子词典的行为特征。

电子词典的存储介质为芯片、光盘、磁盘等，是借助网络技术和计算机等技术将词典内容呈现在手持设备等终端屏幕上的词典（戴远君、徐海，2014）。众多研究者试图从承载词典的介质、词典词库的性质等对电子词典进行分类（见图2-1），初步呈现了电子词典的新型样态。

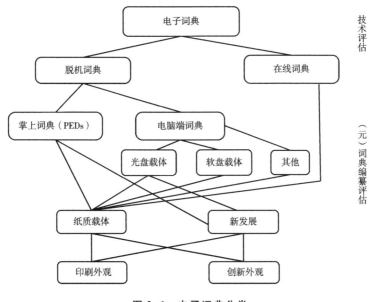

图 2-1　电子词典分类

资料来源：De Schryver，2003。

图 2-1 展示了诸多电子词典分类中的一种。如图 2-1 所示，电子词典分为在线词典和脱机词典。脱机词典按照载体不同可分为可移动的掌上词典和以电脑为存储方式的词典（电脑端词典），后者又可细分为光盘载体的词典、软盘载体的词典等。脱机词典是纸质词典的变体，其主要内容基于纸质词典，因此也不能摆脱纸质词典无法即时更新，容量有限等缺陷。图 2-1 中"新发展"部分表示已摆脱传统电子词典基本形态、结合新技术的新式电子词典，这类电子词典扩充了词典编纂的途径，整合多媒体资源，

升级词条评价功能，并增补了创新性的互动界面，因此查询的反馈速度快，内容体量大，显现出区别于纸质词典和脱机词典的优势，在本质内容上与传统电子词典不同。越来越多的电子词典也开始增加与用户互动的功能，允许用户添加词条或评价笔记。另外，划词即时显示词义，可直接复制、粘贴词项等功能也是电子词典的优势。另有研究者指出，词典与技术的结合和内容、功能的开放性会为未来词典类型创造新的可能。依据词库类型，电子词典可以细分为四种类型，如表 2-1 所示。

表 2-1　基于词库的电子词典分类

类别	构成	特点	各类型电子词典举例
词库开放型	一个主程序+多个独立的词典库	用户可以随意增删词典库,网友可制作共享词库	Mdict PC/PDA 版、灵格斯词典 PC 版、金山词霸、有道词典的本地 PC 版/手机版
词库捆绑型	一个主程序+一个捆绑的词典库,可以看成纸质词典的电子版	用户无法随意增删词典库	光盘词典、手持式电子词典、电子阅读器内置词典
词库联网型	仅一个主程序,不带词典库或词典库很小,但可以联网查询实时更新的词库	需要在词典程序终端接入网络查询(更详尽的)词典信息	金山词霸、有道词典的简单 PC 版/手机版
词库在线型	建立在 WEB 平台上,在网上传输、供用户在线查阅	只有接入网络才能查询使用	在线词典

资料来源：戴远君、徐海，2014。

表 2-1 显示，一个词典的多终端形态可以有效满足使用者的不同需求。如金山词霸、有道词典既有 PC 硬盘版，也有手机版，还有词库联网型词典。依托不同的词库，词典也呈现差异化的显示方式。金山词霸、灵格斯、欧陆等词典允许用户增加本地词典库，译者根据各自经常翻译的文本专业领域，逐渐累积构建适合自身的词典库，使得这类词典的内容和功能优势越发明显。除此之外，这类词典还带有机器翻译、网络在线搜索等功能，具有功能集成化的优势。

以上列出的几种类型词典各有优势，有研究者（Pastor & Alcina，2010）比较了 15 种在线和脱机词典，结果发现脱机词典并非没有优势，脱机词典提供的查询方式比在线词典更为多样，且内容更稳定。对学生而言，掌上电子词典便于携带，查询速度比纸质词典快，使用方便，还能查询单词发音（Taylor & Chan，1994），已成为大学生更愿意使用的词典（Law，2009；Ortega & González，2016）。研究者对不同载体词典的查询速度研究后发现，查询纸质词典的译者翻译速度最慢，手机为载体的词典查询速度最快，译文正确率高，电脑储存的词典查询速度居中（Jelveh & Nejadansari，2013），结合计算机搜索等技术的新式电子词典查询比传统词典更为有效（Nesi，1999）。有研究者针对词典的不同形态和功能差异，提出有效使用词典的建议：译者应熟悉词典中信息类别、信息类别的排序、词典类型和在不同类型词典中可能会查询到的具体信息（Roberts，1997）。

帕斯特和阿尔西纳（Pastor & Alcina，2010）为了促进翻译中的词典使用教学，选取了集合创新式搜索和传统字母排序式搜索技巧的 15 种英语、西班牙语在线和脱机词典，基于查询提问式、资源和查询结果三个指标对电子词典查询技巧进行了分类和总结。查询提问式是指译者在词典查询框输入的词项。研究发现查询者使用的提问式分为以下几种类别：1）单词；2）部分单词；3）模糊表达，如屈折形态、拼写和单复数的模糊表达；4）变位词（anagram）；5）综合使用两个以上的词项。此外，二位研究者将电子词典查询的特定单元分为：1）词条域；2）包括定义、词法关系、语义关系、补充讨论区、补充语料库等的内容域；3）起导航功能的主题域索引；4）涵盖词语所在语境、图片、音频文件等的外部链接域。从该研究中可以看出电子词典的界面和功能远比纸质词典复杂，需要译者了解并学会灵活使用电子词典的多种功能并做出查询结果判断。

为了完善词典功能，克服专业词典只提供术语内容的弊端，研究者调查译者对词汇资源的期望和使用要求（Durán-Muñoz，2010），提出应充分利用计算机技术创造词条之间的语义链接（Abate，1985），改进词典查询的搜索方式（De Schryver，2003；Corris，Manning，& Poetsch，et al.，2000；

Geeraerts, 2000；Nesi, 1999），增加图片（Abate, 1985），增加搜索历史等提示（Rizo & Valera, 2000，转引自 Pastor & Alcina, 2010），增加句法结构、文体规范和翻译策略的内容（Nielsen, 2010），或将语料库检索、语音搜索等作为词典的重要辅助功能（Sobkowiak, 2007；Bowker, 2010）。

无论词典载体如何，词典为语言学习者和译者提供词义解释和例句展示等基本语言知识的本质和功能没有改变。在线词典在此基本功能基础上不断扩展，不但整合了不同类别的单语、双语词典，扩充词典内容，还附以例句和百科知识链接，在词条丰富性、查询高效性等方面略胜一筹。但融合网络功能的词典也不可避免地移植了网络资源的缺点。一些一般类在线词典的同质化问题较为突出，译者查询不同在线词典所得的结果常常类似，且丰富的词条选择加重译者评价搜索结果的负荷，导致译者不得不花费更多的时间和认知资源对查询结果去重、筛选和判断。此外，在线词典数量众多，类型多样，新手译者获得在线词典的路径较为曲折，还需译者在翻译经验中不断获知词典资源、评价在线词典质量并对其功能进行确切定位，才能提高搜索效率。

总之，迄今为止，翻译研究中对不同载体和不同库类的词典探究还未全面深入。虽然研究者已开始关注译者/语言学习者使用纸质词典之外的其他载体词典的情况，但词典研究仍局限于词典编纂学、语言学等学科。已有词典使用研究中，大多研究以语言学习者、二语学习者或学生译者为研究对象，职业译者作为词典的经常用户被忽视；而职业译者对词典，特别是非纸质载体类词典的依赖程度不亚于其他群体用户，理应受到更多研究的关注。

第二节　译者的信息需求和搜索习惯调查研究

网络和信息技术改变了词典形态，词典的内容、功能以及使用方法也发生巨大变化，新技术聚合海量资源所创新建构的各种语料库、术语库等也改变了译者的工作平台和环境。已有研究表明，职业译者即使遇到语言类问题，也会首选搜索引擎导航后续搜索行为，而非首选词典（王育伟，2014）；译者在翻译专业术语的时候，甚至对专业词典的可信度抱有怀疑和批判态度（赵政廷，2014；Désilets, Melançon, & Patenaude, et al., 2009）。词典与其他网页资源、语料库、专业论坛、博客等网络信息资源的博弈，使得研究者开始将目光投向网络和电子时代译者搜索电子词典和网页等资源的行为习惯，此类研究多以问卷、访谈为主要调查形式。

2005 年，在网络新生之时，英国研究者（Fulford & Granell-Zafra, 2005）的一项问卷调查发现，85%的受访者曾使用过搜索引擎，79%的受访者查询过在线词典、术语表等网络资源，59%的译员曾使用多语术语库。不仅如此，大多数译者认为信息搜索极为重要。其后，在西班牙展开的一项研究除了以职业译者为主要受访对象，还纳入审校人员和跨国企业主管等20 多家欧洲政府间组织的 300 多名受访者。该项调查发现在最影响翻译效能（translation effectiveness）的因素中，研究技能（research skills，其概念与本研究的搜索技能切近）中的多项分技能评分较高："为查证事实搜索资料来源"的技能和"为表达措辞挖掘参考资料"的技能平均得分均为 4.53 分，而"判断信息资源可靠性"的能力和"为理解主题搜索资料来源"的能力的得分分别为 4.35 分和 4.33 分（Lafeber, 2012）。研究者还发现"判断信息资源可靠性"的能力和"为理解主题搜索资料来源"的能力虽是新手员工常常缺乏的技能，但两种技能对翻译效率的影响并不大，只是缺乏这两种技能会增加审校环节的工作。该研究更为重要的发现在于，译者缺乏"为查证事实搜索资料来源"的技能和"为表达措辞挖掘参考资料"的技能时，会显著影响翻译效能，增加审校工作负担，而这两种技能恰是新手员工常常缺乏的。这一发现在一定程度上说明译者应具备的职业素养与搜索能力极为相关，同时调查也显示新手员工缺乏搜索技能组合能力。该研究将搜索与搜索原因结合起来，对新手职业译者的探究不但对翻译相关企业有重要意义，也对翻译教育中搜索技能的培训颇有启发。

新手职业译者的技能不足与翻译市场的要求错位促发翻译培训教师和

研究者更新对学生译者受训过程的认识，进而学界展开了高等教育体系内的信息素养调查，以促使翻译教育行业的研究者和翻译教师发现并改进翻译人才培养的薄弱环节，适应翻译市场对译者的要求变化。平托和萨莱斯（Pinto & Sales，2007a，2007b，2008；Sales & Pinto，2011）从信息素养角度出发，在口笔译学生、翻译培训者和职业译者群体中进行了信息素养调查，试图了解不同译者群体和处于不同翻译水平译者的信息素养差异，进而帮助培养学生使用、管理和建构信息的能力。二位研究者在初步了解翻译教师对学生信息素养教育方面的看法后（Pinto & Sales，2007a），设计了半结构性问卷，以此了解口笔译学生的相关素养。结果显示，高年级学生（三、四年级学生）相比低年级学生（一、二年级学生）积累了更多的网络知识，对搜索引擎的高级搜索功能使用得更多，也更清楚自己在程序性和策略性技能、信息技术和信息技能方面的欠缺（Pinto & Sales，2007a，2007b）。不过，受访学生与翻译教师观点颇为一致的是，他们都认为口笔译教育中的首要培训内容应是信息搜索技能（占比为68%）（Pinto & Sales，2007a）。

二位研究者在以上两项调查的基础上建构了译者信息素养模型（INFOLITRANS），如图2-2所示。该模型强调信息素养是译者知识与技术、资源的交互，获取信息的动态过程，该过程不仅与译者的认知心理相关，从另一个角度来看也是译者交际能力、策略能力与信息数字能力协调的过程。二位研究者提出，译者的信息素养是创造、收集、组织、设计、管理和使用个人信息和知识基础的能力，是影响翻译效率的重要因素（Pinto & Sales，2008）。因此，合格的译者应具备以下信息素养：在职业翻译和社交场合理解所涉及要素的能力；了解个人、组织和国家间的信息流动的能力；使用技术工具的能力；明确所需信息范围的能力；熟悉信息加工技巧以更有效获取信息的能力；具有优化工作环境的组织技能，并能将有用信息整合为自身知识基础的能力；批判性地辨别和评价信息、资源的能力；了解委托翻译的组织、企业或个人，具备分析信息需求、习惯和消费等情况的策略技能；合乎伦理、合法地使用信息工具来解决问题和做出决策的能力

（Pinto & Sales，2008）。这一模型全面细致地描述了职业译者应具备的信息敏感力和信息管理能力。与其他翻译模型相比，该模型不但视角独特，还将职业译者群体作为重要描述对象，充分考虑翻译环境中的种种因素，是对翻译搜索教学的有益探索。

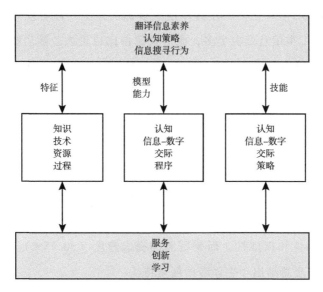

图 2-2　译者信息素养模型

资料来源：Pinto & Sales，2008。

另一组研究者（Massey & Ehrensberger-Dow，2011a；Désilets，Melançon，& Patenaude，et al.，2009）更关注译者解决问题时使用的外部资源类型和其他搜索行为情况，使用的研究方法除问卷、半结构性访谈外，还有录屏、眼动仪等翻译过程数据的抓取工具。作为"工作环境下的翻译工具"（Translation Tools in the Workplace）子项目的重要部分，梅西等研究者（Massey & Ehrensberger-Dow，2011a）调查发现了学生和教师/职业译者的搜索行为差异。教师/职业译者解决言外问题时常使用的外部资源有范本（model text）、平行文本和搜索引擎，而学生的选择囿于双语词典，信息资源使用较为单一。该研究表明，要想提高学生的翻译信息素养，培训比翻译经验更为重要，因为培训有利于培养学生译者正确的搜索意识，加深对信息资源的了解程度（Massey & Ehrensberger-Dow，2011a）。同样调查信息资源使用情况的高夫（Gough，2016）在其博士学位论文中写到，自由职业译者翻译时不论是否使用机器翻译或翻译记忆系统，均耗费 30%～36% 的时间来搜索资源，其中在线信息资源为主要资源，且双语资源的使用比重比单语资源的使用比重更大。在具体信息资源类型上，译者使用的文本类资源比术语-词汇类信息资源更多；源语资源占比也更大。随后高夫根据受试者搜索行为将译者搜索划分为五种风格，并对译者的个性搜索特征进行了描述。

以学生译者为观测样本的研究中（Sycz-Opoń，2019），翻译硕士生使用的信息资源以电子资源为主，且词典资源占所有资源的比例最大（72.70%），而双语词典是学生最为偏爱的词典类别（98.21%）。学生译者使用外部资源的第一大原因是为寻找对应表达（34.64%），其次是为寻找源语词项意义（19.86%）和确认信息（14.10%）。不过，学生使用资源的关键原因并非资源的可靠性和权威性，而是资源的提取速度（30.15%）。研究者根据以上数据进一步总结出学生译者的搜索特征。

中国学者对学生译者使用资源的调查结论也与以上研究发现较为一致（Xu & Wang，2011；丘柳珍，2011）。调查显示本科三、四年级学生译者普遍偏爱使用在线资源①，认可网络资源的高效和促进翻译质量提高的优势。在学生用来解决翻译问题的资源中，在线词典占比（23.5%）和网络搜索引擎占比（22.9%）居于前两位（Xu & Wang，2011）。一半以上的学生对在线词典（55.2%）持正面态度，认可在线词典的便捷和快速检索功能，但也有部分学生（36.4%）能够意识到在线词典提供的信息不够准确（Xu & Wang，2011）。另一项研究中（丘柳珍，2011），大部分受访学生对双语资源的依赖程度较高，对资源的评价和使用缺乏有效甄别方法，网络资源的丰富性也增加使用者选择和评价资源可靠性的难度。

---

① 该研究中在线资源仅限于免费在线词典、免费在线翻译软件、网络搜索引擎和免费在线数据库，不包括掌上电子词典和电脑上存储的供脱机使用的词典（Xu & Wang，2011）。

第三节 翻译过程中的译者搜索行为研究

中国研究者大都意识到网络资源和工具对翻译过程中查询、核实译文正确性等的重要作用（李沛鸿、廖祥春，2007；倪传斌、郭鸿杰、赵勇，2003；万兆元，2008；汪洋，2013；王峰、彭石玉、严丹，2010；王军礼，2007；王勇，2005；于伟昌，2008；赵会军，2007；周杰，2007；朱明炬、谢少华，2003；朱宪超、华德荣，2007；俞敬松、阙颖，2019）。这些研究从网络信息资源的丰富性和译者使用资源的查询技巧入手，帮助译者提高搜索技能，学会利用网络资源或语料库等查询专业术语、核实译文表述，是对搜索实操方法的经验总结与方法指导。

研究译者搜索行为特征和规律更为深入的还是下面一些文章，其研究可分为以下几个视角。

其一，翻译中不同语言方向对搜索行为的影响研究（Pavlović，2007；Hirci，2009，2012；龚锐，2014；Kuznik，2017）。

其二，不同翻译任务中译者使用网络资源的搜索行为模式与信息资源评价研究，或不同译者群体使用信息资源的规律与差异（Domas White，Matteson，& Abels，2008；Enríquez Raído，2011a，2011b，2014；Daems，Carl，& Vandepitte，et al.，2016；Karjel，2012；Shih，2017，2019；Fernández，2015；Hvelplund，2017，2019；Hvelplund & Dragsted，2018；Zapata，2016；Sales，Pinto，& Fernández-Ramos，2018；Gough，2016；Sycz-Opoń，2019；Désilets，Melançon，& Patenaude，et al.，2009）。

其三，译者翻译能力框架中的搜索子能力研究（王少爽，2014；王育伟，2014；龚锐，2014；Zheng，2008，2014；Kuznik，2017；Chang，2018；Kuznik & Olalla-Soler，2018；Olalla-Soler，2018）。

一 语言方向与搜索行为研究

语言方向的问题在翻译界争论不少，虽"母语原则"广受认可，但因不同国家在不同翻译发展阶段的国情和语言政策不同，有研究者提出译入外语的必要性和可行性的观点。有关翻译方向性的一些研究触及了不同语言方向翻译时的搜索行为差异问题。研究者发现在译入 L2 时，专业译员和学生译者的搜索时间占整个翻译过程的比例较译入母语时更长，不过两组译者搜索动作总数和使用的资源有所不同：专业译员在译入外语时的搜索动作总数较多，使用搜索引擎较多；而学生译者在译入母语时搜索动作总数较多，主要使用的搜索资源为双语工具（龚锐，2014；Pavlović，2007）。佩乌罗维（Pavlović，2007）还发现新手译者独立翻译时较合作翻译时更倾向于使用外部资源。赫尔奇（Hirci，2009，2012）在观察受试译者译入 L2 时使用纸质资源和电子资源的搜索行为后发现，与译入 L1 方向相比，虽然译者使用的外部资源对翻译速度的影响并没有显著差异，但电子资源的确能帮助译者提高 L2 的译文质量。但她也指出不加辨别地使用外部资源会损害译文质量。

不同语言方向翻译时，双语教师和译者的搜索行为也呈现显著差异。库思内克（Kuznik，2017）的研究显示，双语教师在修订审校过程中搜索时间花费最长，而译者搜索时间最长的时段是初译阶段。双语教师在直接翻译时使用的电子资源最多，而译者在逆向翻译时使用的电子资源最多、最丰富，这可能与双语教师接触 L2 比译者更多有关。库思内克的搜索行为研究延续了 PACTE 一贯的翻译子能力研究进路，其研究结果丰富和完善了PACTE 翻译能力框架中各成分特征和关系的研究。

搜索是语言方向对翻译过程和质量影响的重要表征，对照不同翻译水平译者差异的研究是了解翻译能力与语言方向关系的窗口。然而因该类研究视角所限，类似研究止于翻译语言方向限定条件下对搜索时长、使用的信息资源种类和频次的初步统计与描述，因此得出的相关搜索结论较为浅显。

二 不同翻译任务中的搜索行为与外部资源评价研究

翻译任务的难度和复杂度会影响译者翻译过程，尤其会影响译者搜索时使用的外部信息资源、搜索频次和搜索时间等。来自信息科学技术专业的多马斯-怀特等研究者（Domas White, Matteson, & Abels, 2008）探索了职业译者对任务难度的评判观点和其对翻译行为的影响，从而推测出翻译任务的客观评判标准。三位研究者以焦点访谈的方式汇集观点数据。研究发现职业译者对翻译任务复杂度和难度的判断基于译者内部、外部多种因素，包括译者和客户的关系、译者对任务的熟悉度、所执行任务及任务执行者的特征（例如源语文本的特征以及译者的信息资源知识等）。在这些因素的影响下，译者的信息行为相应产生变化。研究者们由此提出了熟悉地带（zone of familiarity）的概念，意指译者执行长期的、经常性的任务时，对任务所涉及的核心知识、理论、问题解决策略、搜索策略、信息资源知识等较为熟悉的状况。当翻译任务迫使译者走出熟悉地带时，译者会寻求外部资源的帮助——主要是单语和双语一般类词典，此时译者认为翻译任务难度和复杂度增大。从受访译者的采访数据中研究者们推断外部资源的可及性（accessibility）可以在很大程度上降低译者对任务的难度评价（Domas White, Matteson, & Abels, 2008）。

恩里克斯-拉迪奥（Enríquez Raído, 2011a, 2011b, 2014）延续多马斯-怀特等研究者的视角，关注译者面临不同翻译任务难度时的网络搜索（web searching）[①] 行为变化。其调查以该研究者的科技翻译课程为主要观察和实验操作场所，受试者为 6 名不同翻译水平的译者，其中 4 名为学生译者，2 名译者为翻译经验更丰富的翻译教师和博士生。在受试者分别翻译一篇一般性文本（6 名受试者均参加）和一篇专业类文本（4 名学生译者参加）后，研究者对受试者遇到的翻译问题和搜索行为进行了详细描述。恩里克斯-拉迪奥的多重个案研究基于扎根理论，对每个受试者搜索行为的归纳和比较完整翔实，从信息需求到搜索时长，从首次搜索方式到搜索深度，研究分析面面俱到。她的研究方法除问卷调查外，还结合了录屏软件 BB

---

① 　恩里克斯-拉迪奥研究中的"网络搜索"源自但不限于信息搜寻领域，是指译者使用搜索引擎等所有在线搜索行为以及搜寻和检索网络信息的行为（Enríquez Raído, 2014）。

FlashBack、在线搜索报告和译后半结构访谈的三角验证方法。研究最终结论为，译者广泛使用网络资源的行为似乎与搜索经验无关；专业领域知识丰富的译者的信息需求，特别是专业类信息需求较少；翻译经验丰富的译者使用的外部资源更为多样，有更为优秀的翻译表现。研究发现，当翻译任务难度增加时，译者的信息搜索时间更长，搜索范围扩大，表现为点击网页的次数增多、使用的外部资源类型更为丰富。受试者的首次搜索行为也由已知的网络资源扩大为使用搜索引擎结合直接键入网址的方式。恩里克斯-拉迪奥还发现，受试译者的搜索技能与提问式的有效表达有正相关关系；翻译能力与信息资源的选择有关，且学生译者的重复性搜索行为较多。该研究虽然是个案研究，只有 6 名受试者，但对译者信息行为与任务复杂度关系的描述对翻译教学有很大的启发。例如该研究发现学生译者无论遇到的是语言问题，还是主题知识问题，搜索时仍大多首选词典，只有当词典无法满足问题解决的需要时，他们才会寻找其他类资源。这种不因问题差异甄选资源的态度可能会损害翻译质量，因此恩里克斯-拉迪奥建议教学中应强调词典释义与平行文本等其他资源反复交叉验证的重要性。该研究为开设正式信息搜索培训课程的必要性提供了佐证。

以翻译任务为切入点研究译者搜索行为的另一项研究中，费尔南德斯（Fernández，2015）在观察 4 名学生译者翻译医学文本的过程后，发现受试者使用网络资源的搜索行为与译者翻译经验、专业领域知识等存在关系。该研究选取的样本是参加医学翻译课程的学生。实验持续整个课程，其测试文本均有关医学知识。研究者将测试文本二做了部分改动，以适合翻译实验。文本一的翻译任务在受试者家里完成，部分文本二的翻译任务在家里完成，部分在课堂上完成。在课堂实验中，研究者要求受试者一边翻译，一边做口头报告，并用录屏软件将翻译过程录制下来。该研究还发放了 5 份问卷，意为了解受试者的背景信息，翻译知识，对有声思维的态度，所译文本的功能、风格、难度、熟悉度，以及使用的网络资源情况。研究考察了搜索时段、搜索策略等指标，结果发现学生对直接键入地址的搜索策略较为偏爱，对双语网络资源最为依赖。低年级学生使用的参考资料比高年级学生少，似乎表明学生的翻译经验越丰富，信息资源使用越多，搜索频次越多，译文质量越高。另外，学生译者对主题的熟悉度与搜索频次呈负相关，且他们的网络搜索行为仍处于浅搜索层次。

有研究者在探讨译者使用电子资源的研究方法后（Hvelplund，2017），特别从文体熟悉度的视角关注翻译各个阶段中译者认知努力表现的规律（Hvelplund & Dragsted，2018；Hvelplund，2019）。研究者们以受试者的自我评价为文体熟悉度的测量指标，将职业译者分为文学译者和专业文本译者。该研究发现专业文本译者在翻译熟悉文体的文本时，平均每个搜索活动的时间比翻译不熟悉文本时更短，似乎这是因为他们已发展出更为高效的术语搜索方法。在翻译较为陌生的文学文本时，专业文本译者在搜索时的注视时间显著增加，不过文学译者没有表现出这种差异。研究者推测受试者在专业文本翻译时的搜索活动更多，可能与专业文本的术语较多有关。

施怡怡（Shih，2017）以汉英语言组合的学生译者为受试者，除了印证其他研究结果外，她还发现并总结出学生译者的四种查询类型和两类搜索风格。受试者使用的信息资源类型为：搜索引擎、在线词典、在线机器翻译和在线百科辞典。两类搜索风格为较多使用单一资源和灵活使用多种资源的风格。前者风格下，尽管译者也会使用高级搜索功能，使用单一资源仍是主要方式，具有该搜索风格的译者较易产生挫败感。后一种搜索风格是译者能结合使用多种网络资源的方式。学生译者使用的网络资源类型相似，不过似乎在线词典使用得最多，换言之，学生译者对词典，特别是对双语词典的依赖仍较强。施怡怡还发现，学生译者提问式词项构成主要来自源语文本，其结构共有四类。施怡怡延续其对学生译者搜索行为的研究，在 2019 年继续观测了学生译者搜索成功和搜索失败两种情境，并探索可能导致译者搜索失败的原因（Shih，2019）。同样关注学生译者的研究者（Sales, Pinto, & Fernández-Ramos, 2018）从信息素养的跨学科视角，以问卷调查的方式了解学生的信息素养情况。问卷按照首次阅读原文、明确信息需求、制订信息搜索计划、搜索信息、储存和管理信息五个阶段设计问题，考察并分析每个阶段学生的回答所体现的信息素养，为翻译教学提供真实有效的数据支撑。

戴姆斯等研究者（Daems，Carl，& Vandepitte，et al.，2016）从学生译者使用外部资源的角度出发，探究人工翻译和译后编辑两种翻译任务形态下译文的质量和翻译效率的差异。研究发现人工翻译和译后编辑使用的外部资源类型相当，译文质量也相当。不过人工翻译任务形态下，译者搜索外部信息资源的时间更长，成功率更高；而译后编辑任务形态下，译者的翻译速度更快。译者搜索时对外部资源的评价会影响决策行为，因此成功找到翻译问题的答案也与译者对外部电子资源的了解、获取方式和评价相关。泽帕塔（Zapata，2016）与戴姆斯等研究者使用同样的技术系统环境，也以搜索为切入点，探究了使用嵌入 CASMACAT 的 BiConc 工具过程中英/西译者译后编辑时使用的外部资源。研究者试图以此说明信息技术与工具对译者翻译行为产生的重要影响，并对译者与信息互动的改进提出建议。

卡吉尔（Karjel，2012）探索了新手学生译者、经验稍丰富的学生译者和 5 年以上翻译经验的译者在翻译术语时对外部资源选择的标准。实验设计为 3 组译者翻译复杂度不同的文本后各自接受译后访谈，表达他们的信息资源选择标准，结果发现新手译者特别依赖各种评价在线资源可靠性的技术标准，经验稍丰富的译者和经验丰富的译者关注语篇质量的相关评价标准，而翻译经验和源语文本的复杂度似乎并不是影响资源评价的指标。

任务视角下的翻译研究将搜索置于一定的限定实验条件下，结合多学科的研究方法，以搜索频次、外部信息资源种类和使用频次等为指标，延伸了搜索行为所表现出的翻译能力在具体情境下的特征。相比仅以问卷、访谈作为方法的调查研究和语言方向角度的搜索行为发现而言，该类研究更为接近搜索行为的本质和核心，更能体现搜索在不同翻译条件下的变化以及搜索在翻译能力中的作用。其研究视域和结论是本研究的重要视角和研究方法基础。本研究将特别借鉴其对搜索提问式、搜索时段、信息资源概念的定义，参考翻译任务的设定角度和任务区分方法，在了解其研究工具对本研究适用性的基础上进行实验设计。

三　译者翻译能力与搜索行为的研究

译者使用工具搜索的能力是翻译能力的一个重要组成部分（PACTE，2000，2002，2003，2005，2008，2009，2011a，2011b，2014，2018；Kuznik，2017；Göpferich，2009；Gile，2011；Kuznik & Olalla-Soler，2018；Olalla-Soler，2018；王少爽，2014；王育伟，2014；Zheng，2008，2014）。吉尔（Gile，2011）在其著作中专辟一章阐述口笔译过程中即时知识的获取，他详细地将信息资源分为文档类和人力资源两大类。文档类资源分为纸质、胶卷等硬拷贝资源和（电脑硬盘、光盘介质储存的）本地和（网络文档）远程资源，还可从另一个角度划分为术语类资源和非术语类资源。术语类资源细分为词典、词汇表、术语文件、术语数据库。非术语类资源细分为文章、书籍、目录、广告、政府官方文件、政府或政府间组织发布的报告、法律文本合同、专利文件、用户手册、幻灯片、通知等。吉尔对每类资源的使用利弊提出了看法，其对信息资源的描述基于口笔译教学中的培训目的，是较早对知识资源获取的阐述。

研究和对比不同翻译水平译者的搜索行为有助于发现职业译者区别于其他译者群体的特征，深入、全面地描述翻译能力，因此大多数研究者采用这种对照受试组的研究方法。郑冰寒（Zheng，2008）对职业、半职业和翻译初学者三组受试者的英汉翻译过程进行了观察和研究。实验方法为受试者在翻译两篇文本的同时做有声思维。研究结果发现职业译者查询外部工具的频次最少，且查询目的以"优化表述"和"寻求搭配"为主。这一发现说明职业译者以寻找恰当译入语表述为主要查询目的，而不是为理解原文。职业译者的查询手段更为多样化，但他们对外部资源提供的释义持谨慎态度，对查询结果的满意度为三组之中最低。2014 年郑冰寒改进了博士学位论文研究中的统计方法，并去掉了其中一个变量——"寻求搭配"的查询目的，除了一些已有结论，研究还发现职业译者对单语词典并不偏爱的态度倾向。与 PACTE（2005）的研究结论相同，郑冰寒同样发现职业译者在做决策时对内部支持性资源的利用较多，且受试译者的搜索熟练程度是决定搜索频次和翻译效率的显著指标，其中搜索频次与译者的翻译经验呈负相关的关系。其他研究者（王少爽，2014；王育伟，2014；Kuznik，2017）与郑冰寒的某些研究结果类似，虽然研究者们的视角稍有不同，实验测试的翻译语言方向和文本涉及的专业领域不同，但这些研究都认同翻译能力更强的译者使用的信息资源更丰富；其使用的信息资源也从词典资源扩大为搜索引擎导航的其他网络资源，且搜索频次、搜索时长似乎与译者翻译能力相关。

　　PACTE 对翻译能力的研究更为综合，他们的工具能力研究考虑到语言方向、翻译过程每个阶段中搜索时长、使用信息资源的种类、搜索频次、搜索风格多样性等基本指标。PACTE 招募了职业译者和双语教师为受试者，实验分为 L1 和 L2 两个语言方向的翻译任务。除如前所述语言方向与搜索行为的关系，PACTE 将受试者的搜索行为分为 13 类[①]，并对受试者使用搜索类型的组合形式进行了如下分类：不搜索、简单搜索、双搜索组合、多种搜索组合和超多种搜索组合（Kuznik，2017）。在归类和统计各搜索指标后，研究者发现职业译者在逆向翻译时的信息资源比在直接翻译中多，而双语教师恰恰相反，且他们使用信息资源的数量似乎与译文质量无关。职业译者在两个语言方向翻译时的搜索时间都比双语教师长。在翻译的不同阶段，两组受试的差异体现在直接翻译时职业译者的搜索耗时在修改阶段比教师更短，但在初译阶段的搜索耗时更长。搜索频次在两组受试者中的差异体现为，直接翻译时职业译者的搜索频次比逆向翻译多，而双语教师在直接翻译时搜索频次更多。搜索行为的 13 类风格分类中，"使用关键

① 这 13 类搜索行为为：使用关键词搜索、搜索对等表达、搜索定义、精确搜索、搜索同义词、上下文内搜索、为确认目的搜索百科全书、网站内搜索、使用缓存搜索、限定地区搜索、限定语言搜索、限定时间搜索、搜索后更正（Kuznik，2017）。笔者分析，这 13 类搜索行为仅限于实验中受试者的行为，不一定全面覆盖其他译者的搜索特征，且该文并未对搜索行为的分类标准做出解释，导致有些类别内容有重合的地方。

词搜索"和"搜索对等表达"是统计学意义上职业译者比双语教师使用更多的类别。而在逆向翻译中，除了这两类，职业译者比双语教师更多地使用"搜索定义"，且偏好使用 5 个以上搜索类型的组合。由此，PACTE 将搜索频次、使用信息资源的数量和类型等指标作为译者工具能力的重要特征。

PACTE 的最新研究成果（Kuznik & Olalla-Soler，2018）关注学生译者的工具能力习得。他们利用 2011 年实验已收集的数据再次挖掘工具子能力中可以显示能力习得的指标。研究者们以信息资源数量、搜索时长、每个翻译阶段的搜索时长、搜索频次和搜索类型 5 个主要指标考查学生译者的能力习得发展轨迹。在整理归纳学生译者的搜索行为后，研究者共总结了 8 类信息资源、13 种搜索类型，发现了学生译者的工具能力习得规律。第一，学生译者在使用电子资源方面的行为和策略方面较为同质化。第二，工具能力习得呈非线性发展，表现为能力发展到一定阶段会稍有下降，最后再次升高的曲线轨迹。第三，一、二年级学生在逆向翻译时使用的资源类型数量和搜索频次存在差异，且二年级学生了解的信息资源更多，问题意识更强。第四，逆向翻译中学生译者使用工具资源的强度更大。第五，无论是何语言方向的翻译，学生译者的搜索时长、信息资源数量、搜索频次均与译文可接受性无关。

同样关注学生译者搜索能力习得的有研究者张（Chang，2018）。他在对受试者搜索技能学习进行了历时 1 年的跟踪研究后，发现学生在初期问题解决不成功似乎与学生对问题的错误理解和判断有关，因此他强调翻译教学中帮助学生诊断翻译问题的性质极为重要。学生译者虽然会使用网络资源理解原文，但仍出现一些错误使用或理解在线信息的行为，这可能与学生译者使用的网络资源类型较为单一有关。其研究还发现很多学生译者对不确定性有一定的容许程度，并能使用在线图片或在线地图等非传统网络资源进行交叉验证。

除了以上研究外，还有研究者特别关注文化翻译问题解决过程中译者使用电子资源的情况（Olalla-Soler，2018）。研究者以译者的文化能力习得为视角，实验按照 PACTE（2014）的研究设计模板，对照职业译者和学生译者两组受试者文化翻译中的搜索表现。研究发现学生所接受的搜索培训越多，其文化问题解决的可接受率越高。但学生使用的信息资源种类没有显著变化，提问式数量没有增加，且搜索培训与提问式种类没有线性关系，问题解决的可接受率也与信息资源的种类无关，表明学生译者搜索能力的不同表征指标发展的轨迹和特征有差异。不过，研究进一步发现，当受试者越多使用内部文化知识解决问题时，问题的正确解决率越高。在搜索时长上，职业译者比学生译者使用的提问式更短，搜索时间也更短。笔者推测这一差异可能源自职业译者对内部资源的有效提取。职业译者和学生译者的差异还表现为后者使用的信息资源更为丰富、提问式更多。研究者对照另一个研究结果（Kuznik & Olalla-Soler，2018）发现文化翻译问题的搜索时长比起其他信息需求解决所耗费的搜索时长显著增加，这是将信息需求的特征与搜索时长关联起来的较特别的发现。

由于学生译者的搜索频次、搜索时长、对信息资源的了解和判断对译文质量产生影响，诸多研究者呼吁应加强对学生搜索技能的培训，培养学生译者的问题意识和信息素养（Enríquez Raído，2011a，2011b，2014；Pinto & Sales，2008；Massey，Riediger，& Lenz，2008；Shih，2017；Olalla-Soler，2018）。梅西等研究者尝试将搜索培训融入翻译课程中（Massey，Riediger，& Lenz，2008）。他们在大学新生中开设"搜索研究"教学课程内容。虽然学生认为本课程与其他课程关联度不大，但教学达到了预期效果，学生在资源使用和问题意识上均有提升，能设计搜索步骤并逐步执行解决问题的策略。有研究者（Massey & Ehrensberger-Dow，2010）甚至发现学生译者的搜索表现与职业译者虽有差异，但受过搜索训练的学生的搜索表现有时比职业译者的搜索表现更好。

由于搜索能力之于翻译能力的不可或缺性，研究者通常将搜索置于翻译能力的视角之下，这是较为普遍的搜索研究维度。该视角的研究以往对翻译核心子能力的关注更多，研究者通常对照译者组和非译者组等组别的翻译行为，以发现搜索在不同组别之间的差异特征。如今，越来越多的研究者已将目光转向学生译者的搜索能力习得和职业译者的搜索行为特征。

翻译能力视角的搜索研究为本研究提供了理论视角和研究空间。本研究将以此作为研究的另一个切入点，探究职业译者的搜索与相关知识的关系。

第四节 已有研究的贡献及局限性

一 已有研究的贡献

已有对纸质单语/双语词典和百科辞典的研究已揭示译者在使用词典时的查询规律，特别是译者使用单语、双语词典的差异，查询目的差异，以及差异所体现的翻译能力水平等。译者使用词典的研究对翻译教学的价值仍不容忽视。但是，如今在电子和网络时代，因网络技术和大数据的助力，译者更青睐使用电子资源，这些电子资源内容体量更大，集成度高，获取方式更为便捷。已有研究发现年轻译者或以英语为主要工作语言的译者更为偏好使用在线电子资源（Massey & Ehrensberger-Dow，2011b）。为了解译者的信息资源使用习惯和方式，研究者们对职业译者、学生译者和翻译教师使用外部资源的方式进行了区域性的大规模调研，了解他们使用外部资源解决不同种类翻译问题的方式和差异，提供了译者在新技术助力环境下的工作概貌基础数据。这些调查也为本研究继续深入研究译者搜索行为特征提供了缘起支持。

搜索是译者利用外部信息资源的主要行为方式，是译者使用纸质词典行为的延伸，也是研究者观察译者翻译过程中快速获取相关知识的重要窗口。一些研究者利用搜索时长、信息资源种类、搜索频次等相关指标分析语言方向、源语文本难度和复杂度、不同翻译任务对翻译过程和译文质量的影响，发现了搜索在限定翻译条件下呈现的特征。例如，研究者发现在L2翻译或源语文本难度和复杂度升高时，译者的搜索范围扩大，搜索更频繁，使用的外部资源更多样。搜索也是反映译者翻译能力的重要指标，在翻译能力框架中的搜索研究结论揭示了职业译者与其他翻译水平译者之间的区别性特征，如职业译者更为灵活、多样、频繁地使用外部资源，他们在解决言外问题时选择使用的网络资源与新手译者不同，等等。这些研究在某种程度上印证了搜索是译者使用电子资源解决翻译问题的重要策略，是协调和平衡译者陈述性知识并有效激活程序性知识的重要能力，也是区别不同翻译能力水平译者的指征之一。

研究者们从翻译任务角度出发展开的搜索研究（Domas White，Matteson，& Abels，2008；Enríquez Raído，2011a，2011b，2014；Fernández，2015；Hvelplund & Dragsted，2018），以及译者在翻译决策时协调使用内、外部资源的相关研究（Zheng，2008，2014；PACTE，2005；Olalla-Soler，2018；Kuznik & Olalla-Soler，2018）均为本研究提供了研究假设支持。各研究小组基于翻译能力视角的搜索研究成果也为本研究提供了评判职业译者的译文质量与搜索时长体现的搜索效率等的切入点。

多马斯-怀特等学者（Domas White，Matteson，& Abels，2008）从信息搜寻角度的翻译研究较为全面地描述了翻译作为任务的相关属性和职业译者对任务的评判标准。研究者们根据其他研究成果，总结出任务相关的信息素养模型（见图2-3），并描述了职业语境下翻译过程相关要素之间的互动关系。翻译任务的相关要素包括翻译过程中客户与译者的沟通，翻译的本体特征，以及翻译环境中的时间压力、翻译纲要等。

在归纳职业译者访谈数据的基础上，研究者们描述了翻译任务的复杂程度对译者解决翻译问题时信息行为的影响。在常规的工作环境下，译者处在各自的"熟悉地带"。当任务难度提高时，译者因教育背景和经验获取的语言知识、专业领域知识、信息资源知识、计算机辅助翻译的技术知识、计算机知识等无法帮助译者顺利完成翻译任务，迫使译者走出熟悉地带，开始寻求外部信息资源的帮助。该研究初步展示了职业译者对翻译任务的考量因素，并以问题解决为重要观测点，为恩里克斯-拉迪奥等研究者（Enríquez Raído，2011a，2011b，2014；Hvelplund，2017；Hvelplund & Dragsted，2018）的后续研究奠定了视角基础。后续研究者在翻译任务难度基础上以搜索频次、搜索时段、提问式、信息资源类型等作为其研究中的重要衡量指标，扩展并推进了译者搜索行为研究的深度和广度。

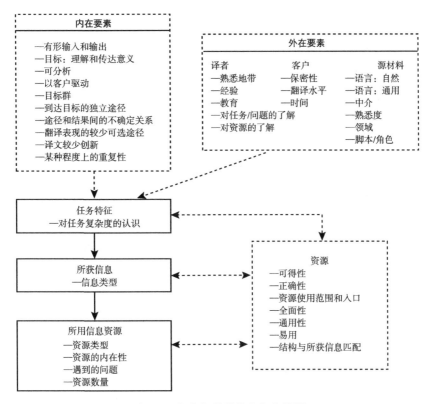

图 2-3　任务相关的信息行为模型

资料来源：Domas White, Matteson, & Abels, 2008。

恩里克斯-拉迪奥（Enríquez Raído, 2011a, 2011b, 2014）的研究以源语文本难度对翻译任务的影响为切入点，考察了 6 名译者在不同翻译任务难度时的搜索行为差异。其研究印证了多马斯-怀特等学者研究中翻译任务复杂度（即恩里克斯-拉迪奥文中的任务难度）影响搜索行为的观点，细化了受试译者的搜索行为特征。研究结果发现受试者搜索范围的扩大、首次搜索策略的改变、搜索频次增多等行为与源语文本难度增加相关，但译者的提问式似乎与源语文本有关，并未随任务难度的变化而变化。虽然该研究只是个案研究，但其研究成果和研究方法是对多马斯-怀特等学者研究的深入和拓展，为译者搜索行为研究提供了崭新的可观察、可测量的指标。

搜索是译者内部认知资源不足，转而调取外部资源的方式，研究者不但考察搜索频次、信息资源类型和使用频次等外部指标，还探究了译者内部、外部资源协调的过程（Zheng，2008，2014；PACTE，2005；Olalla-Soler，2018；Kuznik & Olalla-Soler，2018）。这些研究将翻译问题解决正确率与搜索时长指标结合在一起，描述了搜索行为和问题解决的复合性，以及搜索在翻译能力框架中的策略性特征。一旦结合恰当的研究工具，研究者可以继续探索译者解决问题决策过程中对内部、外部资源协调的认知机制——维普伦（Kristian Tangsgaard Hvelplund）的系列研究已开始探索译者翻译过程中搜索的相关认知要素。她在确定翻译过程中眼动仪探测和键盘记录软件使用的观察角度和方法后（Hvelplund，2017），深入探究了文体熟悉度对译者搜索策略、阅读和翻译策略的影响（Hvelplund & Dragsted，2018），为搜索行为的未来研究提供了研究方法参考和研究方向指引。以往搜索研究较多借鉴信息搜寻领域中的研究成果，聚焦于搜索行为的表象特征，运用更为客观的研究观测工具探究搜索过程的研究较少，而维普伦的系列研究是搜索认知研究中具有前沿性的搜索研究之一。不仅如此，其研究聚焦于职业译者，改变了职业译者在诸多搜索研究中长期作为参照组的情况，转换了只关注搜索特征体现的翻译能力研究视角，探索了职业译者在不同翻译环境和条件下搜索的特征。

此外，搜索是译者对工具和信息资源的结合使用，能够反映译者协调长期记忆中相关知识与外部信息资源的互动过程，体现译者的问题解决能力和翻译能力。因此，在翻译能力框架下的搜索能力研究成果（Kuznik & Olalla-Soler，2018；Chang，2018；PACTE，2005；王育伟，2014；王少爽，2014）为本研究观察职业译者翻译中的搜索行为提供了理论支持。诸多研究强调译者使用工具的能力是不可或缺的翻译能力组成部分，并初步探索了搜索在不同翻译水平译者所表现的特征差异（Hurtado Albir，2017；EMT Expert Group，2009，2017；Göpferich，2009；Zheng，2008，2014）。其中PACTE研究小组对能力要素的探索从未停止，他们除继续探索学生译者搜索能力的习得之外，还对职业译者的能力层级进行了初步描述（Kuznik & Olalla-Soler，2018；PACTE，2018）。虽然已有研究成果仍有挖掘空间，但一些职业译者能力要素的相关研究成果可为本研究提供重要的文献基础。

综上，以任务为视角的搜索研究借鉴信息搜寻等领域的研究成果探究了译者在不同翻译工作模式和情态下的搜索行为差异，翻译能力框架下的搜索相关发现揭示了译者搜索和解决翻译问题过程中内、外部资源协调互动关系，均为本研究提供了研究理论取向和视角。进一步，已有研究中使用的搜索频次、搜索时长、译者使用的信息资源类型和频次等搜索外部指标为本研究的实验设计和数据转写提供了标准参考、研究方法借鉴和推演理据。

二　已有研究的局限性

虽然以上研究的理论视角和方法论在一定程度上揭示了译者搜索的特征以及不同翻译能力的译者在不同翻译形态下的搜索行为差异，但因其研究的视角或方法所限，或研究时所处的时代与如今不同，仍需要后续研究扩延和深化对搜索的认识。以上研究的局限性主要体现在以下几点。

第一，搜索研究目标仍需拓展以顺应时代的要求。前谷歌时代，译者使用的外部资源只是纸质/光盘词典、纸质百科辞典、参考资料、行业专家等。这些外部资源的使用研究从词典编纂学、词源学等相邻科学领域借鉴更多，因而词典研究视角单一化，且研究视点聚焦在语言层面，词典编纂结构和语词丰富性等词典特征更受研究者的关注。然而，译者查询各类词典的目的与仅获得语言知识的语言学习者不同，且词典使用在学生译者初学时占据着重要地位，但高年级学生和职业译者已逐渐转向并青睐其他信息资源，仅研究纸质词典的使用已经无法满足翻译现状提出的要求。如今的在线词典或集成类词典已扩充了单/双语语言词典、百科辞典、在线搜索、图示等各种崭新的功能，具有词典功能的术语库呈现的双语句对及信息标注与词典功能类似，为此提供语言知识的词典之间的功能差异和译者的使用方法还需要进一步被描述。

如今，体量庞大、内容繁杂的网络信息资源已成为译者依赖的信息获取来源，包括术语库、语料库、搜索引擎、一般类和专业类网站、论坛、博客等资源是词典资源的极佳替代和补充，但这些不同类别的信息资源使用状况尚未得到独立的研究关注。虽则已有研究比较了译者对词典和其他资源的使用偏好（赵政廷，2014；王育伟，2014；Enríquez Raído，2011a；Gough，2016；Zheng，2014），但研究者还没有进一步深究除词典外其他信息资源的特征和其承载的信息特征、译者选择资源时的标准，以及译者信息资源类型选择差异的根本缘由。

第二，搜索作为翻译过程的重要环节还未在已有研究中充分凸显。已有研究发现搜索占据翻译过程的比重较大[①]，也已认识到搜索是观察其他翻译环节的重要视角。然而，以往研究总是囿于特定视角，搜索因服务于特定研究目标而存在。戴姆斯等研究者（Daems，Carl，& Vandepitte，et al.，2016；Zapata，2016）虽以译者使用外部资源为切入点研究搜索，但他们更关注人工翻译和译后编辑两种翻译工作模式的对比，其目的是改进翻译工具，帮助职业译者高效工作，并指出翻译教育和培训中技术工具使用能力培养的重要性。还有研究者（Pavlović，2007；Hirci，2009，2012；龚锐，2014）以搜索作为观察点为译入 L2 的可行性正名。即使搜索是翻译能力的重要组成部分，翻译能力研究（Risku，1998，转引自 Massey，2017；Ehrensberger-Dow & Perrin，2009；Göpferich，2010；龚锐，2014；赵政廷，2014）中的搜索也仍是研究者描述译者翻译过程的辅助观察变量。例如高普夫里奇等研究者（Göpferich，2010；赵政廷，2014）在其研究中附带提及了受试者使用信息资源的过程，粗略描述了信息资源类型、信息需求和问题解决过程中的相关搜索行为，该类描述的目的是发现受试者解决问题时的思考路径和解决途径，搜索并非其研究焦点。也有研究者（Ehrensberger-Dow & Perrin，2009）从译者的元语言意识角度出发，基于译者搜索和使用

---

① 搜索占整个翻译过程时间的比例与译者的翻译能力、语言方向、源语文本难度，以及译者自信度等心理因素相关。已有研究中，搜索在翻译中的时间占比在 23%~50%，在逆向翻译过程中，搜索时间占比普遍超过 50%（龚锐，2014；王育伟，2014；Gough，2016；Hvelplund，2017），甚至有研究表明，仅仅术语搜索就占整个翻译过程时间的 75%（Arntz & Picht，1989，转引自吴瀛，2012）。

外部信息资源的行为表现发现译者的翻译能力特征，搜索在其中仍然不是主要关注焦点。

第三，搜索研究深度尚浅。大多已有研究中译者使用工具搜索的行为没有作为研究主体，导致一些搜索行为的探索止于表象，疏于本质挖掘。电子信息技术和网络技术的成熟推动了储存和提取翻译信息资源平台的发展，从而机辅技术对翻译过程产生了比以往更大的控制力和影响力。崭新的翻译工作环境也促使研究者关注译者搜索信息资源的模式和规律，但在为数不多的搜索研究中，研究者更为关注大规模译者群体的信息搜索习惯（Fulford & Granell-Zafra，2005；Lafeber，2012；Pinto & Sales，2007a，2007b，2008；Sales & Pinto，2011；Massey & Ehrensberger-Dow，2011a；Xu & Wang，2011；丘柳珍，2011；Gough，2016；Désilets，Melançon，& Patenaude，et al.，2009）。不容讳言，此类研究为了解译者信息资源的使用习惯、信息管理的方法等提供极为有价值的基础数据，但以问卷调查、访谈等形式进行的调查研究均无法摆脱问卷设计、调查时间、受访群体的主观意愿、调查覆盖地域、访谈方式等条件的限制，其信度和效度无法得到充分保证。在其基础上获得的数据在一定程度上只能反映该地区、该调查时段受访样本的认识，翻译中搜索的本质特征尚未被触及。

几个翻译能力框架中的搜索研究中，尽管其实验测试文本有一般性文本，也有专业性较强的文本，文本难度不同，受试群体不同，研究方法不同，翻译语言方向不同，但某些研究结果却重复雷同。诸多研究者发现更多的搜索频次是专家译者区别于其他翻译水平译者的显著特征（王少爽，2014；Zheng，2008，2014；Hurtado Albir，2017），同时也有研究显示学生译者的搜索频次与中等翻译水平的准专业译者有差异（王育伟，2014）。三组译者的差异显示搜索频次并非随着翻译能力的提高而增加，但影响搜索频次的因素仍未被探索过。再如，诸多翻译能力框架研究中（Hurtado Albir，2017；EMT Expert Group，2009，2017；Göpferich，2009），研究者将搜索视为重要但非核心的子能力组成部分。因此在翻译能力相关研究中，搜索已作为其中一个指标被观察（Göpferich，2010；赵政廷，2014；龚锐，

2014；Ehrensberger-Dow & Perrin，2009），不过其观察视角仍较外缘。搜索在其中如何表征译者结合工具和技术的方式，译者与信息系统交互的过程如何显示其相关搜索能力和翻译能力等在现有搜索研究中还较少被探究。本研究认为，搜索既然作为与技术工具结合的工具子能力，在翻译能力要素中占一席之地，也理应在研究中获得焦点关注，才能支持其他翻译能力和能力习得研究的成果；只有各个子能力环节的研究相互链接印证，才能形成完整的翻译能力过程研究链。

第四，搜索研究的样本主体还需扩展。职业译者的翻译能力在进入工作岗位后仍需在不断的翻译实践中提升，他们的搜索行为、使用的信息资源等相关特征和规律具有直接的现实参照意义。只有了解职业岗位上不同翻译经验译者的工作状态，才能将之与高校的翻译教育接轨，发现现存的翻译教育问题，并加以改进，为翻译职业市场培养更符合市场要求的翻译人才。但以往的搜索研究中，大多数研究者通常会将受试者分为两个组别（译者和双语者）或三个组别（新手译者、半职业译者和职业译者）进行对照研究，以发现不同翻译能力译者组的搜索特征差异（龚锐，2014；Kuznik，2017；Enríquez Raído，2011a，2011b，2014；Karjel，2012；王少爽，2014；王育伟，2014；Zheng，2008，2014；Olalla-Soler，2018）；大多数研究者以本科或硕士学生译者为受试者，了解翻译学习者的搜索特征的习得规律（Pavlović，2007；Hirci，2009，2012；Daems，Carl，& Vandepitte，et al.，2016；Shih，2017，2019；Fernández，2015；Chang，2018；Kuznik & Olalla-Soler，2018；Sales，Pinto，& Fernández-Ramos，2018），只有很少的搜索研究以职业译者为重点研究对象（Domas White，Matteson，& Abels，2008；Hvelplund，2017，2019；Hvelplund & Dragsted，2018；Désilets，Melançon，& Patenaude，et al.，2009；Sales & Pinto，2011）。虽有研究者已将目光投向真实职业翻译中译者的工作环境（Massey & Ehrensberger-Dow，2010，2011a，2011b），不过该系列研究以翻译工作中译者的人体工学需求等为考察点，职业译者的搜索情态并未得到重点关注。职业翻译环境中，译者在接受翻译任务时对任务的熟悉度，包括对源语文本相关知识的了解程度、对时间压力的处理、技术工具使用的熟练程度、对信息资源的了解和评价等的层层面纱还未被揭开。

第五，研究方法须改进。不少研究使用了共时有声思维的方法（Zheng，2008，2014；王少爽，2014；Shih，2017；Enríquez Raído，2011a，2014；Fernández，2015；Gough，2016；Désilets，Melançon，& Patenaude，et al.，2009）。共时有声思维虽然比回溯型口头报告更能够完整、准确地提取受试译者的思维顺序过程，但会打断译者的自然翻译流程，增加译者翻译耗时。要求受试者解释问题解决的原因，需要其付出更多的认知加工努力（Ericsson，2006），可能会影响观察结果的正确性，翻译各阶段中搜索时长的统计准确性也会受到影响。另外，当受试者采用多个决策行为解决翻译问题，且其在解题过程中发生决策变化时，其说明多个解题策略的有声思维相比解释单一策略的认知加工努力更大，这会使有声思维数据与受试者表现的相关性变弱（Ericsson，2006），数据的可靠性受到损害。

一些有关搜索的研究中使用的研究方法做到了三角验证（Enríquez Raído，2011a，2014；Hvelplund & Dragsted，2018；Ehrensberger-Dow & Perrin，2009，Hurtado Albir，2017；Gough，2016），但因研究性质所限，恩里克斯-拉迪奥的个案研究可推广性还需实验验证，其选择受试者和测试文本材料的方法有待改进。恩里克斯-拉迪奥（Enríquez Raído，2011a，2011b，2014）的个案研究提取实验数据的方法多样，对受试者的搜索过程等的描述极为详细。但该研究采用共时有声思维是出于教学目的，其内容和教学功能的导向使研究仍较为受限。又因受试者翻译知识、翻译经验、搜索经验差异很大，其研究止于个案描述，得出的结论需更为严密的研究论证。在一般性文本和专业性文本2个测试文本的难度区分方法上，恩里克斯-拉迪奥认定专业性文本为"较难"的简单区分方法较不科学。文本难度至少与文本中包含的词汇量、句子长度和数量、文本涉及的主题知识等要素有关，研究者凭主观认定文本难度的做法不够科学严谨。又如在其研究中，受试者的L1不统一（有的受试译者的L1是英语，有的是俄语，有的L1是德语），而他们在实验中的翻译任务都是西班牙语—英语语言方向的翻译，由此，语言方向对搜索行为的影响可能会削弱研究结论的可靠性。

　　而在考察工具能力时，如前已述，PACTE 把搜索行为分为 13 类，包括使用关键词搜索、搜索对等表达、搜索定义、精确搜索、为确认目的搜索百科全书、网站内搜索等（Kuznik，2017）。但这些分类的标准语焉不详。例如第一类搜索行为是"使用关键词搜索"，这是译者的搜索方式；而第二类"搜索对等表达"和第三类"搜索定义"是搜索目的，且也可能包含译者使用关键词搜索的行为。因此在译者搜索的多重影响要素情状下，该搜索风格分类指标对译者的搜索特征的描述尚不明晰。

　　在研究文体熟悉度影响受试者的翻译策略和搜索策略表现中（Hvelplund & Dragsted，2018），研究者们使用眼动仪、键盘记录软件和译后回溯访谈的研究方法，其实验工具和实验设计较以往搜索研究更为客观和科学。但该研究划分译者对文学文本翻译和专业文本翻译的熟悉度的标准为译者的自述，其选择标准过多牵涉主观因素，如果没有增加受试者翻译量和翻译质量等其他可互相印证的参考标准，实验效度可能会受到影响。

　　研究者们长期以来对各个翻译能力要素孜孜以求，探索不止，但不可否认搜索在翻译能力研究中仍处于缺失状态，且诸多翻译能力研究为翻译教学和培训服务，更多关注点聚焦在译者需具备的基本翻译能力要素上，对职业译者翻译能力的探究极少，这为本研究提供了探索空间。搜索行为是译者获取知识或改变知识状态、调节译者内部资源和获取外部相关知识的策略性行为，职业译者如何通过搜索行为快速获取相关知识，以做出问题解决决策等方面的问题仍需深入研究和解答。

第三章

理论框架

第一节 翻译能力与搜索能力

一 翻译能力与翻译专长

翻译能力的研究肇始于 20 世纪 70 年代，自此翻译能力的各种研究观点层出不穷，翻译能力模型纷纷建立。翻译能力的概念与构成描述是研究者们长期关注的课题，从其不同表述中可见一斑，如转换能力（C. Nord，2006）、翻译能力（Hurtado Albir，2017；Pym，2003；Schäffner & Adab，2012）、译者能力（Kiraly，1995；Alves & Gonçalves，2007）、译者素养/译者素质（李瑞林，2011）等。各种表述反映了研究者对翻译能力不同侧面的理解差异，也反映了翻译能力这一概念的复杂性。更加反映这种复杂性的是翻译能力概念总与技能、知识、专长等其他概念同时被研究者提起，或相比较，甚至混用。虽然翻译能力的相关要素时时被提起和阐述，研究者们几乎一致地对翻译能力的定义避而不谈，直接跳过定义描述翻译能力要素，建构翻译模型（Neubert，2012；Vienne，2012；Fox，2012；Schäffner，2012）。

翻译能力定义之难似可从其复杂的特征描述中得到印证和解释。研究者均认可翻译能力不仅仅是指译者的语言能力，也不仅仅是翻译技巧

（skills），而是一个综合概念，涉及特定情境下所需调动的能力（abilities）、技巧和知识等复杂因素。翻译能力涉及译者的知识体系、认知能力、动机、态度、情感等，又牵涉理解文本的社会文化语境要素，也与译者的职业道德和准则等相关（Esfandiari, Sepora, & Mahadi, 2015）。诺伊贝特（Neubert, 2012）分析了翻译能力的七个特征，分别为：叠加复合性（complexity）、异质性（heterogeneity）、近似性（approximate）、终端开放性（open-ended）、创新性（creative）、场合性（situationality）、历史性（historicity）。柴明颎（2015）针对本科翻译教学进一步阐释了这七个特征。叠加复合性是指以下六个维度的复合性特征的叠加与整合：1）技能复合性，即译者的语言、专业知识和翻译技能复合；2）专业复合性，即不同专业领域的复合；3）知识复合性，即语言专业知识、翻译专业知识和其他专业知识的复合；4）文化复合性，即双语文化，甚至多语文化的组合；5）语境复合性，即译者面对不同语境的文本处理等能力；6）对象复合性，即客户背景、翻译要求具有的复合沟通能力。异质性是指翻译所需要的技能与其他行业要求不同，仅擅长双语并不意味着译者能够胜任翻译任务，译者还需具有整合行业和专业知识的能力。译者不可能对每个专业领域的文本翻译都游刃有余，都能产出近乎完美的译作，但其仍竭尽全力利用娴熟的交际能力和适合翻译深度的知识接近源语文本的信息表达，尽可能适恰地在译入语中传达源语文本的内容。因翻译的异质性和近似性特征，译者在输入和输出两端的译前准备、译中和译后审校过程中均要求参考资料获取的开放性。开放性也指译者时刻在新的翻译要求下寻求创新解决问题方案的可能性。新语汇层出不穷，要求译者运用创新的翻译方法寻找新的译文表述。当然，创新也是衍生性或导向性的创新（derived and guided creativity）（Neubert, 2012），译者在做翻译决策时应警惕没有章法与限制的创新。译者虽需要具有多重叠加能力，但在实际操作中可能会只按翻译情境的需求整合协调几个能力，突出某个或某些能力，以此使其翻译交际功能得以实现，这是翻译的场合性特征。翻译是特定历史和社会文化条件下的活动，其约定俗成的表达是历史沉淀的产物，不容创新，而在新的翻译情境下，译者又需调适性地找到富于创造力的翻译问题解决办法，这是翻译重要的历史性特征。

正因翻译能力的复合特征，在探索翻译能力的过程中研究者们提出众多翻译能力观，其中具有代表性的是翻译能力成分观。虽然翻译能力成分观的支持者们观点和视角各有不同，但都赞成翻译能力由不同子能力构成，是子能力共同作用下的综合表现结果。子能力从翻译能力中的提取、凸显和诠释，对研究者了解翻译能力的构成起到了重要的作用。但翻译能力成分观仍存在问题。如各子能力的共同作用是否能恰如其分地表述翻译能力的性质，子能力之间如何协调和平衡各自的功能，从而最大限度地表现整体翻译能力？翻译能力的核心子能力与其他子能力如何协调互动等问题是现有翻译能力成分观还在继续探索的部分。

有的翻译能力模型中的核心子能力被称为超能力（supercompetence）（Wilss，1982；Gonçalves，2003，转引自 Alves & Gonçalves，2007），该说法实指元能力（metacompetence），用元能力的概念解释翻译能力的做法将翻译能力的概念抽象至模糊情境。又如 PACTE 早期的翻译能力模型中将核心能力假定为转换能力，而在后来的实证研究中却推翻了这一说法，认为策略能力才是协调其他能力的核心能力。但该策略能力实为元策略能力，因为根据 PACTE 的定义，策略能力是激活和创造各子能力相互链接的能力，它帮助译者"制定翻译过程计划，（选择最合适的方法）执行翻译项目，发现翻译问题并展开解决问题的步骤；依据最终目标评估整个和部分翻译过程、最终译文；激活不同子能力，当子能力缺失时起到补偿作用"（Hurtado Albir，2017）。该策略能力的定义几乎描述了翻译的全过程和译者所需具备和调动的所有能力，如此看来，似乎策略能力对统领整个翻译过程的作用与整个翻译能力的功能无异。PACTE 对核心翻译能力的修正反而进一步说明翻译能力的定义困境——至少在概念的内涵阐释上仍较为困难。

复杂的翻译能力特征描述与翻译能力核心能力的探索揭示了翻译能力的定义困境。因此，有研究者试图从限定视角出发来定义翻译能力。例如施礼夫（Shreve，2006）从认知角度出发定义翻译能力：从认知的角度而言，能力是译者基于训练和经验有组织地储存在长期记忆中的不同认知领域的陈述性知识和程序性知识。依据这一定义，翻译能力可以通过刻意练习发展并提高，是一个可以改变的过程。翻译能力成分说的拥护者将"能力"视作一种子能力的集合或总括。EMT 翻译能力框架将能力定义为"在特定条件下执行特定任务时所需的潜能、知识、行为和专门技术的总和"（EMT Expert Group，2009），2017 年对该定义进行了修订，并特别强调翻译能力是译者在工作、学习情境中职业和个人发展所需的、被证明的使用知识、技能或方法的能力（EMT Expert Group，2017）。在修订的定义中，EMT 似乎扩展并强调了能力使用的情境及其可发展性。PACTE 借鉴语用语言学、劳动心理学和教育学中的"能力"概念，将翻译能力定义为"翻译所需要的隐性知识、技能和态度。翻译能力涉及陈述性知识和程序性知识，包含 5 个子能力和 1 个要素以及所激活的一系列心理生理要素"（Hurtado Albir，2017）。这一定义与贝尔等研究者（Bell，1991；Presas，2012）的定义颇为相似，不过 PACTE 的描述更为详细。埃尔维斯等研究者（Alves & Gonçalves，2007）在关联理论和 PACTE 的能力模型基础上，从认知视角将翻译能力分解为翻译知识能力、工具能力和生理心理要素，其中工具能力不仅指译者使用工具和参考资料以获取多种外部支持的能力，也是译者可以获取的程序性或/和陈述性知识的能力（Alves & Gonçalves，2007）。该观点形成于埃尔维斯的内部、外部支持观点基础之上，三个子能力实为译者能力的外显条件和指标。

除以上研究外，几乎难寻翻译能力的明确定义，正如奥罗斯科等研究者的观点那样，诸多研究者早已在研究翻译能力，但明确定义翻译能力的不多（奥罗斯科总结出的几个定义翻译能力的研究在本研究均有提及）。显然，研究者们心中自有定义，但未明确说明定义究竟如何（Orozco & Hurtado Albir，2002）。

另一个翻译能力窘境来自"翻译能力"与"专长"概念之间的角力。"专长"（expertise）在认知心理学中的定义为"专家与新手、经验不太丰富的人相区别的特点、技能和知识"（Ericsson，2006）。专家的优秀表现通常与特定的专业领域相连，离开特定领域，也许他们就无法再有同样优秀的表现。同时，专家与新手的区别与长期练习有关。翻译领域中的专长研究即基于认知心理学中的研究方法和视角（Muñoz Martín，2009；Shreve & Lacruz，2017），因此研究者所提及的认知加工方面的专长与"能力"有所区别。例如西班牙 PETRA 研究小组为了描写职业翻译过程的认知能力，特别区别了"专长"与"能力"（Muñoz Martín，2009）。穆尼奥斯－马尔丁借鉴认知心理学家埃里克森（K. Anders Ericsson）的定义，将"翻译专长"定义为"专家译者翻译时表现出的能力，包括广博的领域知识，也包括简化和改进问题解决方法的重要启发式规则、元知识和元认知，以及更为经济、熟练的行为方式组合"（Muñoz Martín，2009）。他强调，翻译专长的概念非常难以界定，专长区别于"能力"所表示的静态的陈述性知识，特指翻译过程中译者调动的程序性知识和认知风格（Muñoz Martín，2009）。翻译专长具有动态变化的特性，是译者共有的能力（capabilities）。从社会学的角度看，专长被视作可以在某些条件下发展，并在现代社团中发挥作用的能力（Evetts，Mieg，& Felt，2006）。

　　将专长视作新手可以获得的专家能力是较多研究者的着眼点（Shreve，2002；Englund Dimitrova，2005；Hurtado Albir，2017；Chesterman，2012a；Dragsted，Hansen，& Sørensen，2009；Tiselius & Hild，2017）。以比较专家和新手译者翻译表现的方式观察和描述专家的翻译能力特征是大多数翻译研究者所选择的研究路径。施礼夫（Shreve，2002）在其研究中将专长定义为持续的优秀翻译表现能力，他使用"专家表现"（expert performance）一词表示可见的、可被测量的专长表征。施礼夫认为对专家表现的测量和对专长的认可并没有唯一的评估标准，职业译者在转换主题领域或改变语言组合时，都有可能出现翻译水平下降的情况。换言之，"专长"是在某一特定领域中专家译者表现出的特殊能力，是译者经过刻意练习的经验获得史（acquisition history）（Shreve，2002），翻译毕业生可能达至的也只是不同层级的翻译能力而不是专长。因此，施礼夫更强调译者的长期练习与专长研究中的实证取向。

与以上研究者们类似，英格朗德-迪米特洛娃（Englund Dimitrova，2005）在其研究中进一步区分了翻译技能（translation ability）、翻译能力（translation competence）和翻译专长（translation expertise）。翻译技能实为哈里斯和舍伍德（Harris & Sherwood，1978）所称的双语者无须专门学习所拥有的自然翻译能力。在英格朗德-迪米特洛娃看来翻译能力是指职业能力（professional competence），是职业译者按照特定交际目的翻译时所需具备的双语文化能力及语用、语篇语言、文体知识等。英格朗德-迪米特洛娃还指出，翻译能力和专长的概念本身都存在问题。研究者只将译者的某些特点称为能力，但一些未经训练或没有翻译经验的译者也表现出某种翻译能力；而在某些情况下，培训或翻译经验并不一定提高翻译能力——"能力"这个称谓适用的人群似乎并不确切。英格朗德-迪米特洛娃将专长的概念归为翻译能力之下，指译者持续的优秀翻译表现能力。由于专长概念的定义也有问题，她认为在研究有十年以上翻译经验的译者时使用专长的概念较妥。总之，英格朗德-迪米特洛娃将翻译水平的发展轨迹设为翻译技能—（经正规学习、培训和/或职业经验而获得的）翻译能力—翻译专长。她对专长适用的译者群体的描述与 PACTE 的研究观点一致。

PACTE 在翻译能力的系列研究中特别对 9 名翻译水平相对较高的译者的翻译表现进行了分析（Hurtado Albir，2017），发现这些高水平译者的所有测量指标，如翻译知识的动态指标、内部支持的使用率、使用工具资源的频次等都与其他受试者有显著差异，于是将 9 名译者的表现归到专长概念之下，并专辟一节进行分析。这种对比出翻译质量较高译文的译者与其他职业译者的差异的研究是研究相对概念"专长"的一种方式。另一种视角是绝对专长研究（Chi，2006），聚焦天赋异禀、技能娴熟的专家。例如雅克布森（Jakobsen，2005）对极长语段切分的研究描述了专家译者特殊的、复杂的调节认知机制，特别是专家译者能够使用主题知识并理解交际意图，具有较强的自我监控能力。

专长研究按研究角度至少分为四类（Ericsson，2006）。第一类研究认为专长与译者获得的经验有关，即高水平的技能与个体在某一特定领域内的经验有关，人的经验越丰富，技能自然能够增强。第二类研究聚焦于专家知识的内容和组织方式的质性优秀表现。第三类研究以优秀的学习环境作为考量维度，将专长视作成绩表现。第四类研究将专长视作执行代表性任务时的可靠的、优秀的表现。如此来看，翻译研究中，有的研究者按照译者的翻译表现进行专长研究（Hurtado Albir，2017）；有的研究者认为职业译者的翻译经验至少有 10 年以上才可被纳入专长研究范畴（Englund Dimitrova，2005）；还有的研究将专长视作可习得发展的翻译能力，并阐释了专长的五个发展阶段（Chesterman，2012b）。翻译专长与翻译能力概念的相关性和差异性为研究者厘清和探索两个概念设置了重重障碍。因此，有研究者提醒，除了从认知和社会视角研究专长，在其他情况下不要过度使用专长的概念（Pym，1998）。

专长虽然有质性的特征，但仍可以被测量，例如可以使用翻译经验、资质认证和同行评价等测量专长（Hild，2007）。不过，对专长的评价没有"黄金标准"。已有研究者在用翻译经验作为专长衡量指标时，发现经验丰富的职业译者并不总能有更优秀的翻译表现（Sirén & Hakkarainen，2002；Angelone & Garcia，2017），甚至职业译者与受过搜索训练的学生译者相比，其搜索表现反而逊于学生译者（Massey & Ehrensberger-Dow，2011a）。这些研究已表明，翻译经验并不总能促进译者翻译能力的发展。研究者还发现即使在职业译者群体中，也有不同翻译专长表现的不同译者类型：有一类职业译者在解决问题的策略选择和使用上更为灵活，表现出灵活调节的专长特征（Ivanova，2000）；也有一类职业译者虽然翻译经验丰富，但在一些条件下并不能展示出"持续的优秀表现"，其表现可称为常规型专长，或此类译者为经验丰富的非专家人士（experienced non-expert）（Sunnari & Hild，2010）。

鉴于已有研究对专长和能力概念的混用，本研究为了明确研究目的，确定受试译者的选择标准，将使用大多数研究者赞同的专长是相对概念的观点。笔者认为专长是只有 10 年以上职业经验的译者才拥有的表现之观点过于绝对。翻译是在具体情境和条件下的活动（Risku，2014），译者由此受到翻译条件的限定和制约，从而其专长表现在不同语言方向、不同专业领域、不同文体风格等方面。因此，专长在本研究中被视为职业译者在限定条件下的优秀翻译表现，且专长的特征可能是灵活的（adaptive），也可能表现为常规的（routine）。

基于以上理论，职业译者的专长是在限定条件下的优秀表现，专长具有相对性。若以翻译任务熟悉度作为限定条件，译者在熟悉的常规翻译任务和不熟悉的非常规翻译任务中的翻译行为和搜索行为会出现差异。由此本研究将职业译者常规和非常规翻译任务中的译文整体得分和信息需求解决率作为考察切入点，以发现职业译者在不同熟悉度任务中译文质量体现的相对专长特征。而搜索作为翻译能力中的重要构成，其表现也是体现译者翻译能力的重要视角。本研究中对搜索特征的相关发现将会补充和丰富翻译能力中搜索相关研究成果。

二 翻译能力框架中的搜索能力

研究者对翻译能力的探索颇为热衷，从饱受争议的译者自然翻译能力，以语言学为基础的翻译能力阐释，到多元翻译能力框架，翻译教学角度、认知角度的翻译模型建构，等等，研究者对翻译能力的认识不断深化，并由此推动翻译培训和教学的发展，对翻译能力的争论和观点角力反映了对翻译研究认识的扩延和深化，从另一个角度也表明翻译能力概念的复杂性。

研究者们关注优秀译者为完成一项翻译任务需要具备的技能、知识，以及个人素质。他们从语言交际能力、认知学、社会文化学等不同视角和维度考察了翻译能力的构成要素。众多研究中翻译能力的成分研究最为盛行，其中包括对各子能力的单独研究和子能力之间的关系研究（Neubert，2012；C. Nord，2006；Bell，1991；Schäffner，2012；Fox，2012；Beeby，2012；PACTE，2000，2002，2003，2005，2008，2009，2011a，2011b，2014，2018；Hurtado Albir，2017；Göpferich，2009；Alves & Gonçalves，2007）。限于篇幅和研究目的，本节将只综述与搜索能力相关的翻译能力研究。

翻译学科早期发展阶段，由于研究者对翻译能力的认识尚浅，且正处于机辅翻译技术和网络技术的萌芽期，研究者对译者使用外部资源的能力阐述较少，或将译者使用外部资源的情状糅杂在其他能力研究中，一笔带过。即使距今较近的研究中，搜索仍未得到足够深入的关注。例如舍夫纳从翻译培训的角度出发，阐述了翻译能力的六大要素，其中一项"搜索研究技能"与语篇的跨文化问题解决相关，舍夫纳称这项能力"在广泛的学术任务完成过程中扮演重要的角色"（Schäffner，2012）。比贝（Beeby，2012）描述的逆向翻译能力模型中，将使用词典、百科辞典、语料库等资源的文献研究技能（documentation skills）囊括在语言外能力中，也有研究者在翻译课程设计中提及搜索技能培训环节的实践操作（Vienne，2012）。不过，这些研究对翻译中搜索的特征阐述寥寥，遑论对搜索行为在翻译过程中的实证研究。

（一）PACTE 的翻译能力模型与工具能力

翻译机辅技术和网络技术的发展对译者有效运用技术工具、恰当利用外部资源的能力提出了新要求。翻译能力中研究者对搜索能力的关注除基于翻译教育视角外，还充分考量职业译者真实翻译情境的相关要素，由此建构的翻译能力模型较多，下文将重点阐述三种较有影响力的翻译能力模型。

PACTE 作为较早对翻译能力进行实证研究的小组，自 1997 年成立之后，便长期致力于翻译能力和翻译能力习得的研究。该研究小组对翻译能力的构成要素的研究历时 20 多年，其中历经模型的修订和完善，摒弃以前基于经验和感性认识建立翻译模型的方法，最终形成较为全面、详细的翻译能力模型和翻译能力习得模型。在此基础上，PACTE 对工具子能力的探索也较为全面和深入。

PACTE 基于翻译能力、翻译能力习得和翻译教育三个重要研究目的，在 2000 年首先提出翻译能力的六个子能力模型。PACTE 的翻译能力概念与贝尔（Bell，1991）的观点一致，他们将翻译能力看作译者为完成翻译需具有的一系列知识和技能的集合（PACTE，2000）。模型的六个子能力如下。

1）双语交际能力：该能力受到诸多研究者的认可，又可分为源语文本的理解能力和译入语文本的产出能力。2）言外能力：不同翻译语境所激活的世界知识和专业知识，包括双文化知识、百科知识、主题知识等。3）工具-职业能力：与翻译职业和行业相关的、使用工具所具备的知识和技能，该能力可细分为文献资源和新技术的知识和技能，翻译市场知识（如翻译纲要等），以及职业译者的道德准则。4）心理生理能力：心理、认知和态度等资源的使用能力。5）转换能力：包括理解能力、"脱壳"并能分开源语和译入语的能力、重述能力，以及执行翻译项目的能力。6）策略能力：翻译过程中为解决问题激活每个步骤的能力。解决问题的能力较为复杂，有循环往复的特点。该子能力监控翻译过程的每个活动，并在其他能力缺失时起到补偿作用。

　　该能力框架中，各子能力呈现层级式的、相互联系的结构，在每个翻译行为中均可被激活，且会随着不同的翻译情境变化。PACTE 借鉴安德森（Anderson，1983）对知识的分类和理解，认为翻译能力的本质为翻译涉及的程序性知识与陈述性知识，两种知识可以共存、转化。由此 PACTE 推演出能力习得的过程是各子能力建立相互联系的动态过程，这种将译者先备知识重构的过程最为重要。

　　PACTE 在研究的初始阶段认为翻译能力的核心子能力为转换能力。在后来的实证研究中，PACTE 发现他们的理解有所偏差，于是修正了 1998 年初建构的模型。修正后，策略子能力转居各能力的中心，因为该子能力在翻译能力中的作用极为重要，它涉及制订翻译项目计划，激活、监控和补偿其他子能力的不足，监测翻译问题，应用翻译策略；做出决策；监控和评价翻译过程和翻译产品等。同时，PACTE 也修正语言子能力为包括语用、社会-语言学、语篇、词汇、语法能力的双语子能力。曾包含在言外子能力中的翻译知识子能力被单独列出，因为该能力较为特殊，它统领翻译单位等翻译要素，也管理职业翻译知识。心理-生理子能力似乎是所有其他子能力的重要组成部分，所以改为心理-生理要素的称谓较为恰当。PACTE 翻译能力修正模型如图 3-1 所示。

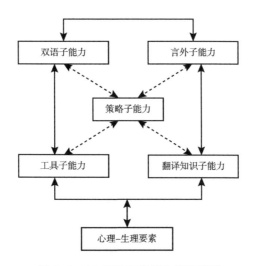

图 3-1 PACTE 翻译能力修正模型

资料来源：PACTE，2005。

如图 3-1 所示，即使是在修正模型中，工具能力作为独立出来的子能力之重要性依然没有改变。PACTE（2005）在早期对译者内、外部支持风格的研究奠定了工具能力研究的相关概念基础。研究小组借用埃尔维斯（Alves，1995，1997，转引自 PACTE，2005）内部支持（internal support）和外部支持（external support）的概念，将译者的内部支持界定为译者自动化的或非自动化的认知资源，即普拉索尔（Prassl，2010）所指的"从译者长期记忆中提取的知识"。外部支持为各种外部信息资源，即译者"查询的外部资源，如词典和平行文本等"（Prassl，2010）。PACTE 进一步将译者利用内、外部支持的行为分为五类：仅使用内部支持（simple internal support，IS），内部支持为主、外部支持为辅（internal support dominant combined with external support，ISD），内、外部支持相当（balanced interaction between internal and external support，IS-ES），外部支持为主、内部支持为辅（external support dominant combined with internal support，ESD），仅使用外部支持（simple external support，ES）。研究使用问卷和译后访谈的方法发现双语教师仅使用外部支持的最多，且仅使用外部支持和仅使用内部支持通常会不容易找到可接受的译文答案；灵活结合内、外部支持的行为更易产生可被接受的译文。PACTE 对内、外部支持的研究揭示了搜索是译者综合内、外部支持的交互过程，研究还发现译者只使用内部支持或只使用外部支持均会对译文质量产生负面影响。

在内、外部支持的研究基础上，研究小组进而关注不同语言方向翻译过程中译者组与双语教师组所表现的搜索特征差异。PACTE 首先将工具能力的概念定义为译者查询网站、CD 载体的词典和百科全书等电子资源时采用的文献搜索策略（Hurtado Albir，2017）。PACTE 研究中的资源主要指电子资源，因为在研究小组观察职业译者使用的外部资源后，发现职业译者几乎不使用纸质资源。该研究揭示每个翻译阶段的搜索时长、为解决每个翻译要点（rich points）[①] 的搜索频次、搜索风格、信息资源使用频次等指标是译者区别于双语者的显著特征（Hurtado Albir，2017）。PACTE 除了以不同翻译语言方向作为研究角度，还对不同翻译阶段的搜索时间占比等做了初步探究。

PACTE 除了建构翻译能力习得模型（PACTE，2008，2009，2011a，2011b，2014），并最终将研究成果成书（Hurtado Albir，2017），还继续研究了译者的翻译能力习得规律，学生译者的工具能力习得模式（Kuznik & Olalla-Soler，2018）。研究者发现学生译者在 4 年的翻译学习中，工具能力的发展呈现极速上升发展后下降，再逐步提高的非线性发展趋势。PACTE 还进一步发现信息资源使用频次、搜索频次、搜索风格类型多样性等可作为衡量学生工具能力习得的指标。

PACTE 是较早进行工具能力实证研究的团队，工具能力习得研究保持其一贯的实验设计风格，采集的数据已被多个研究共享使用。其相关研究

[①] PACTE 以实验生态效度为主要考量，将待测试文本中的翻译问题在探索性实验和试实验中事先标注，供正式实验中研究受试者辨认、解决。这些事先标注的翻译问题被称作翻译要点（rich points）。"rich points" 的概念来自人类学家亚格（Michael Agar）对语言文化的一体性研究，其翻译有 "要点" "浓重点" "完善点" "增进点" "强化点" "触发点" "障碍点" "溢出点" 等。笔者鉴于 PACTE 研究小组使用该术语是针对翻译问题，将其译为研究中可专门提取的翻译要点。

极为全面细致，研究小组不但考量了语言方向对翻译过程的影响，还特别对不同翻译阶段中两组受试者的搜索行为指标做了详细检验和探索。虽然因其视角为受试者翻译表现所体现的基本翻译能力，对搜索的要素探究还不全面，但在翻译搜索研究中该系列研究奠定了翻译能力成分研究的基础，具有里程碑式的意义。

（二）TransComp 的翻译能力模型与工具和研究能力

同样致力于翻译能力实证研究的奥地利 TransComp 于 2007 年启动，历时三年的翻译能力和习得模型研究的目的也如 PACTE 一样——产出有益的研究成果并为翻译过程实证研究、翻译教育和培训提出建议。TransComp 与 PACTE 稍有不同的是，前者选择学生译者和职业译者为受试者，而后者的受试者是译者和双语者（外语教师）。TransComp 受试者的语言组合也没有 PACTE 丰富，只有英德语对。TransComp 除了探索翻译能力各要素之外，还特别关注翻译创造力、时间压力等概念的研究。

在该研究小组用英语发表的文章中，高普夫里奇（Göpferich，2009，2011，2013）对 PACTE 的翻译知识能力提出改进建议，认为翻译知识能力可再细分为翻译常规激活能力和译者的自我概念，并提出了翻译能力框架（见图 3-2）。该模型与 PACTE 的翻译能力模型重合颇多，其中双语交际能力、领域能力、工具和研究能力、策略激活能力分别与 PACTE 的双语能力、言外能力、工具能力和策略能力类似。高普夫里奇在翻译知识能力中分列出译者的常规激活能力，这是译者回忆并使用（主要为语言组合相关的）转换操作知识和技能。高普夫里奇还认为，这一能力指译者启动微观策略的能力，与译者的自我概念有异，应单独列出。心理-生理倾向也被高普夫里奇单独列出，因为其认为该能力影响译者的认知能力，较好的心理-生理倾向可以减少译者对认知资源的调取。

可以看出，TransComp 翻译能力模型特别强调职业译者的工作情境，也较为关注译者职业道德的重要性。图 3-2 三个灰框中的翻译规范、译者自我认识/职业道德等要素也控制和影响核心翻译能力，这些要素强调教师或培训者在翻译教学中应重视翻译职业要求，是对 PACTE 翻译能力模型的重

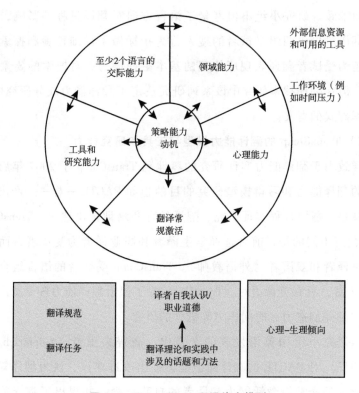

图 3-2　TransComp 翻译能力模型

资料来源：Göpferich，2009。

要补充。不过，就工具能力而言，PACTE 和 TransComp 都认可译者使用工具搜索外部资源的能力是不可或缺的翻译子能力之一，只是 TransComp 没有像 PACTE 那样对每个子能力一一探究，因此没有专门对译者使用工具搜索的重要研究发现。

（三）EMT 的翻译能力框架与信息挖掘能力/技术能力

PACTE 和 TransComp 的翻译能力模型都出于翻译教学和培训的目的构建，因此两个研究小组也在后续研究中发展了学生译者的翻译能力习得模型。而 EMT 翻译能力框架为指导性框架，其区别于前两者的重要不同之处在于欧盟专家委员会对职业市场与译者培训链接的考量。欧盟委员会下设的笔译司中译者人数、语言组合数量和翻译体量等规模堪称世界最大。为了应对商业全球化和技术迅猛发展的大潮，链接译者培训和翻译职业市场和行业的需求，提高翻译服务质量，欧盟委员会于 2004 年启动了笔译硕士项目，并由此发展出针对职业译者培养的翻译能力框架，为翻译培训课程项目提供纲要指导。EMT 翻译能力框架特别强调翻译环境和条件，是与翻译行业紧密结合的能力观。欧盟翻译专家将"能力"（competence）定义为译者"在特定条件下执行特定任务时必须具备的态度、知识、行为和专门技术的总和"（EMT Expert Group，2009）。EMT 翻译能力框架如图 3-3 所示。

图 3-3　EMT 翻译能力框架

　　EMT 翻译能力框架中的语言能力、主题能力分别与 PACTE 双语子能力和言外子能力、TransComp 的至少 2 个语言的交际能力和领域能力大致相当。不过，EMT 翻译能力框架将社会-语言能力和语篇能力单独列出，称为跨文化能力。而语言能力的概念范围较小，只指理解原文、了解如何使用双语中的结构和规范、对语言和语言发展变化的敏感性等能力。该框架中的信息挖掘能力是指译者知道如何确认信息和文档要求，制定文献搜索和术语搜索的策略，知道如何针对特定任务提取和加工相关信息，对网络或其他媒体获得的资源可靠性评价有标准可依循，并能归档所用文件等。技术能力指译者知道如何有效地使用软件，管理数据库和文件，以在校对、翻译、术语建设、排版、文献搜索环节为自身提供便利。而主题能力不仅指译者学习专业领域知识的能力，还包括译者的好奇心、分析能力和总结能力，以及知道如何搜索恰当信息以更好理解主题的能力。

根据欧盟翻译专家对以上子能力的描述，可以看出信息挖掘能力、主题能力和技术能力紧密相关：译者为理解源语文本主题知识需要搜索相关信息，搜索信息时需要译者恰当使用工具和技术，并能对所需资源进行正确评估。三者的整合性在新修订框架中有所体现（EMT Expert Group，2017）。EMT 翻译能力框架中的子能力描述相当详细，点明了翻译能力的综合复杂性，又考量了职业翻译市场的客户需求、时间要求等因素，是对职业译者较为全面的认识概括。2017 年 EMT 修订翻译能力框架，对技术变革、市场新变化带来的人工智能、社会媒体革新产生的新形势再次进行评估和总结（EMT Expert Group，2017）。新框架在 2018～2024 年实施。新框架不仅强调翻译教育和培训的过程性，还列出翻译硕士毕业生应具有的五个领域的能力（见图 3-4）：语言和文化能力、翻译能力、技术能力、个人和人际能力、服务能力。EMT 专家组强调这五个子能力虽从翻译能力框架中分离出来，但各个能力相互补充，同等重要。

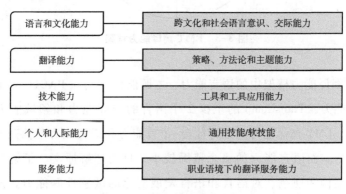

图 3-4　EMT 新翻译能力框架

资料来源：EMT Expert Group，2017。

新框架中，EMT 专家组将工具和工具应用能力归结到技术能力之下，强调学生应具有有效使用搜索引擎、语料库工具、文本分析工具和机辅翻译工具的能力。该修订框架的技术能力凸显机器翻译和新技术逐渐崛起对翻译影响的现实，是专家组对新技术环境的回应。其对搜索技能的表述更具隐含性，说明搜索技能的条件依赖性强，是在特定环境下译者使用工具和技术的能力。这种将主题能力、信息挖掘能力和技术能力整合为技术能力的修正使 EMT 对搜索的技术依赖性和工具寄生性的综合性观点表述更为明晰化。2022 年，EMT 对 2017 年版翻译能力框架做了微调，主要能力要素不变，只是更为强调译者的语言、思辨、跨文化等能力（EMT Expert Group，2022）。

（四）翻译能力模型小结

研究者对翻译能力的认识因视角不同而有差异，以上三个翻译能力成分观的能力模型虽有术语和视角侧重点的差异，但都认可译者利用外部资源的信息行为是重要的子能力之一。PACTE 和 TransComp 的翻译能力模型以促进翻译教育和培训为主要研究目的，所以也研究并发展了学生译者翻译能力习得模型。TransComp 对不同子能力的实证研究还衍生出翻译的创造性、时间压力下的翻译行为、翻译过程实证研究方法的有效性和可行性研究等。PACTE 研究历时较长，在翻译能力的过程研究上开实证研究之先河。研究小组持续 20 多年对各个子能力和子能力之间的关系展开探索，研究成果极为丰厚，极大地拓展了学界对翻译能力的认知广度和深度，为翻译实证研究的全面性、体系化做出贡献。仅就研究小组对工具能力的研究而言，PACTE（2005）对译者内部支持和外部支持行为的研究，对译者搜索的相关指标（Hurtado Albir，2017）以及学生译者工具能力习得规律的研究（Kuznik & Olalla-Soler，2018）等均为后续译者搜索研究奠定了坚实基础。

TransComp 的研究成果用英语发表的不多，在少有的几篇英语文章中，高普夫里奇提出的翻译能力模型相较 PACTE 更多地考虑到译者的翻译环境。从某种程度上而言，PACTE 的翻译能力模型概括了较为理想状态下译者应具备的能力；而 TransComp 的翻译能力模型纳入对职业译者素养培养的考量，包含职业译者工作环境中经常会遇到的时间压力、翻译规范和翻译职业道德等因素，是更结合译者培训实际的指导框架。而且 TransComp 的集体研究成果除了对 PACTE 翻译能力模型加以改进外，还拓展了翻译中的创造性概念（Bayer-Hohenwarter，2009，2010）及研究方法等。在研究方法上，TransComp 使用了眼动仪等研究工具，更多元、更客观地收集和论证数据，并把相关数据保存、分享给其他研究者。

EMT 翻译能力框架既是欧盟各机构对翻译服务业多语环境和新技术增长需求思考的结果，又考虑了翻译硕士课程的培训目标，是产学结合的产物。欧盟在 2004 年启动笔译硕士课程计划后，公开向欧洲高校招标翻译硕士合作培养单位，并召开系列研讨会，由翻译教育专家和翻译企业共同制定能力框架，翻译企业也参与培养单位的选择。在此框架下，系列翻译项目开始启动，翻译相关的调查和研究陆续展开。欧盟笔译硕士项目如今已发展出分管不同领域的分支机构，如促进译者培训的 Optimale，管理翻译认证的 TransCert，管理跨境法律翻译实习培训的 Qualetra 等（Kunte & Vihonen，2016）。为了培养适合职业市场的高端翻译人才，翻译行业专家参与了翻译培训和研究，使得欧盟翻译硕士项目产、学、研紧密结合，表现出强大生命力。其框架以翻译服务为核心，在翻译培训中，课程项目也设置了翻译信息技术课程，不仅培养学生的机辅翻译工具使用技能，还传授网络资源搜索、搜索工具使用、电子数据库运用等与网络技术有关的知识和技能。EMT 对技术能力和信息挖掘能力的重视恰合职业翻译的现状和要求。可以说欧盟翻译硕士项目提出的翻译能力框架是职业译者培养可参考的重要指标，但该框架还需实证研究加以完善，子能力之间的影响和关系也需进一步探究。

多元能力成分模型虽然受到诸多研究者的支持，但也遭到不少批评和质疑。研究者们批评多元能力成分模型在概念上的自有缺陷、概念描述的模糊性（Kiraly，2013）和滞后于市场需求（Pym，2003）等。也有研究者特别指出，TransComp 的动态系统理论（Dynamic System Theory）尚未得到各子能力互动研究的有力支持，因此，其能力习得模型似乎只能被称为概述（sketch），而非模型（Massey，2017）。诚然，PACTE 对翻译能力的要素探究最为全面，但正因其对翻译能力本体研究的综合性，其研究目标"面面俱到"，无法做到对每个子能力深入和细致探察，尤其在搜索研究方法上还有可探索的空间。

　　笔者认为，翻译过程中不同子能力或多或少地被激活并相互协调和平衡才能完成翻译过程，各个子能力对翻译过程的影响毋庸置疑。但无论翻译能力成分模型如何得到发展和完善，将能力分解的研究方式似乎只能阐明翻译能力的要素为何，却不能完全揭示翻译过程中各子能力如何交互影响和作用。因此，翻译能力成分观对翻译教学的意义更为重大，因为只有在基本了解翻译能力的构成要素之后，培训者和翻译教师才能明确学生译者应该具有哪些子能力，避开哪些认识误区。但仅仅将子能力分列描述，并不能真正反映子能力之间的互动关系。以本研究中的搜索为例。搜索居于 PACTE 的工具子能力、TranComp 的工具和研究能力、EMT 翻译能力框架的信息挖掘能力、EMT 新翻译能力框架的技术能力之下，但搜索能力不仅仅是运用布尔运算式的技巧学习和操练，也是译者了解信息资源的结构和内容，利用译者内部资源判断、评价资源，并做出采用信息资源决策的过程。在该过程中，评价资源的可用性又是译者检索内部资源的认知决策过程。如此而言，搜索能力并非独立的单一技能（Pym，2003），而是一个技能集合体，需要拥有一定先备知识译者的语言能力、言外知识能力等子能力共同协调才能发挥作用。搜索在翻译能力中的作用并非无足轻重，搜索行为恰是值得研究的译者翻译能力的显化指标。

　　此外，已有对翻译能力的描述停留在对能力的本体探索上，而职业译者的翻译能力因其不断累积的翻译经验、相关知识和对翻译认识的深化而发展，并非静态的。即使 PACTE 对译者应具有的子能力已做了成分认定和描述的尝试，研究者们对翻译能力的发展阶段还未完全摸索清楚。职业译者在刚毕业入岗时的翻译能力和经过 2~3 年，甚或 10 年、20 年以后的翻译能力都有不同的特征，子能力的强弱与发展曲线也有所不同。虽然翻译能力发展的不同阶段可从切斯特曼（Chesterman，2012b）的研究中略见一斑，但应如何看待和描述职业译者的翻译能力发展仍是未被特别关注的课题。2018 年 PACTE 对翻译能力水平的研究是有益的尝试，但其描述的职业译者翻译能力等级还有存疑的地方。PACTE 的研究描述中，职业译者的专业领域越来越固定，其翻译能力等级越高，这种描述是否恰当等问题还有待进一步研究。

总之，翻译能力的探索仍在路上，搜索能力的探索才刚刚开始。虽有研究者已从其他角度探究翻译能力，丰富对翻译能力的研究，但本研究只择取了凸显搜索能力的几个翻译能力框架，以发掘搜索在其中的作用。三个翻译能力研究框架中，搜索的概念均与技术和工具相生相长，也与译者的内外部支持相互平衡补充。依据以上认识，本研究以搜索在翻译能力中的综合性特征作为立论基础，继续深入探索搜索在翻译中与其他子能力协调的过程，特别探究译者文本相关知识欠缺时搜索的补偿功能。在述及译文得分时，以译者的相对专长为切入点，探究译者在熟悉文本的常规任务和不熟悉文本的非常规任务中的译文得分是否能体现其专长特征。

第二节 翻译问题与搜索

一 问题解决的心理过程

（一）问题的概念和分类

问题解决心理学中，个体预期目标状态与现存状态之间产生了差距即出现了问题（Duncker，1945）。若个体能够从长期记忆中的已知问题情境中提取答案，则不存在问题；自动解决问题的情形也不属于问题解决（Robertson，Zhang，et al.，trans，2004）。问题产生于已知情境或问题表述的"初始状态"，问题解决者经历解决问题的一系列中间过程后达到目标状态的过程，即为问题解决的过程（Robertson，Zhang，et al.，trans，2004）。

在解决问题时，有些问题只需通用领域知识（domain general knowledge）即可解决，有的问题需放置在特殊的情境中才能找到合适的问题解决策略，这时解决该问题需要特定领域知识（domain-specific knowledge）。从解决问题所需的知识量而言，有些问题是知识贫乏型问题（knowledge-lean problem），只需很少的知识就能解决；而有些问题是知识丰富型问题（knowledge-rich problem)，解决该类问题需要解题者调取更多的知识。例如"高等学校如何评聘教师人才"的问题可能涉及社会学、心理学、教育学等方面的综合知识，这是知识丰富型问题。还有一种问题分类的方法以问题解决者的知识量来划分。当一个问题解决者的知识和经验较为贫乏，他所解决的问题为语义贫乏的问题（semantic impoverished problem），反之为语义丰富的问题（semantic rich problem）。例如对于打桥牌来说，因专业桥牌运动员对桥牌的定约、叫牌规则、加倍情况等拥有极为丰富的知识和经验，其打桥牌遇到的问题大多为语义丰富的问题。

另有一种问题的分类方式与问题的性质与问题表征的清晰与否有关（Mayer，2011）。有些问题的初始状态到目标状态之间的途径较清晰，解决问题所需的知识结构——算子（operators）清晰，这类问题是定义明确的问题（well-defined problem）或者良构问题（well-structured problem）；反之，则为定义不明确的问题（ill-defined problem）或劣构问题（ill-structured problem）。例如上例"高等学校如何评聘教师人才"的问题，解决者调取何种知识，在何种限制条件下寻找解题策略等均没有在问题的表述中清晰体现，需要解决者自己运用相关知识和正确解决步骤解决问题，该问题即为定义不明确的问题（Robertson，Zhang，et al.，trans，2004）。最后一种问题分类方式与本研究相关，也在此提出。梅耶（Mayer，2011）从问题解决者的知识基础出发，将问题分为常规问题和非常规问题。前者是解决者已知道如何解决，只需要重启以前的思维方式即可；后者是解决者未曾遇到、不知如何解决，需要产生式的思维方式（productive thinking）提出创新解决方案来解决的问题。该问题分类视角基于问题解决者的思维和认知方式，但其区分方式类似良构和劣构问题的区分方式。

（二）问题解决的相关理论

问题解决的过程是解决者从问题初始状态走向目标状态的过程。解决者通常首先需要表征问题，对问题进行分析和描述，以明白应采取的解题步骤。表征分为内部表征和外部表征。外部表征是指问题的外部表达方式；而内部表征是解决者对问题的理解和表述（邓铸、余嘉元，2001）。通常研究者所称的表征指内部表征，这是问题解决者在先备知识和经验的基础上接受和理解问题的过程，也是解决者构建问题空间的过程（problem space）。问题表征能够显示解决者对问题的理解和内化方式，是解决问题的重要环节。研究显示专家的正确问题表征是影响其比新手解题更成功的重要因素（Chi, Feltovich, & Glaser, 1981）。问题表征过程的相关因素包含解决者对问题所处的任务情境、状态、操作（算子）和限制条件的推理，背景推理，解决者的已有经验，解决类似问题的经验，解题步骤等（Robertson, Zhang, et al., trans, 2004）。表征问题的要素如上述之多，构成解决问题的空间，解决者需在此空间中寻找合适的路径通往目标状态（Voss, 2006）。

解决问题的方法一般有"强方法"和"弱方法"两种。前者是解决者已知如何解决问题，保证能解决问题的方法；后者是解决者不知如何直接解决问题时使用的策略。在寻找解决问题途径时，有时解决者会使用"试误"的弱方法，即解决者在尝试一种解决方案后，重新调整问题表征或修正策略的方法。有时解决者会在找不到最优解法时采用第二优的解法，逐步接近预期目标状态，这是一种启发式策略。启发式策略中最为常见的有爬山法（hill climbing）和手段－目标分析法（means-ends analysis）等（Simon & Newell, 1971）。爬山法的名称形象地表述了解决者解决问题的过程类似爬山时逐步接近山顶的过程，在解决问题的过程中局部调整策略，直到实现最终目标。不过爬山法有时较为盲目，没有手段－目标分析法有力。手段－目标分析法也是一种启发式手段，与爬山法不同的是，解决者会将问题分解为几个子问题后再逐个解决。

在解决新的良构问题时，问题解决者依据已有知识和经验，在对问题理解的基础上构建问题空间。在该过程中，解决者会搜索长期记忆中与问题相关的知识图式，试图激活并尝试解决问题。若其图式未能匹配问题，解决者会寻找其他解决方案（Nokes, Schunn, & Chi, 2010）。解决良构问题的常用策略有手段－目标分析法、回忆类比问题、分解简化问题等（Hong, 1998）。非良构问题是日常生活中更为常见的问题，解决者对解决该类问题所需要的规则和原理等都不确定，因此在解决非良构问题的过程中，除了问题解决者确认问题、表征问题之外，还通常有解决者对解决方案的评估和监控环节（Nokes，Schunn，& Chi，2010）。在表征非良构问题时，解决者因对问题性质的多种理解方式，可能有多个备选问题空间，选择合适的问题空间则成为重要的环节（Jonassen，2003）。非良构问题解决过程中，监控和评估不同解决方案可以帮助解决者选择最满意的方案。若该轮程序失败，则解决者重新表征问题，展开新一轮的问题解决过程，如此往复，直至找到合适的答案（Nokes，Schunn，& Chi，2010）。非良构问题的解决过程比良构问题的解决过程更为复杂，特别需要解决者的程序性知识结构和对问题的判断、决策能力。

爬山法、手段-目标分析法等通用问题解决方法并不总是有用有效。特别是在非良构问题的解决过程中，解决者在表征问题时会经历从表征模糊到表征清晰、从错误表征到正确表征、从不完整表征到完整表征的过程。这种从无表征状态到完全表征状态的过程是问题解决者利用相关知识经验与任务情境交互的认知过程（邓铸，2002）。其中，问题解决者激活先备知识或已有问题解决策略知识，将此与新问题的解题情境类比的过程为迁移（transfer）（Wiley & Jee，2011）。迁移可分为正迁移和负迁移，前者是指解决者的先备知识有助于新任务中的问题解决；反之则为负迁移（Mayer，2011）。从另一个角度来看，问题解决的活动既是规则学习也是图式学习的自然延伸（加涅，1999）。个体发现并明确问题后，对问题的本质特征通过言语陈述等方式进行表征，其后学习者会提出问题的解决方案，并使用或整合某些适合该问题情境的联合规则，这种过程也是个体形成新规则的过程。加涅将解决问题中产生的新规则称为"高级规则"，这是个体可以用来解决类似问题的规则，引导个体"后续思维行为的认知策略"（加涅，1999）。

二　翻译问题的复杂性

研究者对翻译问题的研究由来已久，在翻译教学和翻译过程研究中，翻译问题常与策略（strategy）、对策（tactics）、方法（method）、错误

（error）等概念并行出现。如本章第一节所述，"问题"因个体心理状态的差异而产生，个体所拥有的知识不能使之达到目标状态即产生了问题（Robertson，Zhang，et al.，trans，2004）。换言之，问题因译者的知识相对缺乏而产生，因而与产生问题的个体的知识结构有关（Séguinot，2000b）。

赛吉诺（Séguinot，2000b）曾总结翻译问题研究的三种视角并对翻译问题与知识的关系进行了阐述。研究者最先从语言层面考量翻译问题（Vinay & Darbelnet，1958，转引自 Séguinot，2000b；Catford，1965），在比较两种语言结构后发现哪些因素导致译者产生翻译难题。第二种研究角度是研究者比较源语文本和译入语文本，将源语文本中的某些单位标记为问题，在产出译入语文本时再行解决（Chesterman，2012b）。第三种问题理解的视角与知识有关，例如斯内尔-霍恩比（Snell-Hornby，1988）所称的一语多义的情况。

随着研究者对问题的认识逐步深入，问题研究的路径越来越清晰，逐渐形成了翻译过程研究取向的问题研究和语言-语篇-文化取向的问题研究，后一类研究中，规范、文化等共有习惯等要素成为研究关注点。在翻译过程研究操作层面，研究者以译文中不恰当或错误的译文表达作为翻译问题的指征（indicators）；或者以翻译过程中译者修正译文或暂停翻译行为作为翻译问题的指征。由于翻译过程研究中的翻译问题难以被明确定义，问题的显示指标较为复杂，有研究者特别区分了翻译问题和翻译难题（translation problem/difficulty）（C. Nord，2006）的概念，一些研究者甚至对"翻译问题"的称呼避而不谈，转而使用"不确定单位"（uncertainty）（Tirkkonen-Condit，2000；Angelone，2010）或"注意单位"（attention unit）（Jääskeläinen，1996）等来指称。

本研究认为，研究者如何称谓翻译问题并不能改变其概念的实质。诺德（Christiane Nord）将问题的主客观因素与翻译问题和翻译难题的不同称谓联系起来，该方法似乎不能掩盖发现问题和解决问题的主体是有知识和认知差异的译者个体这一事实。本研究暂停在翻译问题的定义和分类这两个棘手的概念，先来看看研究者们如何确定翻译问题的显示指征，以发现可能的研究切入点。研究者们对问题的显示指征表明了各自的看法，从某种程度上给予翻译问题一些阐释的空间。如柯林斯（Krings，1986）曾提出11 项翻译问题的显示指征：受试者明确陈述出现问题；使用参考书；在源语文本段落下画线；源语文本词项的语义分析；搜索对等表达时出现犹豫；权衡对等表达；监控可能的对等表达；特定的翻译原则；修改译入语文本；评估所选译文的质量；副语言或非语言特征，例如咕哝和叹气。该显示指征为研究操作提供了重要的参考依据，为研究者认识翻译问题指明了观察的维度和方向。不过，这 11 项指征虽然较为全面，但有些次级指标标准较为模糊，不易操作，"权衡对等表达""监控可能的对等表达""特定的翻译原则"等指标还需研究者进一步的行为显化分析才能判定译者发现了翻译问题。其后的研究者借助录屏软件、键盘记录软件、眼动仪等研究方法，以译者停顿超过一定时间等指征确认译者出现了问题（PACTE，2003；Jakobsen，2005），这是因为从认知心理学角度而言，停顿意味着注意状态的改变；停顿时间越长，意味着译者的认知努力付出得越多（Dragsted，2005）。

翻译问题显示指征的多样性，说明翻译问题的复杂本质属性。既然翻译问题是译者个体知识欠缺所产生的原文理解和译文产出等的问题，不同译者的翻译问题从而会产生差异，易出现"此之问题，彼非问题"的情况。例如在 PACTE（2011b）的研究中曾出现翻译问题研究的困难，受试者对翻译"要点"的回答较为散乱，难以形成可供研究者归纳的数据，导致实验某些测量维度下的研究无法继续深入。该实验中研究者使用 Proxy 和 Camtasia Studio 录屏软件录制受试者的翻译过程。通过视频时间帧的观察和统计，PACTE 将"受试者翻译时停顿超过 5 秒以上"作为翻译问题出现的判定标准。研究小组认为受试者的停顿意味着翻译过程的中断，也意味着解决问题的策略子能力启动。PACTE 将翻译问题分为五类：语言问题、语篇问题、言外问题、意图性问题，以及与翻译纲要和/或译入语文本读者相关的问题。两组受试者在翻译文本后再填写问卷，回答所译文本中存在的翻译问题，并对源语文本难度打分，最后接受访谈。研究发现，有的翻译问题并非以单一类别出现，一个翻译问题可能有多个问题类别的属性。该实验虽然有些发现（例如更多的译者比语言教师能够识别意图性翻译问题，但两组受试者在语言类问题上的认识差异不大），但当研究者询问受试者觉得某个翻译"要点"造成翻译困难的原因时，受试者却难以做出解释。研究者也很难总结和归类已描述问题的受试者回答内容，因为其回答较为混乱和分散，针对同一"要点"回答的人数很少，无法形成规律性的数据。

PACTE 对翻译问题的研究发现印证了问题的另一个阐释侧面。由前文可知，根据认知心理学，问题可以划分为良构问题和非良构问题。良构问题是指问题目标状态或解决方案唯一，解决问题的逻辑算子受限。非良构问题的描述较为模糊，解决方案不可预测或有多种（Jonassen，2003），或解决问题的限制条件和要达到的目标状态较为模糊，这类问题在生活和学术研究中常常遇到。非良构问题更难解，而大多数翻译问题是非良构问题（Sirén & Hakkarainen，2002）。翻译问题的非良构属性还体现在策略与问题之间非一一对应的关系上，具体问题和策略的关系研究详见拉舍尔相关论述（Lörscher，1986，1991，1992，1996，2005）。

此外，如前所述，虽然大多数翻译问题是复杂的非良构问题，同一译者群体发现问题和解决问题的方式仍有规律性的表现（邓志辉，2016；Lachat，2003，转引自 Muñoz Martín，2009）。职业译者解决翻译问题的策略与其经常完成的翻译任务相关，并受到翻译纲要、翻译时间和常规翻译任务中文本特性的限制和影响（Domas White，Matteson，& Abels，2008）。有多年丰富翻译经验的职业译者在长期的翻译工作中已形成适合自己的解决翻译问题的策略风格。依据乔纳森的观点（Jonassen，2003），在固定专业领域内长期翻译类似文本、翻译语言方向不变和翻译目的类似的情况下，职业译者遇到的翻译问题较为雷同，较容易形成程式化、固定化解决问题的模式，因为解决同一类型问题时，职业译者的认知加工方向较为趋同。当然，也有一些职业译者可以在几个专业领域中灵活切换，解决翻译问题的策略更具创造性和灵活性（Jääskeläinen，Kujamäki，& Mäkisalo，2011）。

三　问题与搜索

（一）信息需求和翻译问题

如前所述，翻译问题因其涉及的主客观要素较为复杂，翻译问题单位可大可小。翻译问题可能是源语文本中的小微语言单位，也可能与文体规范等宏观结构有关；可能是个体译者在特定条件下遇到的特殊问题，也可能是同样翻译水平译者的共有问题。基于问题是译者试图解决的翻译单位之前提，当译者遇到问题时，会选择内部支持、外部支持或混合使用两种支持的方式解决问题（PACTE，2005）。与译文质量较高最相关的行为是结合内部资源和外部资源的行为类型。这一发现在一定程度上说明译者对外部资源的使用总是与译者已有知识体系互动才可能产出质量较高的译文。而单纯使用外部资源，或只使用内部资源都可能损害译文质量。不过，PACTE 的研究方法似乎仍有明显不足。例如，没有在研究中详细解释 5 秒停顿时长作为受试者遇到翻译问题的依据，且受试者的注意力会影响停顿时长，仅依据停顿时长作为翻译问题显示指征的合理性仍需更多数据进行三角验证。PACTE 的研究对问题与搜索的关系已做出初步的解释，然而要想研究译者搜索与问题的关系，还需回到对翻译问题的认识上。

翻译问题的确定是很多研究的难点，但若以搜索为视角，将译者搜索的信息需求作为翻译问题，则翻译问题的诸多不确定因素可以得到规避和控制。又因本研究中的翻译问题与译者的搜索行为有关，搜索中遇到的问题在信息搜寻领域的研究和解释对本研究有所帮助。信息搜寻领域中威尔森（Wilson，1981）对信息需求的理解是：信息需求是用户（user）的个人体验，是在具体情境下用户产生的次级需求。因为信息需求深隐在用户的心理活动中，需要观察者通过用户的行为或口头报告才能提取出来。威尔森对信息需求的复杂属性的看法显然源自认知心理学，他所认为的信息需求是用户希望达成目标的认知表征。

马奇奥尼尼（Marchionini，1995）也从认知心理学的角度看待信息搜寻。他认为信息改变一个人的知识状态，且信息可以被诸多形态的事物表征，如数据、录音、文本片段、图像、文档、数据库等都可以用来表征某个信息单位。信息搜寻与学习和问题解决紧密相连。信息需求因用户长期记忆中的知识相对缺乏而产生，由此激发用户启动信息搜寻行为（information seeking behavior），从这个意义上而言，信息需求就是信息问题（information problem）。

信息搜寻视角的问题解决与翻译中的问题解决过程极其相似。信息搜寻视角的问题解决过程中，用户首先发现信息问题，表征信息问题后形成提问式，然后选择信息资源，以提问式的方式与信息系统交互后，信息系统或其他数据库系统反馈搜索结果，用户再检查、评价搜索结果，并决定是否采用搜索结果。信息问题的解决过程如此循环往复，具有非线性和线性过程交织的特点，马奇奥尼尼用图示描述了信息问题的解决过程（见图3-5）。

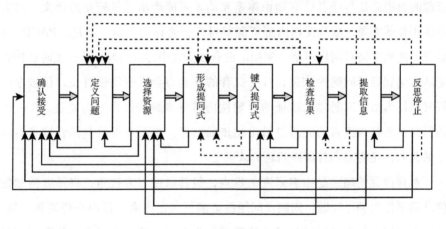

图 3-5　信息搜寻过程

资料来源：Marchionini, 1995。

图 3-5 中灰色箭头为缺省行为，即图 3-5 中从左至右的流程是用户在搜索时通常出现的线性解决流程。虚线为最可能出现的搜索行为。例如，用户发现问题并不总导致其选择资源；有时因信息问题的模糊性，用户会在形成提问式、检查结果、提取信息、反思信息问题解决是否成功后再次回到定义问题上。图 3-5 中较细实线指向的步骤也可能产生，但产生的概率较其他两种行为更低。由图 3-5 可推测，定义问题、形成提问式等一直

在与问题解决的线性过程相反的方向上发生，表示问题解决循环往复的特点。

若在翻译环境下把信息搜寻过程中的信息问题视作翻译问题，马奇奥尼尼的流程图同样适用。翻译过程中译者的内部资源（即长期记忆中的知识）无法解决问题时，会寻求词典、搜索引擎、数据库等外部资源的帮助。现代职业译者更喜欢使用的外部资源主要是数字化存储和传播的信息，因此，译者通过搜索行为解决翻译问题是最为常用的途径。与信息搜寻领域中的搜索行为类似，译者也需在发现问题后形成提问式（即译者在搜索框键入的关键词），再与数据库等信息系统交互，译者选择并评估搜索结果后，决定接受搜索结果或者暂时搁置问题，待下一轮搜索再行评估。换言之，在信息数字化的时代，译者解决问题的方式通常局限于翻译记忆系统、语料库、术语库、在线词典、网页资源等信息系统中的搜索。不论翻译问题是词汇层级的问题，还是更宏观的语体规范问题，是未知的问题，还是已知但需确认的问题，这些问题都激发译者启动搜索行为，选择某种信息资源。翻译问题此时可被视作触发和启动搜索行为的信息需求。也即，本研究中的翻译问题是译者搜索行为外显的问题，且通常以查询外部资源的形式来显示；译者仅用内部资源自动解决的问题不在本研究的范围之内。

（二）搜索行为的研究指标

译者作为特殊的搜索群体，在搜索时也与信息系统交互，其过程与信息搜寻领域中的搜索过程有颇多同质的地方。因此，本部分将简要介绍信息搜索领域研究中的提问式、搜索策略、浏览方式等可被借鉴的概念作为调查和分析的指标。

信息搜寻领域研究用户有目的地改变知识状态的搜索过程（Marchionini，1995）。虽然搜索过程中信息系统也在搜索、匹配和展示信息，但信息搜寻领域的主要研究对象是使用信息系统的用户。随着信息技术的发展，网络在线搜索等信息获取方式渐渐成为用户获取资源的主流方式，其过程涉及的信息技术更加复杂，搜索方式也与传统图书馆和数字图书馆查询方式不同。信息搜索时用户使用关键词搜索等特定的方式从数据库中提取出匹配的内容，其搜索结果按一定规则排序显示，供用户评估以决定是否采用。这一过程与用户的信息基础结构（information infrastructures）① 和信息系统技术、语料库等资源有关。研究者关注人机交互过程中用户使用信息系统时的一些表现，试图了解互动过程中用户的搜索风格，信息问题解决的认知活动，或者用户的年龄、专业领域知识、信息搜寻知识等与搜索成功率的关系等规律。

信息搜寻领域中，用户为了有效搜索，会建构某些分析型的搜索策略，以便高效地提取有效信息。不同研究者根据搜索过程、搜索风格等划分出的搜索策略相当多（Aula & Käki, 2003; Aula, 2005; Aula, Khan, & Guan, 2010）。这些策略包括查询索引（index）、搭积木法、逐步分解法、养珍珠法、互动式扫读等（Marchionini, 1995）。其中，搭积木法是指用户将信息需求的主要概念切分后，将每个细分的子信息需求逐个搜索后合成为整体解决方案，就像用户搭积木过程中由部分到整体的问题解决过程（Harter, 1986）。养珍珠法是借助一个文档寻找相关文档，逐步找到关键信息的过程。养珍珠法的搜索过程较大程度上依赖用户对系统的结果反馈（Hawkins & Wagers，1982）。

搜索策略（strategy）是搜寻者对搜索过程宏观计划的制定和执行。搜索策略与信息问题的性质有关，有些策略只解决某类问题。如逐步分解法策略从宏观到问题细化的方式特别适用解决宽泛模糊的问题（Hawkins & Wagers，1982）。在宏观搜索策略下，研究者又细分搜索对策（tactics），用来描述用户执行不同信息搜寻任务时的搜索特征、浏览特征和搜索结果评价等要素（Joo，2013）。搜索策略和对策是研究者在信息搜寻研究中的划分类别，虽然其分类方式因研究目标与翻译搜索研究不同，不能直接用于本研究中，但其搜索策略和对策的分类视角，以及对搜索行为的归类方法仍有借鉴之处。在翻译搜索过程中，译者的搜索风格体现在提问式和信息资源组合构

---

① 马奇奥尼尼（Marchionini, 1995）在文中将用户在问题域、搜索系统和环境、信息搜寻方面的知识和技能以及动机、自信度等态度构成的集合称作个人的信息基础结构。该定义指出用户搜索时的相关个人要素，是诸多研究的基本出发点。

成等方面，体现提问式特征的提问式词项构成、词项结构和提问式改变风格，以及信息资源的改变等均可作为本研究搜索风格的指标加以考察。翻译过程中的搜索过程也是译者解决翻译问题的过程，译者解决问题时的搜索策略也可借鉴信息搜索领域的相关分类视角。

提问式是指一个或几个搜索词项，有时与修饰符、逻辑运算符等结合，具有高级搜索的特征（Spink，Wolfram，& Jansen，et al.，2001）。提问式是用户与信息系统交互的重要链接，是用户迅速调取系统相关信息的重要环节。提问式词项（query terms）的选择、词项长度、词项结构等反映用户的搜索目标（Rose & Levison，2004；Broder，2002），也同时影响系统对信息的有效提取。词项是指用户键入的不间断的字母和数字（Rose & Levison，2004；Broder，2002）。有研究表明网络搜索时用户提问式词项很少，词项修改、网页浏览的频次也少，高级搜索几乎不太常见（Spink，Wolfram，& Jansen，et al.，2001；Jansen，Spink，& Saracevic，2000）。不过，即使提问式词项的长度和复杂程度增加，其对搜索结果的影响似乎也不大（Jansen，2000）。对不同搜索专长用户使用的提问式的研究表明，搜索专家（例如中介人、图书管理员等）的提问式词项通常更长、更精确，他们在系统返回结果不理想时，常修改或重复提问式重启搜索；不过他们对运算符等的理解和使用仍有错误（Aula & Käki，2003；Aula，2005）。在搜索任务较难时，用户的提问式通常变得更多样，高级运算符的使用更多（Aula，Khan，& Guan，2010）。

翻译过程中，译者无论使用翻译记忆系统、私有或公用的术语库，还是网络资源，用提问式搜索都是引导译者快速寻找到资源的重要起始环节。译者遇到翻译问题时，提问式是反映译者理解翻译问题的表征方式，与译者解决问题的搜索策略和风格有关。因此，本研究借鉴信息搜寻领域中提问式的概念，将提问式作为一个搜索指标，依据翻译行为的特征对该概念的外延加以调整，以探究译者的搜索提问式结构、词项构成与信息需求表征方式改变风格。

浏览行为（browsing）是指用户在网络文档内或文档间快速浏览、仔细查看、导航和监控搜索过程的行为。当电子资源的组织方式不够细化或存在较多冗余信息时，用户会使用浏览策略来平衡认知、情感和生理资源（Marchionini，1995）。浏览可以划分为文档内浏览和跨文档浏览（cross-document browsing）。文档内浏览是用户阅读和研究文档的重要策略行为。跨文档浏览有助于用户筛选信息，以便用户后续再行仔细寻找相关信息。马奇奥尼尼对用户浏览的意图进行了总结，浏览意图主要包含以下几种：获得概貌、监控过程、转换/分担认知负载、明确信息问题、建构正式的策略、发现/学习、搜索环境激发（Marchionini，1995）。有目的浏览与无目的或目的性不强的浏览行为有所不同。科瓦斯尼克（Kwasnik，1992）将两类浏览进行区分，主要浏览类别包括导向性浏览、地点标记、明确模糊点、比较和转换等。在网络搜索研究中，研究者（Klöckner，Wirschum，& Jameson，2004）区分了首选深度策略（depth-first strategy）和首选宽度策略（breadth-first strategy）。前者是指用户从头逐个检查浏览每个搜索结果条目，后者是用户先查看前几个搜索结果，然后点击并打开最可能相关的条目。

翻译过程中译者浏览不同文档或仔细研读某一文档是找到翻译问题答案的必要步骤，其浏览行为的目的性极强，且译者浏览网页资源超文本的方式异于纸质文本阅读方式。观察和研究译者在搜索过程中的浏览路径有助于研究者了解译者搜索的整个过程中如何导航、转向，以及搜索节奏和搜索深度。笔者拟在本研究的问卷中询问译者的浏览风格，同时重点考察译者浏览网页搜索结果页内容和时长的搜索指标。

以上列举的搜索指标的基本概念源自信息搜寻领域。本研究将借鉴已有翻译搜索的研究成果（Enríquez Raído，2011a，2011b，2014；Shih，2017，2019；Kuznik，2017；Kuznik & Olalla-Soler，2018），充分挖掘搜索行为的各个维度，以提出搜索相关指标，供后续数据检验和统计。在一个翻译过程中译者的搜索行为以在搜索框键入提问式开始，待提问式与信息系统交互并提供搜索结果后，译者评估是否将其作为一个搜索时段。该典型搜索过程中译者的搜索提问式、所调取的信息资源，以及二者构成的搜索风格均能体现译者理解信息需求的过程和表征方式。因此，搜索提问式、信息资源和搜索风格均是搜索行为的重要构成，可作为研究搜索的指标。因本研究主要探究职业译者在不熟悉的非常规翻译任务中利用搜索获得相关知识的规律，为此实验设计将对照译者熟悉的常规任务和不熟悉的非常规任务两类过程中译者的翻译行为和搜索特征，两类任务中受试者的搜索频次、信息资源的类型和使用频次、浏览网页信息资源的时长、搜索时长，以及与翻译行为相关的初译/修改行为均是了解译者的搜索特征的重要切入点。以上述及的搜索和翻译概念是本研究考量的搜索指标，结合译文整体得分和信息需求得分两个译文质量概念，本研究中表征搜索行为的主要指标为：搜索频次、信息资源使用频次、搜索风格、搜索时长、译者停留信息资源的时长、译者停留源语/译入语文本的时长、信息需求解决正确率。本书第四章将对搜索指标的定义和数据转写原则进行详述。

第四章
实验设计

第一节　研究方法与实验步骤

一　研究方法

翻译过程研究历来以实证方法居多，大多数研究方法得到认知心理学等学科和新技术的助力，各种形式的有声思维，记录译者翻译过程的键盘记录软件 Translog、Inputlog、Camtasia studio、BB FlashBack 等录屏软件，Tobii、EyeLink 等追踪眼球运动轨迹的桌面、穿戴式眼动仪，以及脑电测量 EEG/ERP，核磁共振等工具得到越来越多研究者的青睐。这些软件的开发和应用虽大多不是特为翻译研究设计，但已在翻译研究中使用，帮助翻译研究者摆脱仅采用有声思维、访谈、问卷等研究方法带来的数据提取不准确，或者翻译过程和译文质量受到较大影响的弊病。

20 世纪 80 年代翻译研究已借鉴认知心理学的研究方法，研究者们利用有声思维了解译者的翻译过程，如今这种方法仍与其他研究方法组合使用（Krings，1986；Jääskeläinen & Tirkkonen-Condit，1991；Gerloff，1988；Lörscher，1991；Jääskeläinen，1999；Englund Dimitrova，2005；Zheng，2008，2014；Shih，2017）。共时有声思维、回溯型有声思维（retrospective TAPs）和对话式口头报告（dialogue protocol）是翻译研究者较多采用的方式。共

时有声思维是受试者在翻译的同时汇报思维过程。回溯型有声思维是受试者在翻译结束后回忆并报告翻译过程中的思维进程。另有提示性回溯型有声思维（cued retrospective TAPs），研究者通常会采用问题回答或录像回放的方式提示受试者有效正确回忆。为了更自然地提取受试者心理过程，有些研究者让受试者成对或成组做有声思维（dialogue protocols），或在协同翻译（joint translation）时做口头报告，以得到更丰富的有声思维数据。

三种有声思维方式各有利弊。合理使用共时有声思维能在最大程度上提取更多、更准确的受试者心理数据，但也会影响翻译时语段的切分，延长翻译时间（Jakobsen，2003）。回溯型有声思维在有提示的情况下能提取更详细的数据，且不会中断翻译过程；但其提取数据的准确性和丰富性相比共时有声思维来说仍显不足。对话式和协作式有声思维能够让受试者在自然的翻译状态下产出报告，其数据更自然丰富，但这种较为自由的有声思维容易失去方向性，数据较为杂乱。不论三种有声思维各自有何优势，任何一种有声思维单独作为研究方法使用时，都无法避免受试者心理数据提取的主观性；某些共时单人有声思维的任务会增加受试者的认知负荷，这已得到认知心理学研究的证实。

从有声思维的操作方法上而言，研究者除了要求受试者将思维过程用口头报告的形式表达出来，还经常要求他们解释问题求解的原因。前种方式几乎不会影响搜集数据的效度——没有证据表明让受试者报告思维程序会影响受试者的表现。不过，这种方式会增加译者执行任务的时间。埃里克森（Ericsson，2006）特别强调，在明确的限定条件下，受试者执行定义明确的（well-defined）任务时所做的非激活式有声思维是有效的，但让受试者用口头报告方式解释某些行为的方法信度较低。有时，研究者会让受试者在执行一系列不同任务后描述曾使用的方法，但受试者难以从多种方法中提取出一个方法。有时研究者让专家描述职业活动中使用的方法，但因专家在任务执行过程中的自动化程度较高，有声思维报告数据较少，研究者难以得到较多的有效分析数据，且受试者在口头报告中的陈述有时会与研究者对其行为的观察不一致。因此，研究者单独使用有声思维提取译者认知过程的效度饱受质疑，这一问题导致 20 世纪上半叶翻译研究者们开始摒弃单纯以内省式口头报告作为有效科学证据的方法，转而聚焦行为观察式的研究（Ericsson，2006）。

为了避免单独使用有声思维的弊端，研究者通常会将其与其他研究方法结合起来，如并行使用有声思维、键盘记录、录屏、眼动追踪、录音等方式，做三角验证，这样不但提高了实验的生态效度，还能补偿单一研究方法的不足。得益于计算机的普及，现代翻译活动几乎都通过键盘、鼠标等工具借助 WORD 等文字处理软件完成，研究者由此发明或使用诸如 Translog、Proxy、CASMACAT 等软件，记录键盘的敲击、删除、修改、停顿等活动，辅以眼动或录音技术，更准确地提取译者翻译行为数据。键盘记录软件可以在最大程度上保证实验的生态效度，对译者行为的记录尤为客观。但因该方法无法提取受试者的认知心理过程，研究者通常采用混合式研究方法（mixed method），将此类软件与有声思维并用（Carl，Jakobsen，& Jensen，2008；Jakobsen，2011；Lauffer，2002），并辅以问题与决策综合报告（integrated problem and decision report）、问卷、访谈、翻译日志等方法进行三角验证（Gile，2011；Hansen，2003）。三角验证的好处在于，Translog 等键盘记录软件等硬方法在后台记录译者键盘行为的同时，不影响受试者的心理状态和自然翻译过程，再结合有声思维等表达译者心理过程的软方法（Göpferich & Jääskeläinen，2009），键盘记录等提供的统计数据可与受试者的有声思维数据相互参照和印证，增加数据分析的科学性。

基于本研究的目的，考虑到实验中笔者需要观察记录受试者在电脑上键入搜索提问式、浏览网页内容，切换网页窗口、收藏网页内容等相关搜索行为，了解其使用的外部信息资源类型，也需观察译者阅读源语文本、初译、敲键和修改译文等翻译过程，本研究采用录屏软件，辅以译前问卷调查、译后回溯口头/书面报告和网页历史浏览记录的方法。键盘记录软件 Translog 能够记录译者的键盘行为，可以结合受试者的眼球运动轨迹数据，是翻译过程研究中较受到学者青睐的软件。不过，鉴于本书只研究译者的搜索行为，不深入探究译者认知心理过程，因此只选择录屏软件观察译者的翻译行为。

在比较 Camtasia studio、Screen2EXE、BB FlashBack 等录屏软件后，本研究选取了 BB FlashBack。该软件的屏幕抓取更清晰，与 Windows 系统兼容性好，键盘日志、录音等功能齐全。在录制过程中受试者可自行将 BB FlashBack 的视窗最小化，软件在系统后台运行，不影响受试者的翻译过程，这可以在最大程度上减少外部因素对受试者实验的干扰，保证实验的生态效度（Neunzig，2000；Saldanha & O'Brien，2014）。此外，BB FlashBack 的录制和播放功能操作简单，输出格式灵活，除默认的软件播放格式外，还可以转换为其他常见的格式，如 flash、wmv、avi 等，录制后的视频播放可使用软件自带播放器。所录视频中的鼠标指针为黄色高亮显示，译者点击和滚屏动作有圆圈箭头指示，录制时间精确，视频效果完全可以满足研究目的。除了录屏的功能外，该软件还有基本的键盘记录和导出功能，虽不能即时进行图示化统计，但精确的时间轴记录功能便于后续统计翻译各时段的时间。

二　实验步骤

依据实验目的，本实验中的职业译者分别完成各自熟悉专业领域的常规翻译任务和不熟悉专业领域的非常规翻译任务。每个翻译任务的过程均由译者录制屏幕并保存下来。受试者还需在翻译文本前填写在线问卷，回答关于搜索、翻译等的相关问题，译中将翻译过程录制下来，译后转写口头/书面回溯报告，并导出网络浏览日志。

研究设计伊始，笔者对 BB FlashBack 软件进行了安装和调适试实验，发现软件使用中可能出现的问题，并撰写了《实验建议书》（见附录六），提醒受试者按照步骤进行实验。为了创造接近真实自然的实验条件，受试者可自由选择熟悉的电脑和合适的工作环境进行实验，翻译时间不设限，但实验中受试者不可中断翻译过程。自然条件下进行实验的重要性在于可在很大程度上避免受试者翻译行为的变形，若受试者在不熟悉的工作环境下翻译，其习惯使用的电脑软件、浏览器、语言输入法、搜索引擎的使用方式，信息资源的存储及电脑设置都有可能发生变化，甚至桌椅高度、视窗显示方式等人体工学上的限制条件（Massey & Ehrensberger-Dow，2011b）都可能会使受试者的翻译行为变形。而时间压力对翻译过程的影响（Jensen，1999）因本实验中源语文本数量为三个而不可控，因此本研究也没有对此进行控制，而是尽量接近译者平时的真实工作条件，以邮件发放实验材料、受试者自行选择录制时间和地点的方式进行实验。此外，职业译者的工作模式灵活，有些翻译项目较大，周期长，需要项目团队的集体运作。此时翻译流程中术语提取和管理、初译、二译、初审、二审、审读等环节均不可缺。有些翻译任务中，客户的时间要求、翻译要求和其能否提供相关术语表或平行文本等条件也千差万别，而且不同翻译公司内部的工作流程和规范也有差异。因此，本研究为了更大程度上探取职业译者利用搜索获得相关知识的过程，拟不计入以上论及的全部翻译纲要因素，只是以尽量接近受试者工作环境作为主要实验设计考量。

受试者按照《实验建议书》的说明，首先填写网上在线问卷，然后在各自电脑上安装、调试软件后即可录制翻译过程。录制视频后，受试者立即回放视频，同时按照所发建议书中的问题和内容做口头/书面报告，然后导出键盘记录和网络搜索历史日志。键盘记录和网络搜索历史日志是可辅助笔者在录屏软件不能明确判定受试者行为时启动的备用方法。由于职业译者工作条件所限，本研究许可受试者选择口头或书面报告形式。书面报告类似吉尔的问题决策报告，虽然问题决策报告是为了在翻译教学中提高学生的问题意识和问题解决的策略意识，但该方法也可帮助研究者辅助了解受试者问题求解的过程。稍有不同的是，本研究采用回溯型口头/书面报告的形式，因为职业译者在翻译时的自动化行为较多，难以以共时有声思维的形式产出丰富的思维报告（Jääskeläinen & Tirkkonen-Condit，1991），且用录屏回放提示译者产出口头/书面报告的方法已得到一些研究者的赞同和践行（Alves & Gonçalves，2007；Hansen，2003；何雯婷，2014）。

第二节　受试者选择

本研究考察职业译者的搜索行为，在选择职业译者时参考了其他研究的选择标准并考量了翻译行业现状。职业译者并不总是等同于专家（experts），有研究者认为只有经过多年（如 10 年以上的）或 10000 小时以上的刻意练习（Chi，2006），并能持续产出高质量译文的职业译者才可以称为专家。前人的诸多研究中对职业译者的资质条件看法不太统一，大多数研究强调译者的职业身份，如工作经验、资格认证、主要收入来源为翻译、翻译量等（Sirén & Hakkarainen，2002；Hurtado Albir，2017；Dragsted，2005；王少爽，2014）。ISO 17100 规定，职业译者和审校人员的资质至少满足以下三个条件之一才能称为职业译者。其一，高等教育中翻译专业毕业。例如有些国家颁发的证书为语言学证书，但其课程包含翻译培训，则这种情况仍算作翻译专业毕业。其二，高等教育中其他专业毕业，同时具有 2 年全职翻译经验。其三，有 5 年翻译职业经验。虽然如此规定，研究者似乎因不同的研究目的或受研究条件所限，所选受试者的职业经验年限不等。例如 PACTE 所选的受试者有 5 年以上翻译职业经验（PACTE，2000），德奥斯滕等研究者所选的受试者有至少 2 年翻译职业经验（Dragsted，2005；Jakobsen，2003），王少爽（2014）研究中的受试者有 3 年以上翻译职业经验，多马斯-怀特等研究者所选的受试者有不到 1 年至 31 年的翻译职业经验（Domas White，Matteson，& Abels，2008）等。

鉴于职业译者在行业中的资质要求和中国国内的翻译公司现状，本研究选择的职业译者以翻译为主要收入来源，已入职翻译公司或与翻译公司有持续雇佣关系 1 年以上。这些译者大多有语言类本科专业或翻译硕士专业的受教育经历，只有一位受试者为非语言类专业毕业，但已做职业译者 5 年以上。由此，所有受试者已满足 ISO 17100 中的条件。本研究的选择要求不仅符合中国的翻译服务现状，而且职业译者与翻译公司的持续雇佣关系也能够保证译者——无论是翻译公司的正式职员，还是自由职业译者，能够接受较多常规翻译任务，研究者在将其与非常规翻译任务比较时更有可比性和可参照性。

　　鉴于本研究的研究目的与职业译者的专业领域相关，除了受试者的翻译年限外，其常规翻译领域也是选择受试译者的要素之一。如前文所述，常规任务的界定与任务熟悉度有关，依照本研究的目的，笔者按照受试者对文本相关的专业领域知识熟悉度将文本翻译任务划分为常规和非常规任务。维普伦等研究者（Hvelplund & Dragsted，2018）在译者文体熟悉度对翻译过程影响的研究中，其熟悉度的判定依据受试者的自述。熟悉度固然需要受试者对文本文体的认识和判定，无法做到极为客观明确的界定，但受试者自述熟悉度的数据稍有偏差就会影响实验信度。本研究发现，就职时间为 1 年左右的年轻职业译者问卷中常规翻译领域的回答与翻译公司项目管理人员的意见有出入。笔者分析这可能是因为年轻受试者入岗时间不久，还没有清晰定位其擅长的领域，而管理层已根据受试者的翻译表现分配他们常规任务，这是项目管理人员对接受常规任务译者翻译表现的认可。此外，因公司规模差异、公司翻译业务涉及的领域多样等，实验中可能会出现职业译者擅长的翻译领域与项目管理者的任务分配不太一致的情况。因此笔者在受试者问卷回答的基础上，再次询问项目管理人员，并确定执行常规任务译者的译文质量没有因职业翻译年限较短受到损害，确为可以胜任该专业领域的译者。另外环境与化学（政府组织）文本翻译常规任务年轻职业译者均在硕士教育阶段得到该专业领域翻译的专门培训，因为接受该领域文本翻译任务的国内翻译公司和译者群体极为固定，是具有较大垄断性的专属领域翻译任务。综上，笔者对常规任务和非常规任务的分类基于两个原则的考量：对问卷中年轻译者自述熟悉专业领域与项目管理者不符的，以项目管理者的评价意见为主，同时参考受试者的译文质量；对工作年限较长的译者，其自述与项目管理者的意见完全符合，不做任务类型分类调整。

　　本研究共选取了 21 名来自 5 家翻译公司的职业译者，他们分别在环境与化学（政府组织）、机械制造和法律文本翻译领域①有持续、固定的翻译量。这些译者的年龄层次较为丰富：有的译者新入职翻译公司 1 年，有的译者具有 10 年以上的翻译经验。5 家翻译公司中的 4 家总部位于翻译行业蓬勃发展的上海或北京，另有 1 家位于中国西南地区。5 家翻译公司的规模与业务范围呈现梯度差异。1 家翻译公司建立时间最久，涉及的专门翻译领域达石油、电力、化工、机械、通信、法律等 30 多个，2017 年位列卡门森斯咨询机构（Common Sense Advisory）发布的全球语言服务供应商 500 强榜单，其参与实验的职业译者翻译经验丰富，平均翻译量为所有受试译者中最大，平均翻译工作年限最高。2 家翻译公司的规模次之，建立时间稍晚，均列 2018 年亚太地区语言服务供应商 35 强之内，其受试者翻译经验也很丰富。另外 2 家翻译公司成立时间较短，参与实验的职业译者相对年轻化，平均入职时间最短，均为 5 年以下，且受试者的翻译量也较前 2 家公司的译者少。

21 名受试者均为与翻译公司保持持续雇佣关系的职业译者，其主要收入来源来自翻译公司。受试者的翻译量为 20 万字至 1500 万字，是机械制造、环境与化学（政府组织）、法律文本翻译领域的常规译者。

第三节　实验材料选择和评价方法

一　实验材料选择

实验测试材料选取均由翻译公司各项目负责人提供，并由他们确认这些受试材料并未被受试者翻译过，但确是受试者经常翻译的专业领域文本。为保证实验效度，实验之初笔者对源语文本难度进行了控制。本研究采用

---

① 本研究中文本的专业领域分类基于翻译公司中常见的专业领域类别，按照提供实验材料的内容与专业领域的相关性划分为环境与化学（政府组织）、机械制造和法律 3 个类别。其中环境与化学文本特为政府组织使用，是具有特殊文本格式规范的文本，因此本研究在括号内标注该文本使用情境。

使用极为广泛的可读性公式作为衡量文本难度的指标，如此考虑基于以下研究发现。

首先，翻译的双语转换过程中不仅仅涉及源语文本的阅读理解（Hale & Campbell，2002），译者译入语的重组能力和知识技能体系等翻译能力相关要素也共同影响翻译的难度（Sun，2012）。赖斯（Reiss，1982，转引自 Hale & Campbell，2002）曾从理论上分析了影响翻译难度的五个影响因素——主题、语域、语言功能类型、语用、历史文化语境，不过该分析尚未得到实证数据支持。黑尔等（Hale & Campbell，2002）尝试发现翻译中译者可选的译文数量（alternative renditions）与译文正确性的关系，却无法找到二者的线性关系，反映出翻译难度测量的难度很大。

其次，翻译研究者（Sun，2012；Sun & Shreve，2014；Mishra，Bhatta-charyya，& Carl，2013）已在尝试探索翻译难度测量方法。研究者大多根据译者翻译时为解决问题付出的认知努力探索翻译难度测量方法。译者对翻译任务付出的努力指标——时间与翻译难度相关。孙（Sun，2012）根据实证研究提出 NASA 任务负载指数（NASA Task Load Index）。该指数包含心理要求、生理要求、时间要求、努力程度、表现和受挫水平六个分项。可以看出该难度指数中有客观指标，也有与译者相关的主观指标。其后，孙等研究者（Sun & Shreve，2014）对中英语言组合的本科学生进行了其中四个分项的实证检测，结果显示该指数的测量正确率达到 77%，但其实验中的受试者需要在翻译前阅读源语文本并给出难度预测得分，这种做法无法在本研究中应用。因为职业译者阅读源语文本后的难度预测打分将翻译过程分为翻译前阅读和翻译时阅读、初译几个部分，割裂并打乱正常的翻译流程，且在译后再行询问译者翻译难度已难达到本研究实验前控制文本难度的重要目的。加之其研究未完成全部子项的检测，测量公式的有效性还未得到完全证实，因此本研究暂不采用该测量方法，不过孙（Sun，2012）的研究佐证了源语文本可读性仍可以作为预测翻译难度的部分要素，这一结果可为本实验文本难度测量提供方法支撑。

另外一些研究者（Mishra，Bhattacharyya，& Carl，2013）结合眼动

仪、Translog 键盘记录软件来确定翻译难度系数（Translation Difficulty Index，TDI）。这些研究者选用句子长度、词语多义度和句子结构复杂度三个指标进行测量。句子长度指一句中的单词总数。句子结构复杂度的概念借鉴了林的研究（Lin，1996）。该翻译难度系数针对实验数据的测量正确率为 67.5%。研究者对翻译难度系数的实验探索结合了传统文本可读性测量指标和译者的认知努力，是有益的心理实验研究。但翻译难度测量研究尚处于探索阶段，且测量正确率相比诸多的可读性公式而言不太理想，也无重复实验加以证实，公式的可推广性尚不可知。因此，本研究仍采用能够预测翻译难度的 Flesch-Kincaid 和新 Dale-Chall 公式做源语文本难度测算。

　　笔者从 3 家翻译公司项目管理人员提供的 30 个文本中选择了 3 个英语文本（见附录三、四、五），每个文本的长度控制在 400 字以内，难度控制参考 Flesch-Kincaid 和新 Dale-Chall 两个可读性公式。可读性公式为读者阅读和理解文本的难度算式。影响英文文本可读性的因素很多，包括词长、句长、难词数、材料结构组织等（王小梅、杨亚军，2012）。可读性公式通过测量单词音节数、每句单词数目、词汇表中常用词数目等变量预测阅读难度，是广为使用的量化方法。传统的可读性公式通常测量语义难度和句法难度，并给出文本难度分值。大多数的可读性公式在这两个维度基础上进行扩充或改变，如今已发展出 200 多个英语的可读性公式。本研究使用的 Flesch-Kincaid 公式是最古老、使用最为广泛、预测正确性极高的公式之一，可以用来测量教科书难度和其所适用阅读者的受教育年级。新 Dale-Chall 公式测量难词的数量和句长，其测量方法比只测量单词音节或字母计数更为客观。此外，常用的可读性公式还有适合测量儿童阅读文本难度的 Fry Graph，预测读者受教育程度的 SMOG 等。这些公式针对的读者群体不同，测量方法不同，测算结果也存在差异，说明可读性公式并非完美的测算工具。但各可读性公式的测量几乎都基于语义难度和句法难度，且对文本难度的预测和评价价值较高，因此直到现在都是新闻、出版、教育、军事等各领域广为应用的方法。

Flesch-Kincaid 公式通常可从网络①获得，其最后分值为 0～100 分，分值越低表明文本难度系数越高。新 Dale-Chall 公式不但考虑了句长，还加入难词的指标，与布尔马斯完形填空均分的相关性为 0.92，是最有效的公式之一（Dubay，2004）。

本研究中，每个文本的字数为 375～390 字，机械制造和环境与化学（政府组织）文本在 Flesch-Kincaid 公式下的得分为 38.4 分，法律文本为 38.9 分。机械制造文本的新 Dale-Chall 的校正得分为 6.8 分，环境与化学（政府组织）文本为 9.9 分，法律文本得分为 7.3 分。新 Dale-Chall 公式的计算方式下，3 个文本得分各有高低，环境与化学（政府组织）文本分值最高，反映译者在阅读该文本时可能会遇到更多的难词。而就 3 个领域文本的整体阅读而言，三者难度系数大致相当，且其句子和单词数目的差异也不大，都是适合高级读者阅读的难度较高的文本，受试材料阅读难度系数如表 4-1 所示。

表 4-1 受试材料阅读难度系数

单位：个，分

	环境与化学 （政府组织）文本	机械制造文本	法律文本
句子数目	25	21	22
单词数目	432	385	377
Flesch-Kincaid 公式的得分	38.4	38.4	38.9
新 Dale-Chall 公式的校正得分	9.9	6.8	7.3

所选文本不仅涉及的专业领域知识不同，且在语篇结构、文本格式规范和翻译要求上也有不同，本研究选择文本时基于以下考量。第一，3 个文本内容分别涉及不同专业领域。所选择的环境与化学（政府组织）文本涉

---

① 本文可读性公式的获取网站为：http://www.readabilityformulas.com/free-readability-calculat-ors.php。该网站提供了主要的可读性公式测试链接，只需输入纯文本，系统即反馈计算分数、难度系数，适合阅读的年龄和年级等信息。

及危险化学物质短链氯化石蜡的禁用和管制问题，机械制造文本为某减压阀的说明书，法律文本内容为商业合同条款。在文本的语言表现上，环境与化学（政府组织）文本的长句很多，且句式为3个文本中最复杂的，专业术语最多。机械制造文本为典型的说明书风格，句子短小，高语境特征明显。法律文本的句式规范要求更高，多义词较多，但词汇难度不高，生词不多。

　　第二，3个文本的专业领域知识差异能够激发译者的差异化搜索查询行为。3个文本中的专业术语大多具有意义单一性，如 short-chained chlorinated paraffins、chlorinated alkanes、carcinogenicity bioassays，其意义的确定较为容易。一词多义的术语如 introducer、capacity、external registration 等词的理解需要上下文语境支持，可能会调动受试者丰富其搜索手段和信息资源的行为。环境与化学（政府组织）文本和机械制造文本中还出现包含字母和数字的文号 UNEP/FAO/RC/CRC. 10/6 section 2. 1，2. 2. 1 and 2. 2. 3，气压单位 mbar、NPT 等特殊符号，受试者是否应该翻译或怎样表述计量单位的搜索行为和特征有别于上述针对术语的查询。

　　第三，3个文本的翻译要求侧重点不同。从文体风格上来说，环境与化学（政府组织）文本由于为联合国相关会议使用的文件，其敏感性和重要性要求译者翻译时恪守忠实原文的原则，以反映源语文本在字词表达中的微妙之处。联合国资深译审赵兴民（2011）曾总结联合国文件翻译标准的六个守则：完整、准确、通顺、术语、一致、风格。"完整"是指不仅语篇全文，脚注、标题、注释、附件都要完整译出，且有意义的修饰词不可遗漏，不可增补，不能增删实质性内容。"准确"是指译文不但忠于原文意思，还要忠于原文的"感情色彩"和"细微差别"，例如，a warm welcome，a very warm welcome 和 an extremely warm welcome 的差别要译出（赵兴民，2011）。"通顺"不言自明，不过联合国文件原文有时可能因起草人能力有限，会出现表达不顺畅的情况，译者可在允许的条件下改顺。术语、专有名词等固定表达在联合国文件中应尽可能沿用固定译法。"一致"是指术语等固定表达须前后一致，待译文本与参考文件一致，目录、正文、脚注、附件等也须一致。因本研究所选的特定有毒物品管制文件既涉及化学、病理学等专业知识，还因文件的读者为联合国相关机构人员，受试者需充分了解读者群体，并把握译文质量高要求的原则。

机械制造文本为某品牌的减压阀说明书，文本的语言简洁、图文并茂。实验中的测试文本片段为 PDF 格式文档的节选部分，但在发放实验材料时，笔者将全部 PDF 文档发放给受试者，因为所选部分的内容涉及文档其他部分的图表，这些图表与文字可为受试者提供充分理解的语境。从语言层面上而言，该文本长句不多，每条减压阀的详细描述都附有小标题，一段一个主题。该产品说明书文字凝练，大部分句式为祈使句，文风偏向客观理性，说明书的信息传达功能体现明显。

法律文本为委托协议书，该文本最为突出的特点是普通语词专有化。文本中 principal、introducer 等词意义的选择和确定需要法律合同专业知识的帮助。另外，一些法律句式和短语的表述较为专业，翻译时特别需要强调译文的意义传达准确，以保证有效传达法律文本信息。如该文本中情态词 shall 与表达权利、责任的 under no obligation、be responsible、comply with 等短语一起出现，要求译入语表达能够体现法律条款的许可或强制性的规约性文体风格。

第四，3 个文本涉及的网络信息资源丰富多样。本研究意为发现职业译者利用搜索获取相关知识的规律，因此在选择受试文本时笔者对各文本可能搜索到的网络信息资源等进行了试搜索，结果显示 3 个文本的英汉平行文本在学术文库类网络上获得均较为容易，且文本数量不少。机械制造文本除了其他型号的减压阀平行文本较多外，还有产品的公司网站，网站有其他分公司的 11 个网站链接，包括汉语和英语网站。而环境与化学（政府组织）文本较其他两个领域的文本更有其特殊性。联合国为了应对大量系列文本的多语种繁重翻译工作，早在 20 世纪 80 年代就已建立了术语库 UNTERM（The United Nations Terminology Database）。除此之外，联合国总部，日内瓦、内罗毕、维也纳办事处和其他委员会还各自保有语料库子系统。这些重要资源的使用对职业译者保证术语准确、统一极为重要，也是本研究试图考察的一个关注点。而法律文本区别于其他 2 个文本的是语词的多义性、文体的强规范性，商业合同的表述严谨性，受试者翻译时是否使用专业领域知识类信息资源，以及如何使用资源是本研究的考量点之一。

二　实验材料评价方法

实验结束后，生成译入语文本 36 个，其中环境与化学（政府组织）译入语文本 16 个，机械制造译入语文本 11 个，法律译入语文本 9 个。1个机械制造文本因受试者使用了双屏，但录屏软件设置不当，导致视频无法显示受试者的所有屏幕活动，该视频数据作废，机械制造译入语文本降至 10 个（见表 4-2）。机械制造和法律文本在非常规领域受试材料的样本量不多，但因本研究主要探究每个领域文本中译者为解决信息需求的搜索行为，每个领域文本的信息需求均大于 19×2 个，具有可分析和可比意义。各领域的文本分别由 1 名翻译高级审校和 1 名行业专家评分，在二者的评分基础上，另有 1 名高级译审对信息需求的得分进行专门评分。翻译行业有适合行业做法的译文质量标准，如译文交付的及时性、译文的正确性和容错率等，但对本实验而言，真实客户的缺失和翻译时间不设限等条件使得本研究的译文质量评分不能全部照搬翻译服务行业中的做法。吉尔（Gile，2011）在其著作中提醒，因立场不同，不同评价者评价方法也不同。基于这种考虑，本研究将探寻译者的翻译能力评价和翻译市场上的译文质量评价通行做法中可融合的部分，将其整合为适合可控实验的译文评价方法。

表 4-2　常规任务和非常规任务译入语文本数

单位：个

专业领域		文本数
常规任务	环境与化学（政府组织）文本	6
	机械制造文本	7
	法律文本	5

续表

专业领域		文本数
非常规任务	环境与化学（政府组织）文本	10
	机械制造文本	3
	法律文本	4

翻译教育中的质量评价不仅对学生入学前的潜能诊断、教学中的课程实施效度极为重要，也对职业教育资格认证和科学研究颇有助益。不过，大多数翻译质量评价止于理论阐释和描述（Toury，1991；House，2015；Gile，2011）。例如吉尔（Gile，2011）只是在文中提出应根据源语发出者或客户的标准提供翻译服务，他也提醒由于翻译牵涉各方的地位不同、视角不同，可能会削弱质量评估的可靠性，但未就此进行深入研究。后来有研究者陆续提出译文质量评分具体操作方法和量表，并实证验证（穆雷，2006；Angelelli & Jakobsen，2009；Sawyer，2004；Colina，2009；Eychmans，Anckaert，& Segers，2009；Waddington，2001，2004，2006）。如科琳娜（Colina，2009）提出两种评价学生翻译能力的方法：整体性评价（holistic rating）和分项评价（componential rating）。整体性评价是对译文的整体质量给出分数或进行文字描述；分项评价将翻译能力分成意义、译入语、词汇、功能和语篇对等、修改过程五大项，下分分值不同的子项（Colina，2009）。该评分量表的设计目的是给教师提供评分依据，学生也可以从中得到学习效果反馈。翻译教育评价总是基于学生的翻译能力，评价体系也与学生的翻译子能力或能力习得有关。

翻译研究中，PACTE（2011b）从翻译能力的角度以译文的可接受性（acceptability）为标准评判译文质量，研究小组称可接受性为翻译的解决方案能够有效传达源语文本的意义，反映翻译的功能（翻译纲要、译文读者的期待、译入语文化的文体规范），使用得体的语言（语法、拼写和句法）。PACTE 在区间 0~1 内把可接受性划为 10 个等级分值，是整体等级打分的方法，这种方法也见于一些研究者的研究中（王育伟，2014；Zheng，2008；

Enríquez Raído，2014）。王少爽（2014）在研究中的错误扣分评价方法较为科学。他将错误分为错译、准确性、术语、语言、风格、格式六类，并根据错误对译文质量的影响程度对重要错误扣 2 分，次要错误扣 1 分。他还将译文可能出现的优秀翻译表现给予加分奖励。不过，本研究拟简化其错误类型的分类细化方式，因为错误分类虽与译文评分有相关性，但错误的严重性却会直接影响译文质量和翻译交际效果，因此评价时应重点考量错误影响译文质量的严重程度。

职业翻译实践中的评价不仅是译文质量评价，也是译者产出量的数量评价，因为译文的交付质量事关经济效益等市场因素。同时，对职业译者的发展评估和其产出的译文评估也是翻译公司不能忽视的重要发展因素。很多国家的翻译资格认证考试是对职业译者的市场准入认证，其考试通常都是对译文产品的评价，如澳大利亚的 NAATI、加拿大的 CTTIC、美国的 ATA、中国的 CATTI，以及本地化标准协会（Localization Industry Standard Association，LISA）等。加拿大自从 20 世纪 70 年代就开始大规模地制定错误量表（correcting quality）和衡量翻译质量的评定量表（rating scales）等（Melis & Hurtado Albir，2001）。美国 ATA考试的评分体系主要考核两点：翻译错误和翻译错误对译文理解、实用性或内容造成的影响（ATA，2017）。加拿大 CTTIC 的考试打分与 ATA 类似，以大错和小错的不同等级扣分（CTTIC，2005）。这些翻译行业协会大多基于译文中的错误制定评分标准。

综合差错率的计算方法也见于我国的国家标准《翻译服务译文质量要求》GB/T 19682—2005（中华人民共和国国家质量监督检查检疫总局、中国国家标准化管理委员会，2005）。该标准根据译文综合难度系数、译文使用目的、合同计数总字符数、差错类别的系数等建立了综合差错率计算公式。量化错误的关联因素包括译文使用目的[①]，原文文体、风格和质量，专业难度和翻译时限。该量化方式符合翻译服务对成本、时间等的基本要求，

---

① 译文使用目的分为四类：1 类作为正式文件、法律文书或出版文稿使用；2 类作为一般文件和材料使用；3 类作为参考资料使用；4 类作为内容概要使用（GB/T 19682—2005）。

但仍不适合本研究中可控实验的评分情况。不过，翻译行业的标准特别强调错误对译文质量影响的重要性比传统印象式的整体模糊打分方式更为客观，值得本研究借鉴。

基于翻译教学和职业翻译的评估方法，本研究借鉴沃丁顿（Waddington，2004）对整体式和差错式两种方式的描述和实验结果，采用行业专家整体评分法和高级译审差错扣分法两套评价体系综合计算得分，算法为整体等级评价×30%+差错扣分评价×70%。译审和行业专家两套评分系统的总分各为100分。

整体评分法对不同质量的译文进行文字描述，并给予等级分数，打分方式为对译文中有创意或有亮点的地方给予正分。该方法是评分人对译文内容、风格、行文是否流畅的整体印象分，可以弥补差错扣分无法做正分评价判定的缺陷（Waddington，2004）。本实验中的整体评分目的主要源自文本的专业性要求，评分人由三个领域的行业专家执行，他们的 A 语言为汉语，B 语言为英语，不过 B 语言的水平不足以使其全面充分地理解原文。因此，行业专家的打分主要依据其在各自行业中的多年实践经验，他们拥有的丰富专业知识能帮助他们更好地从专业术语表述、行文规范等方面评价译文。

差错扣分法的算法参见表 4-3，该表根据国家标准中对错误的分类和赋值编写。该评分由审校经验丰富的高级翻译审校执行，他们是各自领域中的审校人员，对双语文本的细微之处把握得更专业。本研究将对不同评价者施以不同的评价目标和任务，再加以整合，形成行业高级译审评分表（见表 4-3）和行业专家评分表（见表 4-4）。

表 4-3　高级译审评分

差错类别	类别描述	扣分（满分100分）
第Ⅰ类	对原文理解和译文表述存在核心语义差错或关键词（数字）、句段漏译、错译	-3 分
第Ⅱ类	一般语义差错，非关键词（数字）、句段漏译、错译，译文表述存在用词、语法错误或表述含混	-1 分
第Ⅲ类	专业术语不准确、不统一、不符合标准或专用名词错译	-0.5 分
第Ⅳ类	计量单位、符号、缩略语等未按规定（约定）译法	-0.25 分

表 4-4　行业专家评分

	评价描述	分值描述
整体性评价	1) 忠实原文：完整、准确地表达原文信息，无核心语义差错 2) 术语统一：术语符合译入语言的行业、专业通用标准或习惯，并前后一致 3) 行文通顺：符合译入语语言文字规范和表达习惯，行文清晰易懂	1) 86~95 分　　优秀 2) 70~85 分　　良好 3) 60~69 分　　合格 4) 40~59 分　　不达标 5) 0~39 分　　不合格

注：本表基于 2 个标准对分值稍加改动，特别将优秀等级的分数调低，以符合实际译文质量情况。

分析性评价实施差错扣分制，差错按照国家标准 GB/T 19682—2005 分为四类。在行业专家和高级译审打分完成后，笔者再次请第三位高级译审对每个文本中信息需求的解决正确率进行评价。该高级译审拥有四十多年的翻译经验，审稿经验丰富，其评分是对译文整体评分的补充。在前述译审和行业专家评分的基础上，高级译审对 3 个文本中受试者以搜索行为解决的信息需求进行评分。该得分档分为 3 档：2 分档、1 分档、0 分档。其评价原则为信息需求的解决是否会影响译文意思的正确表达，若造成歧义或信息传达错误归为 0 分档。若译文虽不错误，但在表述方式上不符合行业说法，归为 1 分档。例如，法律文本中有些译者将 introducer 译为"中介人"的情况。经行业专家审定，在法律行业并没有中介人的说法，但该表述较为中性，尚可用，则归为 1 分档。若译文不止一个，且译文的来源为权威资源库，则判定多个译文均为正确译文，得分归为 2 分档。例如，环境与化学（政府组织）文本中的短链氯化石蜡在联合国术语库中的译文不止一个，则凡是出现在该术语库中，符合源语文本上下文语境和专业领域的译文都归为 2 分档。

第四节　问卷设计与发放

与《实验建议书》同时发放的除了测试文本和录屏软件、网页浏览记录软件外，笔者还通过在线问卷网发放了问卷（见附录一、二）。问卷分别发放给参加实验的职业译者和高校翻译硕士在校生。职业译者问卷共46题，学生译者的问卷在其基础上删除了语言水平、学历、工作经验等题，共有40题。问卷设计由客观题、半结构性问答题和主观题构成。除了一些必答客观题外，笔者还设计了列举并排序的开放式问答题，以更好地了解受试者搜索和专业领域相关知识（具体问卷分析请见第五章）。两个问卷包含五大模块：受访者基本信息、搜索知识、翻译知识和经验、电脑和网络使用经验、搜索经验。其中搜索知识和搜索经验是问卷考察的重点。问卷题项设计借鉴瑞士研究者们对信息需求解决所使用资源的研究方法（Massey & Ehrensberger-Dow，2011a），特别询问受访者解决术语、语言问题，专业领域知识问题等不同类信息需求所使用的资源状况。搜索相关问题旨在了解受访者的基本搜索技巧、网络信息资源的保存管理方法，以及他们通常选择使用的词典、搜索引擎、术语库等资源的情况。

为了保证问卷填写逻辑正确，笔者不但多次网上试作答，还做了问卷试实验，通过收集6名受访者的反馈信息、与受访者面对面访谈的形式，发现问卷设计中某些不够合理的题项，调整问题后再行发放。同问卷一起发放的《实验建议书》建议受试者在录制翻译视频前填写问卷，填写方法为网上在线进行，问卷网以密码保护问卷的私密性，受试者在任何时间都可以选择通过电脑或手机直接回答。除此之外，问卷网还可以对每道客观题进行统计和图示，满足本研究中的可视化需求。

所有职业译者均对问卷进行了作答，即职业译者的问卷发放21份，收回21份。为了了解翻译学生的相关知识，笔者还在5所高校的翻译硕士笔译学生中发放了另一份内容稍有修改的问卷调查，学生译者的问卷发放90份，收回90份。受访学生分别来自翻译硕士教育水平较高的上海地区1所高校，中国中部的2所高校，以及西南部和南部的2所高校。其中1所高校为中国第一批获批的翻译硕士培养单位，该校翻译教学资源丰富，学生素质较高。2所高校在翻译硕士点的全国性评估中被亮红牌，其翻译教学还在整改过程中。还有2所高校翻译教学水平居二者之间。笔者意图对学生译者的问卷回答与职业译者的问卷答案相对照，以为翻译教育和培训提供启发性内容。

第五节　实验数据转写原则

鉴于本实验使用的软件为可录屏、可记录键盘活动、可录音的 BB FlashBack，且基于实验所涉及的搜索变量参数，在转写视频数据时笔者制定了一些原则。首先笔者对翻译过程中涉及搜索行为的指标进行了界定（详见第三章第二节），以方便后续用 SPSS 软件计量统计。翻译过程中的阶段分类按照视频能够显示和分段的条件分为总搜索时段和源语/译入语文本的停留阶段，其中总搜索时段包含搜索时段和停留网页等信息资源的时段，本节将详述翻译阶段的转写原则。

一　翻译过程的阶段分类转写原则

搜索时段的概念在信息搜寻领域通常以 IP 地址、网络跟踪软件和时间轴等界定，恩里克斯-拉迪奥从整体翻译过程的角度，将搜索时段定义为：译者为满足一个特定信息需求进行在线活动的时间序列（Enríquez Raído，2011a）。她将诸多信息搜寻领域中"在线"的概念扩大，其在线活动不仅包括提交提问式、阅读搜索结果页、点击网址、阅读网页文档、回到网络搜索引擎以再次重构提问式的活动，还包括键入网址、点击浏览器的后退键和前进键、搜索网站页面内键入网站提问式。她文中的搜索时段也包含译者为同时满足多个信息需求进行搜索的时段。

根据本实验中出现的情况，笔者采用恩里克斯-拉迪奥的扩展概念，又基于本研究发现的受试者搜索提问式的结构和词项等规律，将译者在电脑端词典搜索框中键入提问式的时间也纳入本研究，但与恩里克斯-拉迪奥不同，本研究中译者为满足一个信息需求的搜索时间只归为一个时段。由此，本研究将搜索时段定义为译者为满足一个信息需求搜索词典和网络信息资源的活动，包括在电脑端词典或在线词典搜索框、网络浏览器的搜索框键入提问式，阅读搜索结果页，为保存和管理网络信息资源停留于某一界面，直接在网页地址栏键入网址或提问式的活动。网站页面内搜索只包括百度百科或家庭医生等百科类网站中搜索不同词条的活动，因为百科词条的搜索导致网页的切换，是译者因信息需求发起的搜索活动。但本研究不包括译者使用快捷键组合打开网页或在 PDF 文件中搜索关键词以定位所查信息的活动，也不包括受试者在 WORD、TRADOS 等软件页面搜索以查询、替换译入语文本，以保持译文中一些表述一致的活动，因为此类活动目的是为快速定位信息，找到重要信息点，或者修改译文，与译者的信息需求驱动无关。

基于以上定义，本研究中搜索时段转写原则如下。搜索时段以译者将光标停留在源语/译入语文本或当前网页的下方任务栏开始，并且后续光标有移出源语/译入语文本框或当前网页，移入新页面的动作。不论受试者移入的新页面是电脑存储的本地词典、在线词典或是搜索引擎网页等，受试者均有在搜索框键入提问式词项或粘贴已复制的文本行为，则该时段视为搜索时段。以下几种情况分别做不同判定。

情况一，有些受试者没有在搜索框键入提问式，而是直接在网页地址栏键入提问式，这种行为也视为一种搜索，因为某些浏览器具有在地址栏直接搜索的功能。为此，受试者在网页地址栏键入提问式，被视为一种导航类搜索行为。

情况二，有些受试者使用双屏时，有时他们的光标未动，但在某一屏幕的搜索栏使用复制粘贴的快捷键启动信息系统，随后发生网页切换的活动，该行为被判定为搜索行为。如译者 P12 在 WORD 文档页面使用了快捷键调出有道词典，本研究将其判定为搜索启动。

情况三，较为常见的是某些受试者开启了本机存储词典中的屏幕划词功能，在他们将光标放置所选词旁，或用光标选定某词时，屏幕上会显示该词的相应释义。这种情况分为两种，分别判定。其一，有些受试者喜欢在阅读文本时用光标选定某词，以增强阅读注意力。但有时该屏幕显示释义的词为极为简单的 of、was 等词，很可能不会是该水平受试者翻译时应该查询的词，因此笔者判定此类行为为非搜索行为。其二，若选定的词与受试者可能产生的困惑极为相关，并通常伴随受试者再次打开词典或网页重复查询的动作，此类行为视作搜索行为。

情况四，较为特殊的搜索行为发生在 WORD 或 TRADOS 等页面、网页结果页内或 PDF 文档内，受试者以快捷组合键 Ctrl+F 快速搜索网页内容的行为，此类行为均视为页面内搜索。受试者这种搜索行为的目的或为查找替换 WORD 文本内的某个词，以确保译文的准确性和统一性，或为快速定位网页资源中某些特定信息，两种页面搜索均视作非搜索行为。

情况五，为了查询某百科网站内的词条，受试者在百度百科、家庭医生在线等百科网站页面内搜索的目的是了解某些词条的相关专业领域知识，此类行为仍视作搜索行为，因为这是受试者以提问式与页面交互，并产生新页面结果的行为。

情况六，有的受试者在电脑端脱机词典使用查询功能后，未找到合适释义，此时点击词典具有联网功能的网页链接，自点击行为开始，视为网络搜索行为，因为该点击行为与网络信息系统交互，并有网页切换行为。同时，受试者使用电脑端脱机词典以键入提问式查询为搜索伊始。

本研究基于研究目的和研究工具的功能，将翻译过程分为总搜索时段和停留源语/译入语文本两大时段。其中，总搜索时段分为搜索时段和停留网页资源时段。搜索时段是译者用提问式与网络信息资源交互的第一步，笔者转写时以译者在词典、网页搜索框键入提问式的时段为主要转写标准，该时段也包括译者点击网页中后退键或前进键的时段，以及点击网页中某些链接、"下一页"后，但还未转入新的网页或新的词典页面还未显示的时段。

受试者在搜索时段中停留网页资源的行为是译者获取新知、改变知识状态的重要指标。阅读超文本的行为与阅读纸质图书的行为不同，因为超文本的信息组织结构和层级有网络资源的特征，且搜索过程中受试者获取新的专业领域知识和语言知识得益于阅读网络资源的行为。因此，笔者将译者停留网页资源的行为与搜索行为分开转写。停留网页资源的时段转写原则为：该时段从译者已键入搜索提问式，网页或词典切换页面并显示结果页开始，直至光标离开该网页；受试者点击搜索结果页链接，进入新网页；点击搜索结果页"下一页"、重启新一轮搜索的行为；点击后退箭头返回上一个网页的行为。

转写前笔者本想将受试者停留源语和停留译入语文本的活动分开，但在转写多个受试者视频后发现受试者在计算机屏幕上排列 WORD、浏览视窗等的方式多种多样，导致本研究无法区分两个活动。大部分受试者在源语文本 WORD 页中直接键入译文，或者有些受试者在使用 TRADOS 或其他机辅翻译软件时，原文与译文同时出现在一个页面框，这导致笔者在无眼动仪或其他辅助工具的情况下，无法将两个文本页面的翻译行为分离。也因如此，笔者无法对译者初译或修改等动作分离——即使 BB FlashBack 提供了初步的键盘记录功能，但将初译和修改动作分离需要人工转写，工作量极大，且不能保证转写准确。基于以上原因，译者转写时没有将初译和修改译文的动作分开，也没有将停留源语/译入语文本的动作分开。

二 搜索行为相关指标的转写原则

基于本研究的变量为搜索频次、信息需求表征方式改变频次、信息资源使用频次等，笔者制定了相关搜索变量的转写原则。信息需求在本研究中指译者以搜索信息资源的方式解决的翻译问题，信息需求通常以提问式为主要表征方式，且较为常见的是受试者使用多个提问式、1 个提问式+多个信息资源，或者多个提问式+多个信息资源解决一个信息需求。

受试者为解决一个信息需求展开搜索的频次即是本研究中所称的搜索频次。大部分受试者的提问式词项来自源语文本，此类搜索的目的与信息需求吻合度极高。不过，也有一些特例，笔者依据具体情况加以判定。例如，受试者 P4 为解决 protective for 这一信息需求，对网页中的英语释义例句中三个英语陌生词进行查询，但其目的是了解 protective 的例句解释，仍符合同一个信息需求 protective for 的求解目的，这些搜索频次归入为解决 protective for 问题的搜索频次计数。

在解决信息需求时，受试者会使用提问式结合信息资源的方式，在二者的协作下解决信息问题。受试者常常不断变换搜索提问式的词项和结构，或（同时）改变信息资源，这种提问式和信息资源的任一改变均视为信息需求表征方式改变。有些受试者有重复搜索的行为，即在提问式结构、词项和信息资源使用均不改变的情况下启动的第二次或第三次搜索，这种情况不视为信息需求表征方式改变。

翻译时长和搜索时长的转写以翻译过程的阶段分类标准为原则。笔者在《实验建议书》中说明，受试者应在阅读源语文本之前进行录屏，但录制视频的内容不包括受试者对 PDF 文本的格式转换和将源语文本导入机辅翻译软件的行为。在翻译时长和搜索时长的计算时，笔者发现有受试者在录制视频中的某些行为与实验无关，如 P1 翻译时在聊天软件上与他人聊天的行为；也有受试者在译后表示某些时间段网络不畅，需要删去。这些类似行为的时长未计算在时长指标中。最后，需强调的是，对于在转写过程中遇到的疑问和不确定，笔者以译后回溯报告和网页浏览日志作为补充信息再行判断。

第五章
实验数据初步分析

第一节　问卷调查分析

　　参加实验的受试者共计 21 名，问卷发放 21 份，收回 21 份。职业译者问卷设计共 46 题，前 9 题为受试者基本信息调查，第 10~16 题有关受试者的翻译经验、对翻译质量的评判标准和专业领域知识，第 17~46 题有关受试者的搜索经验、对搜索的认识、解决翻译问题使用的信息资源与信息管理方法等。受试者的本科教育背景大多为语言类专业（总占比 90.48%），19 名语言类专业毕业的学生中有 1 名具有非语言专业类辅修语言专业的背景。该数据显示有语言类专业学习背景的译者仍占职业译者的多数，与崔启亮对全国翻译硕士专业学生的调查结果相符（崔启亮，2017）。受试者职业经验最短的 1 年和最长的 12 年，各译者的总翻译量跨度也很大——从 20 万字到 1500 万字。受访译者接触电脑和网络的时间较长，平均使用电脑的年限为 11.56 年，且平均每日使用电脑和网络时长各为 7.94 小时和 8.25 小时，这显示职业译者日常工作与电脑和网络的结合极为紧密，也说明职业译者对现代技术工具和网络资源的依赖性极强。

一　搜索习惯与认识的调查分析

　　对职业译者的搜索认识调查显示，所有受试者均认可搜索在专业文本翻译中的极端重要性，职业译者回答第 20 题搜索对于专业文本翻译"非常重要"的占 96.3%，回答"重要"的占 3.7%。对第 21 题"你认为翻译教学课堂上是否需要搜索知识的培训"回答为"是"的受访者有 100%，表明受试者均支持翻译教学课堂上需要搜索知识培训的观点。对第 22 题搜索知识的获取来源相关问题的回答却反映出受试者并未得到搜索知识的完整培训的现实（见图 5-1），这一现实情况在第 23 题中也有所反映。在第 22 题中，最多的受试者选择"翻译实践中同学、同事等的指点"（41%），受试者自己在翻译实践中体悟的占比次之（36%），另有 9% 的受试者选择"课堂上教师的零星指点"，只有 14% 的受试者曾得到"专门课程的完整培训（如翻译技术等课程）"。第 22 题的回答表明职业译者的搜索知识大多不是来自翻译课堂，搜索培训在课堂上的缺失问题极为严重。不过，虽有受试者得到专门搜索培训，但是当将此题对照第 23 题的答案时，笔者却发现所谓的专门搜索培训的主要内容只是对网络查词技巧、谷歌等搜索引擎使用搜索公式的学习。

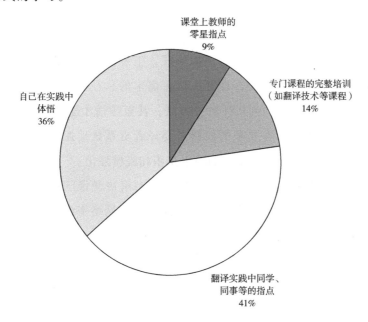

图 5-1　搜索知识的获取来源

然而，本研究认为搜索培训并不仅仅是使受培训者获得搜索技巧知识，而更应是使其了解和掌握内部资源与外部信息资源交互的动态过程，提高对信息资源的熟悉度和灵活运用资源解决翻译问题的能力。搜索能力的培养只有系统化、专业化才能与"能力"的称谓相衬。在对搜索专门培训的描述中，一位受试者详细回答了对搜索的认识，她的回答在受试者中最为全面。她认为若搜索过程中遇到无法直接搜索到答案的情况，可采取策略有：

> 1）释义、转换等搜索方法（例如：目标词汇是 A，但无法直接搜索到其译文时：可以通过查看其释义 B，然后再去搜索词汇 B 的相应译文；或者先转换为其相近词汇 C，再去查找 C 的译文，从而完成词汇 A 的翻译工作）。2）通过网络搜索，查看相关文件、标准、论文、释义等，验证译文正确性。

该回答的内容比较详细，反映受试者对搜索提问式转换的熟练程度，然而仍不足以涵盖信息需求解决的所有方案。信息需求解决还与语言组合、相关知识在信息资源中的构成和组织形式，信息需求所在源语文本语境中语言、语篇层面等因素有关，且解决信息需求的途径对问题的情境依赖程度更高，有时需要译者的创新性解决方法，甚至顿悟才能探索到解决方案。这些所有要素的整合与各要素的权衡需要译者更系统地探索和整合已有搜索相关知识，而非搜索技巧知识的简单累积和机械强化。

问卷中询问译者影响其有效使用网络资源解决翻译问题的主要因素是什么这一问题时，不少受试者回答对辅助翻译的网络资源不够了解，更有不少受试者做出网络搜索技能不高的自我评价。

如图 5-2 所示，27%的受试者自我评价网络搜索技能不高，25%的受试者对辅助翻译的网络资源不够了解，另有 10%的受试者不太满意自己的计算机操作技能。即使是经常使用电脑和辅助翻译软件、经常查询网络资源的职业译者群体也认为其自身搜索技能不高，该结果意味着搜索理应受到的重视与译者接受的培训存在错位。已有研究（Massey，Riediger，& Lenz，2008）曾在一年级本科生中进行了"研究"模块的教学尝试。虽然学生反映在一年级培训"研究"技能似乎与专业无关，但学期结束后教学效果良好，达到了让学生学会使用资源、研究方法论和信息管理等重要技能的目标。其他研究者也强调搜索的重要性，并在教学中实施基本的搜索训练（Vienne，2012；俞敬松、阙颖，2019）。但本实验受试者的问卷回答显示，在翻译课堂上的搜索培训不足以帮助职业译者在工作岗位应对搜索相关的任务，他们仍存在搜索方面的问题和困惑。

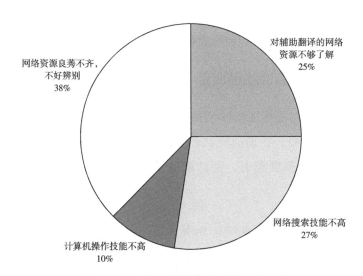

图 5-2　受试者使用网络资源遇到的问题

在开放式问题第 41 题中，询问受试者在使用网络搜索信息解决翻译问题时经常遇到的问题，受试者表示遇到最多的问题是网络信息资源较为繁杂，判断和选择完全匹配的信息资源较为困难，或者因网络或其他原因无法查到对应的信息。与专家基于专门目的编纂的词典等资源和专家等人力资源相比，网络信息资源是开放的、动态的，信息资源的组织和显示方式也与纸质资源不同，其内容的丰富性虽为译者提供更多的选择，却也因其开放性、匿名性和专业性与非专业性的混杂而无法保证内容的权威可靠，为译者的信息资源选择与评判增加了困难，这也是受试者在对解决问题途径的回答中，将咨询同事、行业专家等作为必要途径的原因。

　　搜索行为习惯是影响搜索效率的重要因素，受试者处理搜索结果的方式显示他们使用网络的熟练程度。有研究者总结了两类网络搜索引擎的浏览策略：一是首选深度策略，即网络用户依次从上至下查看每个链接，再决定打开哪个文档；二是首选宽度策略，是指用户查看一些结果条目后，重返最有可能找到答案的文档再次打开（Klöckner，Wirschum，& Jameson，2004）。笔者发现 90.48% 的受试者会选择"大致浏览后，选择与查询目标更相关的网页查看"，即大部分职业译者阅读网络信息查询结果页的策略主要为首选深度策略，表明其对网络资源的使用较为成熟、高效。

二　信息需求解决途径调查

　　本研究推测，信息需求的本质属性（语言类或专业领域知识类）影响译者使用的信息资源。在询问受试者解决术语、语言和专业领域知识类问题时通常使用的外部资源时，受试者的回答如图 5-3、图 5-4、图 5-5所示。

25.你在遇到术语问题时，通常采用哪些解决途径 (多选题 *必答)

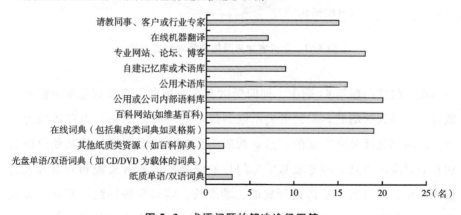

图 5-3　术语问题的解决途径回答

29.你在遇到语言问题（除术语问题）时，通常采用哪些解决途径 (多选题 *必答)

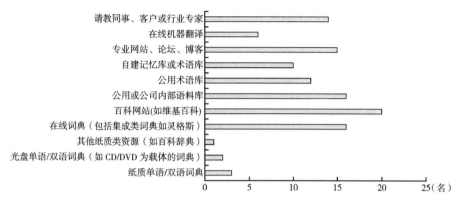

图 5-4　语言问题的解决途径回答

27.你在遇到专业领域知识（即言外知识）方面的问题时，通常采用哪些解决途径 (多选题 *必答)

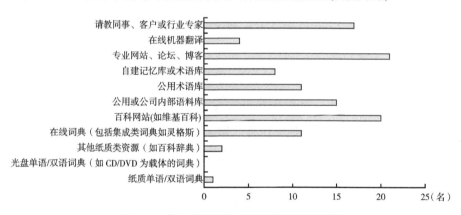

图 5-5　专业领域知识问题的解决途径回答

受试者在遇到术语问题时，通常会使用公用或公司内部的语料库和百科网站。除此之外，受试者会在词典、专业网站、论坛、博客中寻找答案。术语依附于专业领域，但也是独立的词，受试者在寻找译文答案时，不仅使用语境更丰富和查询更有针对性的语料库，还会搜索百科网站。但是词典并非职业译者首选，表明职业译者对术语所涉及的专业领域知识的探求较深入，或他们对专业、百科类网站资源更为信赖，体现了他们对问题解决的源本资源的诉求。

在解决语言问题时，受试者寻求的信息资源仍主要为百科网站，其次才是词典类语言信息资源。该回答表示，相比词典，受试者对百科网站的信任度和依赖度更高。词典的权威性似乎在职业译者之中并没有凸显，这与职业译者对搜索引擎更偏爱的研究发现相互补（王育伟，2014；赵政廷，2014）。该问题的其余选项排名差距不大，其中专业网站、论坛、博客的排名仍靠前。不过笔者发现同事、客户、行业专家等是职业译者寻求帮助的较为重要的资源，表明专家等人力资源对问题解决的作用并没有因网络信息资源的丰富而消减。

在询问受试者解决专业领域知识问题的解决途径时，专业网站、论坛、博客的排名居于第一位。除此之外，受试者仍表现出对百科网站的偏爱。在其后受试者会依次寻求专家和更为权威、可靠的语料库资源，表明受试者在解决专业领域知识问题时再次将人力信息资源作为较为重要的顺位选择。

以上 3 个问题的答案表明职业译者解决任何种类的问题时均较为偏爱百科网站或专业网站，而词典并没有在职业译者群体中凸显出特殊的地位。不过，词典查询仍是学生译者开始学习外语和翻译的重要工具，词典在信息资源中的降格以及其地位如何在译者群体中逐渐弱化等仍值得深入探讨。

对比第 26、28、30 题受试者对各类信息需求解答的满意度的回答，受试者对解决途径的回答极为一致。总体而言，他们认为解决术语问题最有效的信息资源为语料库，可能这是因为大多数网络语料库为某些特定目的构建，语料使用的用户限定性和封闭性均可在一定程度上保证语料库内容的可靠性，特别是公司自建的语料库在解决信息问题时应答率更高、查询结果更为准确权威。不过，本研究中，职业译者解决语言类问题最有效的途径是百科网站，其次才是在线词典，意味着职业译者对信息资源更丰富、语境更明确的百科网站更为偏爱，这可能与词典词条的孤立性特征、无法直接在语境中验证词义有关。针对专业领域知识问题，受试者认为最有效的查询途径为专业网站，其次为百科网站，该回答可能与专业领域知识问题的特征相关。

三 词典、搜索引擎和语料库的使用调查

受试者在评价词典的功能时（第32题）表示，他们使用词典的最主要原因是方便易得（76%）与词条全面（76%），且他们使用的词典主要为集合多种单/双语词典的综合类在线词典（第31题），也有受试者使用联合国术语词典和人名地名词典这类专业词典。不过受试者对词典的专业性认可度不高（47.6%），该结果从某种程度上解释了在信息需求解决时受试者更偏爱专业类、百科类网站的原因。

搜索引擎是受试者经常使用的搜索工具（第33题），并有38.1%的受试者使用谷歌学术之类的专业搜索引擎。在回答经常使用某个搜索引擎的原因时（第36题），受试者回答最多的是"查询结果详细全面"（100%），这是他们选择搜索引擎的最主要诉求之一，居次位的是"查询结果匹配度高"（71.4%）。但他们对其他搜索引擎的功能没有表现出更多的关注。62.96%的受试者经常使用搜索引擎的高级搜索功能，不过他们使用最多的是标注具有完全匹配功能的双引号的方法。在后面实验转写中，笔者也的确发现这是受试者使用最频繁的高级搜索功能。

在本实验中，受试者大多在翻译环境与化学（政府组织）文本时使用UNTERM等双语语料库，在翻译其他两个领域文本时都没有使用语料库。问卷的回答反映受试者使用语料库的频次不多，且其搜索技巧不足——只有3位受试者回答他们曾使用的语料库。

第二节 视频数据概述

经视频转写和数据整理，35个视频样本中各受试者的总翻译时长从最短的15分钟25秒到最长的1小时46分钟。无论任务类型，受试者在环境与化学（政府组织）文本的翻译时长为3个领域中最长；法律文本的平均

翻译时长最短。由于机械文本的翻译中有些受试者未能完整翻译全文，导致样本数较少，因此在此不分析其翻译时长数据。

初步对比常规任务和非常规任务中的翻译时长，本研究发现两个领域的常规任务中的平均翻译时长均比非常规任务长，这一发现似乎与翻译行业中译者尽快定岗定翻译领域的做法相悖。在翻译行业中翻译公司通常会将翻译任务分配给合适的常规译者，确保在高质量完成任务的同时缩短翻译文本交付时间。通常其任务发包的考量除翻译速度和质量外，还考量译者的专业领域是否与任务类型要求对口。但本实验中常规任务中的总翻译时长大多比非常规任务长，似乎表明这种行业通用做法的可行性可能还涉及其他因素。

35 个译文样本中，环境与化学（政府组织）文本的信息需求数为 63 个，无法归类的机器翻译的信息需求为 21 个；机械制造文本的信息需求数为 45 个，无法归类分析的机器翻译信息需求为 5 个；法律文本的信息需求数为 36 个。机器翻译的信息需求多为长句，甚或字数更多的段落。不过，机器翻译与搜索行为之间的相互关系似乎值得研究。在受试者 P5、P7、P14 的视频样本中，机器翻译的使用似乎导致搜索频次减少，这一特点在 P5 的翻译过程中极为明显。P5 在机械制造文本翻译中对谷歌翻译的依赖极强。谷歌翻译的英汉语言组合的译文质量虽不及其他语言组合，但该机械制造文本的机器翻译的译文质量似乎颇能满足受试者的需求。他只在翻译初期查询了文本主题，其后查询了一个信息，其余的翻译活动均围绕阅读机器翻译译文、原文对照、复制粘贴或翻译/修改等译后编辑行为。该受试者对机器翻译较为依赖的行为并未影响译文质量，高级译审的打分为 92.3 分，在所有机械制造类文本得分中居中，而他的行业专家得分与 P11 并列第一，可见机器翻译的译文质量在职业译者进行恰当的译后编辑后仍能达至一定的水准。下文虽列出机器翻译使用的文本段落，但由于其文本段落极长，难以确定信息需求，在具体假设分析和描述时，笔者不分析机器翻译的相关数据，但机器翻译对搜索频次的影响将在第一个假设中加以检验。

第三节　信息需求结果分析

一　信息需求概述

信息需求是译者以搜索解决的翻译问题。受试者在解决每个信息需求时会改变信息需求提问式的词项或结构，或改变信息资源，或者提问式与信息资源同时改变，多次发起搜索。翻译中的提问式有时与信息需求一致，有时是受试者对信息需求理解后进行的特别表征。例如译者 P3 对信息需求 Priority Substances List 的提问式改变了 12 次，提问式除了与信息需求同样的词项，还增加了限定词"加拿大"，改 Priority Substances List 为 PLS，将译入语"首要物质清单"与限定词"加拿大"相结合。这些提问式的改变均围绕信息需求 Priority Substances List 的求解，因此本研究将这些提问式归结为一个信息需求。

笔者基于以上信息需求的归纳方法，将 BB FlashBack 录制的视频转写后，再将每次搜索所解决的信息需求整理成表。其中，常规任务和非常规任务中的共同信息需求如表 5-1 所示。总体而言，环境与化学（政府组织）文本的共同信息需求最多，为 43 个；机械制造文本的共同信息需求最少，为 19 个；法律文本的共同信息需求数量居中，为 22 个。如表 5-1 所示，共同信息需求除了包括惯用语、专有名词等词项的专业术语外，还有主题类信息需求①和普通语词（表 5-1 中斜体加粗字体）构成的信息需求。经统计，84 个共同需求中专业术语，普通语词构成的信息需求在 3 个文本中只有 23 个，占比 27.4%。该结果显示无论何种翻译任务类型，专业文本翻译中专业术语类信息需求为主要搜索诉求。

---

① 笔者区分主题类信息需求的考量在于，受试者对解决该类信息需求所使用的提问式是主题类短语，其提问式词项不可分割，例如 prohibition of certain toxic substances regulation，该分类区别于其他信息需求从语言维度的分类，二者不可简单归为同项。

表 5-1 常规任务和非常规任务中的共同信息需求

编号	环境与化学(政府组织)文本	机械制造文本	法律文本
1	*force of actions*	CS800 Fisher pressure reducing regulator	*prospective*
2	*regulatory document*	configuration	The Principal and Introducer
3	*regulatory action*	external registration	on a non-exclusive basis
4	prohibition of certain toxic substances regulation	internal relief	act in good faith
5	*succinct detail*	overpressure protection	hold oneself out
6	chlorinated alkanes	diaphragm assembly	bind
7	Canada Gazette	vent	representation
8	Part II, Vol. 147, No. 1	high capacity relief	*logo*
9	*notify*	integral true monitor^{tm} protection	*sourcing*
10	SCCP	secondary seat protection	*with the intention of*
11	offer for sale	base regulator	*constitute in itself*
12	*state*	overcome	financial promotion
13	*incidentally present*	pusher post assembly	without prejudice to
14	laboratory analytical standard	valve stem	improper performance
15	basis for inclusion into Annex III	valve disk	interests or duties
16	*prevailing conditions*	orifice	generality
17	MCCA	stabilizer	*anti-bribery*
18	Priority Substances List	w. c.	financial advantage
19	*general population*	upper spring case	*reward*
20	*exposure*		*public official*
21	mode of induction		*communication*
22	mode of action		counterparty
23	weight of evidence		
24	*summary account*		
25	male rat		
26	rats and mice		
27	carcinogenicity bioassays		
28	non-cancer effect		
29	peroxisome proliferation		
30	liver tumour		

编号	环境与化学（政府组织）文本	机械制造文本	法律文本
31	kidney tumour		
32	precursor lesions		
33	*reversibility*		
34	DNA reactive		
35	UNEP/FAO/RC/CRC. 10/6		
36	*consideration*		
37	tolerable daily intake		
38	observed tumours		
39	*protective for*		
40	upper-bounding		
41	specific tumours		
42	thyroid-pituitary disruption		
43	thyroid tumour		

提问式（query）是受试者为表征信息需求在搜索框键入的并借此与信息系统交互的一串词项、零词项，或以词项与布尔运算式结合等为表征的信息（Marchionini，1995）。本研究中受试者未出现网络搜索用户中出现的零词项行为，因此在本研究中提问式主要由词项和/或布尔运算式组成。施怡怡（Shih，2017）在总结学生译者的提问式时，归纳了四类提问式结构：1）源语词项+（部分）译入语的试译词项，如 LNG 燃料船；2）源语词项+译入语表达的限定提问词，如 gt 是什么单位；3）源语词项+译入语限定名词，如 owner operator 中文；4）译入语暂译的句子或主题词，如维京人建立世界第一个液化天然气渡轮。

施怡怡的分类对译入语限定词的区分更详细，但与本实验中受试者使用的提问式结构有所不同。笔者也发现本研究中的提问式词项主要来自源语文本和受试者试译的译文文本，一些受试者也使用特别项，不过本研究中出现的提问式结构更为多样。基于施怡怡的分类方法，笔者总结了受试者的七类提问式。

一是源语词项，如 force of actions 和 regulatory document。

二是译入语的试译词项，如联合国规范性文件，"加拿大特定有害物质监管行动"，氯化烷烃。

三是源语文本词项+译入语的试译词项，如"regulatory action"规范性，integral true monitor 艾默生，prospective counterparties 预期交易对手。

四是源语文本词项+主题限定词，如 regulatory document 联合国，regulatory document UN，SCCP 工业，mode of induction 肿瘤，hold oneself out+legal term。

五是译入语的试译词项+主题限定词，如加拿大公报 禁止特定有毒物质规定。

六是多个词项或句子，如肿瘤是由几种作用机制诱发，加拿大 最终监管措施 SCCP，vent 排气 CS800，NPT 通气孔 美国标准圆锥管螺纹量规，委托人 经纪人 introducer 协议。

七是特别项。

以上分类不包括不为理解原文的目的、不来自源语文本和可能的译文词项，例如受试者 P1 因不理解网页内容而键入的提问式词项。上述分类也不包括受试者在 WORD、TRADOS 等界面、PDF 文件内或网页内进行页面搜索的提问式。因为这类搜索行为的搜索目的不是寻找信息需求的答案，而是受试者为快速定位某个词所在 WORD 或 TRADOS 页面以核查或替换译文，或在 PDF 文档、网页内的平行文本中快速找到某个关键词，在本研究中均未被视作搜索行为。第七项"特别项"是指非源语词项，也非译入语词项，但与信息需求求解相关的提问式词项，如受试者 P3 在搜索 exposure 时使用的加拿大一般人群短链氯化石蜡。

七类信息需求的词项构成中，源语文本词项的使用较为频繁，且在首项提问式中使用最多，受试者多次搜索后，开始出现译入语试译的词项。提问式的多次改变是本实验中出现的另一特征，受试者通常会增加或删减词项，并同时伴随网络信息资源的改变，这一过程如图 5－6 所示。

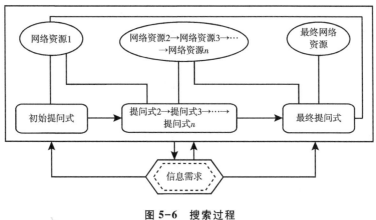

图 5-6　搜索过程

图 5-6 自下而上显示搜索时段中受试者搜索提问式的改变过程。当受试者内部知识资源不足以帮助其解决翻译问题后，就会产生信息需求。由于大多数翻译问题的非良构特性，受试者通常对解决信息需求的途径、应使用哪些网络信息资源等较不确定，图 5-6 中以虚线框显示。信息需求驱动受试者开始以提问式搜索，此时提问式以源语文本的词项为主。在初始提问式不能提供满意的答案时，受试者会通过增删或修正提问式词项，或增加布尔运算式等来改变提问式结构，或同时改变网络信息资源，直至最后找到满意的答案，此时解决信息需求所需达到的目标逐渐清晰，以实线框表示。以受试者 P7 和 P1 的一个搜索时段为例分析典型的信息需求解决流程。P7 在搜索信息需求 introducer 的过程中，首先以源语文本中的 introducer 为词项使用百度搜索，对结果不满意，她再次增加词项，以"introducer 法律"为提问式，在搜索结果仍不能解决信息需求时，她增加提问式词项，继续以"introducer 法律介绍人"为提问式进行搜索。结果页中有"介绍方"的说法，于是 P7 以"介绍方""introducer 介绍方"搜索，并在后续改变了 2 次信息资源，再次以 introducer 搜索另一个网络资源，直至确认答案介绍方，最后在 WORD 文档中搜索并替换了译文答案。另一位受试者 P1 在搜索 thyroid-pituitary disruption 时，选择了源语文本中的词项 thyroid-pituitary disruption 查询有道词典，但有道词典未提供释义。于是 P1

逐步缩减提问式词项，分别以 thyroid-pituitary、thyroid、disruption、pituitary 逐次搜索有道词典。为了解该信息需求的意义，她还更换了网络信息资源使用 linguee 查询 thyroid-pituitary disruption 的英文释义。通过多次缩减的词项搜索后，P1 改用译入语甲状腺-脑垂体失调、甲状腺-脑垂体失调 甲状腺肿瘤搜索百度搜索引擎，最后确认答案为甲状腺-垂体失调。从 P7 和 P1 的搜索过程可见，受试者解决信息需求的过程是从初始对解决途径较为不确定，在搜索过程中不断改变搜索提问式或同时改变网络资源，直至逐渐找到答案的过程，这一过程呈现非线性、循环性的特征。

二　信息需求的差异化表现

除了共同信息需求外，受试者的独有信息需求和仅常规任务/非常规任务中出现的信息需求也需在此一书，这些信息需求反映了受试者的个体知识体系差异，也在一定程度上体现出职业译者的搜索特征。3 个领域中受试者个体的独有信息需求如表 5-2、表 5-3、表 5-4 所示。

表 5-2　环境与化学（政府组织）文本中的独有信息需求

编号	常规翻译任务	非常规翻译任务
1	LCCA	relate to
2	identified	assessment
3	sexuality	not relevant to
4	暴露于短链氯化石蜡的大鼠和小鼠的致癌性生物测定中观察到的几种肿瘤	加拿大禁止生产、使用、销售、以要约形式销售或进口短链氯化石蜡或含有短链氯化石蜡的产品
5	加拿大通知的监管行动涉及短链氯石化石蜡作为工业化学品的使用。最终监管行为规定，禁止一切有关短链氯化石蜡或含有短链氯化石蜡的产品的生产	in the absence of
6	然而,除了证明短链氯化石蜡不具有 DNA 反应性的证据的重要性之外,已经报道的关于肿瘤诱导模式的数据至少足以用来讨论无致癌效果的每日耐受量(TDI)	published

编号	常规翻译任务	非常规翻译任务
7	The regulatory action notified by Canada relates to the use of SCCP as industrial chemicals. The final regulatory action states that all manufacture, use, sale, offer for sale or import of SCCP or products containing them is prohibited, unless SCCP are incidentally present in the product or if they are used in a laboratory for analysis, in scientific research or as a laboratory analytical standard (UNEP/FAO/RC/CRC. 10/6 section 2.1, 2.2.1 and 2.2.3)	exceed
8	For SCCP, critical data relevant to both estimation of exposure of the general population in Canada and assessment of the weight of evidence for the mode of induction of specific tumours were identified following release of the first Priority Substances List (PSL1) assessment and prior to February 2001, although most of this information has been reported in incomplete published summary accounts or abstracts	短链氯化石蜡 致癌性 耐受摄入量
9	在2月份之前,与加拿大一般人群的暴露评估以及特定肿瘤诱导方式证据的重要性评估相关的重要数据得到了确认,尽管大部分信息已经在不完整的已公布摘要报告或摘要中有所涉及	然而,除了证明短链氯化石蜡不具有 DNA 反应性的证据的重要性之外,已经报道的关于肿瘤诱导模式的数据至少足以用来讨论无致癌效果的每日耐受量(TDI)
10	然而,除了短链氯化石蜡不具有 DNA 反应性的证据的分量之外,报道的关于肿瘤诱导模式的数据至少足以作为考虑每日耐受摄入量(TDI)的非癌症效应作为保护观察到的肿瘤致癌性的基础。根据现有资料,短链氯化石蜡方法的每日摄入量的上限估值或超过这些化合物的每日耐受摄入量,可能对潜在的致癌性也有保护作用(联合国环境规划署/联合国粮食及农业组织/RC/CRC. 10/6 第 2.4.2.1 节)	用于计算对于所观察到的几种肿瘤的致癌性来说安全的每日允许摄取量,而不会引起致癌效应
11		critical data
12		有害物质 致癌性 耐受摄入量
13		estimation
14		documentation
15		reported data

续表

编号	常规翻译任务	非常规翻译任务
16		be reported
17		in addition to
18		additional investigation
19		compounds
20		as a basis

表 5-3　机械制造文本中的独有信息需求

编号	常规翻译任务	非常规翻译任务
1	industrial and commercial application	reduce air flow
2	积蓄的压力	push downward
3	integral regulator	move away
4	relief valve	excess gas
5	integrally mounted	vent size
6	valve inlet	downstream demand
7	cause	调节器控制弹簧
8	main spring	move closer to
9		lever
10		psig
11		outlet pressure construction
12		CS 800 series regulators are typically installed on industrial and commercial applications

表 5-4　法律文本中的独有信息需求

编号	常规翻译任务	非常规翻译任务
1	under no obligation	marketing materials
2	bind	identify
3	rule	activity
4	where	produce
5		anti-corruption

环境与化学（政府组织）文本翻译中受试者个体的独有信息需求中，只有 LCCA 为专业术语，其余的信息需求为一般类语词。LCCA 作为独有信息需求出现，显示该受试者搜索效率不高。因为在此之前，文本中已经有 Medium-Chain Chlorinated Alkanes（MCCA），且受试者已查询了 MCCA 的意义，则 LCCA 应为已知项，该受试者再次查询耗费了翻译时间，在受试者中表现出其对信息需求的理解差异。

除此之外，受试者独有信息需求中还有两类特别项。在受试者的独有信息需求中，一类特别项是 sexuality，该词项不是来自源语文本，也不是译入语的可能词项，而是受试者 P1 在查询另一个词项时，阅读网页资源时不理解释义中的英语表达而发起的查询。另一位受试者 P4 也在另一个搜索时段中为了解网络词典例句，查询了不属于源语文本和译入语文本的 colitis、ADHD、dialysis。[①] 特别项在所有信息需求中出现频次很少，却反映出受试者对所查词项的搜索深度较深。

另一类特别项为超长句，其中译入语的试译词项搜索大多为译者已全部译完后，对译文再次提取发起的查询。但是，对搜索引擎而言，超过一定字节的关键词搜索无效。例如谷歌的关键词搜索词项长度要求为 70 个字节，即 35 个汉字，超过规定字节的提问式会使搜索目的不明确，影响搜索结果，导致结果的相关性不高。例如表 5-2 中的信息需求：

然而，除了短链氯化石蜡不具有 DNA 反应性的证据的分量之外，报道的关于肿瘤诱导模式的数据至少足以作为考虑每日耐受摄入量（TDI）的非癌症效应作为保护观察到的肿瘤致癌性的基础。根据现有资料，短链氯化石蜡方法的每日摄入量的上限估值或超过这些化合物的每日耐受摄入量，可能对潜在的致癌性也有保护作用（联合国环境规划署/联合国粮食及农业组织/RC/CRC. 10/6 第 2.4.2.1 节）。

---

① P4 为查询原文生词释义，在词典中看到衍生例句中的生词 colitis、ADHD、dialysis，因不理解词义而发起了 3 次查询，该查询行为与翻译目的的关联性很低，也不反映作者理解原文或表述译文的目的，在此不纳入数据分析。

受试者 P5 百度搜索后的结果虽然有 1300 条，但真正相关信息不多（见图 5-7）。P5 此次搜索的百度结果页提示："的数据"及其后面的字词均被忽略，因为百度的查询限制在 38 个汉字以内。百度搜索的结果页第一页主要内容与关键词"短链氯化石蜡"有关，但其内容多是与短链氯化石蜡相关的单语文本。

图 5-7　受试者 P5 一个搜索结果页截图

受试者 P5 在搜索后只粗略阅读了第一页结果，并未点击任何链接，也未进入下一页结果页，似乎受试者是在查询该词的表述是否恰当。但过长的搜索提问式使受试者的信息需求指向被模糊化，也使受试者增加了搜索频次和时间，搜索效率降低。

仅常规翻译任务或仅非常规任务中出现的信息需求数量较少（见表5-5、表5-6）。其中环境与化学（政府组织）文本中没有仅在常规翻译任务中出现的需求，表明该文本的非常规任务中信息需求多于常规任务。表5-5、表5-6中较少的信息需求数量表明受试者在不同类型任务中信息需求的集中性，受试者在此方面的差异不显著。

表5-5　仅在常规任务中出现的信息需求

编号	机械制造文本	法律文本
1	control line	solely responsible for
2	primary regulator	
3	orifice seating	
4	shutoff	

表5-6　仅在非常规任务中出现的信息需求

编号	环境与化学（政府组织）文本	机械制造文本	法律文本
1	industrial chemical	principle of operation	codes of conduct
2	less sensitive	mbar	in one's capacity
3	available	NPT	statute
4			knows or believes

受试者在不同翻译任务类型的3个领域中，共同信息需求较为集中的是环境与化学（政府组织）文本，占总信息需求比为51.2%，法律文本共同信息需求占总信息需求的26.2%。机械制造文本的个性需求为3个领域中最多，其共同信息需求只占总需求的22.6%，体现出机械制造文本中信息需求在不同受试者中的差异。共同信息需求主要为专业类语词，普通词占比很少，表明文本专业性对信息需求类型的影响。此外，少数受试者中还存在使用特别项的情况。特别项反映受试者对信息需求解决的深度，也反映某些译者的搜索技巧尚待提高。某些受试者可能对使用搜索引擎的关键词

搜索要求不太清楚，从而使用过长的提问式，搜索效率较低。

信息需求是受试者启动搜索的原动力，其数量和类型与文本的专业性有关。本研究发现受试者在专业文本翻译中的信息需求以专业术语、惯用语为主，普通词为辅；受试者还使用了特别项。在环境与化学（政府组织）文本中，共同需求最多，机械制造文本中的共同需求最少。环境与化学（政府组织）文本中没有仅在常规任务出现的信息需求，其非常规任务中的信息需求更多。

受试者为解决信息需求的搜索行为可由以下指标表征：信息需求促发的搜索频次、信息需求表征方式的改变频次、与解决信息需求相关的网络信息资源类型和使用频次、为解决每个信息需求耗费的搜索时长等。其中搜索频次和搜索耗时反映受试者解决信息需求的努力程度，信息资源类型和使用频次可反映译者翻译不熟悉专业文本时快速获取相关知识行为的规律，信息需求表征方式的改变频次显示译者应用的问题解决方法。因此，下文笔者将对各指标进行逐一统计检验和分析，以发现译者在非常规任务中搜索行为规律。

第六章

研究结论与讨论

第一节　搜索频次与任务类型的相关性分析

一　假设1的提出

恩里克斯-拉迪奥的个案研究中发现，专业领域知识和任务复杂度（即她所称的文本难度）共同影响受试者的信息需求数量和类型。不过，总体而言，译者的专业领域知识的水平越高，专业类信息需求越少（Enríquez Raído，2011a，2014），由此搜索频次会相应减少。在另一项研究中（Hvelplund & Dragsted，2018），不论是更为熟悉专业文本的受试者，还是更熟悉文学文本的受试者均认为翻译专业文本时难度更大，因而受试者翻译专业文本时的搜索活动比翻译文学文本时显著增多。费尔南德斯（Fernández，2015）对学生译者的搜索研究发现与以上两项研究类似，她发现信息需求的数量与搜索频次成正比，且受试者似乎对源语文本越熟悉，将其判定为较为容易，搜索频次会越少。三项研究均指向源语文本难度增大可能导致搜索活动增多的情形，而源语文本的熟悉度会影响译者对文本难度的主观判断，由此文本的熟悉度是影响搜索频次的原因之一。

本研究设计中选择的测试文本均由翻译公司项目管理人员提供，受试者均为该文本涉及专业领域的常规任务译员，因此译者熟悉文本涉及的相关知识和翻译纲要，且笔者已对实验文本做了可读性测试，以控制3个文本阅读理解难度保持在一定水平。可读性公式（Flesch-Kincaid 得分）中，3个文本得分相当。所以，本研究测试的各文本均有各自的专业性特点，且其文本阅读难度相当，非常规任务中受试者对较为陌生领域文本的相关知识熟悉程度可能会成为影响搜索频次的重要原因。以上研究表明，译者在执行非常规任务时，由于其对文本相关知识的相对欠缺或知识体系相对不完备，信息需求比执行熟悉的常规任务时更多，从而启动的搜索行为会增多。

此外，也有研究表明译者对信息需求的敏感度，即问题意识也是影响受试者查询外部资源的原因之一。对问题较为敏感的译者会发现更多的翻译问题。不过针对职业译者和非职业译者翻译中发现翻译问题数量的研究结论并不一致。有的研究发现学生译者等非职业译者对问题不敏感，他们的信息需求较职业译者更少（王育伟，2014；Jääskeläinen，1996；Rothe-Neves，2003）；也有研究表明职业译者高度自动化的信息加工方式使其遇到的翻译问题很少（Krings，1986；Börsch，1986；Jensen，1999）。对不同译者群体发现的翻译问题数量研究结果差异似乎都指向问题的本质属性、其研究目的和参照对象，也即影响信息需求数量进而影响搜索频次的因素似乎较为复杂。笔者根据问题解决心理学和已有翻译研究成果推测，产生不一致结论的原因除了涉及信息需求的特性外，还与译者的翻译水平、翻译任务中源语文本的难度有关。具体而言，影响搜索频次的因素可能有以下几项。

首先，从认知学的角度而言，问题不是作为既定概念出现的，而是发现问题的个体在困惑、不确定、疑惑的情态中构建而成的（Schön，1983）。问题不能独立于解题者存在，而是因解题者主体的认识而存在。解题者因自身的先备知识、经验等不同，对问题的理解存在差异，在尝试重组先备知识，以寻找合适的算子、解决问题的途径时，采取的策略方法也会有所不同。在问题的构建过程中，问题解决者还需不断试错，不断验证解决问题的方法是否合适，这也增加了问题解决算子加工、组合等的复杂因素。

豪斯（House，2000）曾在研究中提出受试者自信程度对查询词典频次的影响。豪斯在研究中发现，查询词典的受试者大致可以分为冒险型（high risk takers）和谨慎型（low risk takers）两类。前者能自信地处理翻译时查询词典与不查询词典两种情况，后者在不查询词典时会出现漏译等情况。由此豪斯推断似乎自信度在查询词典的过程中起着某种作用。虽然豪斯在文中没有进一步深入探究自信度的问题，但此研究结果意味着译者查询外部资源时个体心理也是影响搜索频次的因素之一。

其次，本实验中的受试者虽然在常规任务中经常执行某一个或几个领域的翻译任务，积累了一定的专业领域知识和相关语言知识，但大多数受试者的翻译年限还未达到诸多研究者提出的 10 年期，其拥有的专业领域相关知识体系的完整性和系统性仍较为欠缺，因此受试者还不能启动更少的搜索行为应对所有信息需求。无论是在常规翻译任务还是在非常规翻译任务中，他们都可能遇到一些反映其知识短板的信息需求，从而可能导致受试者增加搜索频次，这一因素也可能会降低搜索频次受到任务类型影响的概率。

再次，导致译者启动搜索行为的信息需求性质还与译者为求解问题获取的外部信息资源有关。一些词典类资源提供的词条释义比其他网络资源更权威，译者查询单义术语等相关词时似乎更快更准。但译者解决某些信息需求时仅获得译入语对应表达还不够，还可能会查询平行文本等知识类资源。此类资源在网络上丰富易得，但内容也较繁杂，良莠不齐，可靠性还需多次验证，需要译者更多次、更深入地搜索才能逐渐接近答案。换言之，信息需求的本质特征也会影响搜索频次的多寡。

最后，搜索过程不但是译者对信息资源的评价和选择过程，也是译者与网络信息系统交互的过程。网络信息系统的响应速度也是影响搜索频次的因素之一。特别是职业译者经常会使用特定的搜索引擎或网站，则该搜索引擎或网站与译者使用的计算机交互的速度与搜索成功率也会导致搜索频次的变化。

综上，无论是在受试者经常执行的常规任务中还是不太熟悉的非常规任务中，由于信息需求的本质特征，受试者的先备知识、心理差异、翻译能力水平，网络响应速度等原因，搜索频次可能不会对任务类型产生较大的敏感性，由此本研究提出假设1：搜索频次与任务类型没有相关性。

二 实验数据初步分析

数据是否正态分布决定研究中统计时使用参数还是非参数统计方法，因此笔者首先用 SPSS 25.0 对常规任务和非常规任务中搜索频次数据的分布进行了检验（见表6-1）。

表 6-1 搜索频次数据描述

		统计	标准错误
平均值		2.54	0.075
平均值的95% 置信区间	下限	2.39	
	上限	2.69	
5%剪除后平均值		2.33	
中位数		2.00	
方差		3.569	
标准偏差		1.889	
最小值		1	
最大值		9	
全距		8	
四分位距		2	
偏度		1.437	0.097
峰度		1.615	0.193

检验结果表明搜索频次数据分布曲线的偏度系数为 1.437，峰度系数为 1.615，均大于 0。样本数据的偏度绝对值为 1.437/0.097 = 14.81，该值大于 1.96，因此解释为正偏态。Q-Q 图显示，数据分布也有多个点偏离参考线，表明该组数据均具有高度正偏态的分布特征。

为了进一步检验两种任务中的总搜索频次分布偏态，笔者再次进行了 S-W 检验。检测样本是否呈正态分布可以用 Kolmogorov-Smirnov 检验（K-S 检验）和 Shapiro-Wilk 检验（S-W 检验）两种非参数检验方式，若两种检验的显著性水平大于 0.05，则表明数据呈正态分布。正态分布检验结果显示，K-S 检测和 S-W 检验的显著性值均小于 0.001（见表 6-2）。又因本研究的样本量小于 2000，其正态性检验数据主要依据 S-W 检验值，样本数据确不遵从正态分布。

表 6-2 搜索频次正态性检验

搜索频次	K-S 检验[a]			S-W 检验		
	统计	自由度	显著性	统计	自由度	显著性
	0.240	639	0.000	0.793	639	0.000

注：a 表示里利氏显著性修正。

在正态性检验中，笔者发现搜索频次数据存在离群值，这些离群点与其他数据距离较远，如图 6-1 所示。

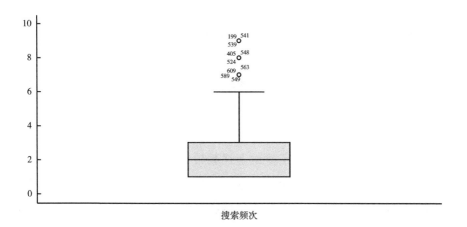

图 6-1 搜索频次箱图

图 6-1 中，个体数据值距离箱图底线和顶线距离超过箱体高度（四分位数间距）1.5 倍至 3 倍时视为可疑离群点，以空心圆○标识；超过箱体高度 3 倍以上的值被视为高度离群值，以星号＊标识。为更确切地判定离群

值，笔者还使用拉依达准则法判定离群值。拉依达准则法即 Z 分标准化法（3σ 法），这种方法是最为常用的剔除离群值的方法。该准则将测定值中与平均值的偏差超过 2 倍标准差的值判定为离群值。若从标准化的 Z 值来看，也可按照 Z 值小于−3 或大于 3 的标准判定离群值。

离群值可能包含极值，也可能是在实验中产生的偶发数据，或因实验条件不佳对数据产生影响，因此对离群值需要谨慎处理。笔者首先对离群点产生的原因进行了探究。经笔者视频转写和受试者的实验反馈确认，笔者认为本研究中的有些离群值确实受到实验条件的影响。如 P1 等受试者在实验中遇到使用某搜索引擎多次网络掉线的情况，导致受试者多次重新启动搜索，或转而使用其他搜索引擎。受试者 P20 在实验结束后也表示因为网络问题对实验结果不太满意，并指出其某段实验数据受到网络影响的情形。再者，由于本研究的受试者来自 5 家不同地区的翻译公司，笔者采用网络发放实验材料的方式，以方便受试者在各自熟悉的工作环境中完成实验。这种环境无法严格控制受试者对实验过程的专注度。最后，离群值的产生也可能是受试者的偶发行为，因实验结束后转写数据花费时间较长，此时再追溯受试者多次搜索的具体原因已距离实验完成的时间较久，受试者即使回溯相关行为的原因也不足为据。由于离群值产生的具体原因非常复杂，笔者无法明确是否应该剔除离群值，为此，笔者决定采用删除离群值前后分别检验的方法进行结果比对，以确定离群值对研究结果的影响。

参考 Z 值后，笔者审阅了受试者视频转写记录，将离群值剔除，并再次对数据做正态性检验。剔除离群值后的数据仍是非正态分布。非正态分布的数据最好转换为正态分布后再行检验，因为正态分布的数据用参数检验的效能更高。笔者首先尝试采用多种正态转换方式，但即使使用 4 种个案排秩、对数转换、平方根变换等其他常用的正态转换方式，其结果的正态检验假设仍被拒绝，因此笔者选择非参数检验进行数据比较。虽然非参数检验不直接分析原始测量值，由此可能降低检验效率，但在非正态分布的数据差异显著性比较时不依赖样本数据的分布形式，具有较好的稳健性，优于对样本总体分布要求严格的参数检验，因此本研究仍采用常用的秩合检验方法，检验结果如表6-3所示。检验结果表明，在常规任务和非常规任务类型中，搜索频次的数据分布与总体分布没有显著差异——无论是Mann-Whitney U检验，还是对数据位置和形状参数都很敏感的K-S检验，检验的显著性水平均大于0.05。任务类型与搜索频次的斯皮尔曼相关性检验结果的显著性水平为0.114，大于0.05。其结果表明搜索频次并非因任务类型的差异而产生显著分布变化，即受试者的搜索频次与任务类型无关。

表6-3　搜索频次在不同任务类型中的分布检验

	零假设	检验	显著性	决策者
假设检验汇总	在任务类型类别上，搜索频次的分布相同	独立样本 Mann-Whitney U 检验	0.114	保留零假设

注：显示渐进显著性，显著性水平为0.05。

前文述及离群值的情况，在此笔者对离群值剔除后的数据进行了相关性检验，并将剔除离群值的搜索频次数据与剔除离群值之前的结果对比，发现离群值仍不影响检验结果（见表6-4）。

表6-4　剔除离群值后搜索频次在2类任务中的分布检验

	零假设	检验	显著性	决策者
假设检验汇总	在任务类型类别上，搜索频次的分布相同	独立样本 Mann-Whitney U 检验	0.163	保留零假设

注：显示渐进显著性，显著性水平为0.05。

表6-4检验结果为剔除离群值后的搜索频次数据分析，Mann-Whitney U检验结果显示，在2类任务中去离群值后的搜索频次数据分布没有显著差异（$P = 0.163 > 0.05$）。综合以上剔除离群值前后的数据检验，搜索频次与任务类型无关。

以上检验表明，整体而言搜索频次与任务类型没有线性关系。即使以每个信息需求求解所启动的搜索频次为视角，笔者发现搜索频次在2类任务中的分布仍没有显著差异，Mann-Whitney U 检验结果的显著性水平为 0.082，大于 0.05（见表 6-5）。

表 6-5 2 类任务中每个信息需求求解所需的搜索频次检验

	零假设	检验	显著性	决策者
假设检验汇总	在任务类型类别上，搜索频次的分布相同	独立样本 Mann-Whitney U 检验	0.082	保留零假设

注：显示渐进显著性，显著性水平为 0.05。

三 包含机器翻译的数据处理

实验中出现的机器翻译需在此单独分析。笔者在设计实验初期为了让职业译者在其习惯的自然翻译环境下翻译，并未控制受试者使用机辅翻译软件或机器翻译的条件。但笔者转写数据时发现一些受试者在使用机器翻译后的搜索频次似乎有所减少。例如 P1、P3、P5、P8 在常规任务中，P14 在 2 类任务中均使用了谷歌翻译或搜狗翻译；P20、P21 使用机辅翻译软件时开启了机器翻译的功能，特别是 P5 重度使用机器翻译时的搜索频次最少。

机辅翻译软件不仅帮助译者理解原文大意，节省受试者阅读源语文本的时间，还提供了一些词义释义，兼具词典释义、阅读理解、翻译等功能。机器翻译的这种复杂功能可能会干扰其后译者的搜索频次。因此，为了保证实验数据的信度，笔者剔除这几名译者使用机器翻译文本中的全部搜索频次，再次对常规和非常规任务中的搜索频次进行差异检验，试图了解机器翻译是否干扰本实验的搜索频次数据分布；若有影响，影响是否显著。清洗机器翻译搜索频次数据的原则为：1）凡使用机辅翻译软件并开启机器翻译功能的所有数据均剔除；2）无论受试者使用机器翻译的词典查询功能，还是原文理解功能，凡是使用谷歌翻译、搜狗翻译等在线机器翻译的搜索频次数据均剔除。

删除所有使用机器翻译的搜索频次后，笔者再次对不同任务中搜索频次数据分布进行了检验，检验结果如表 6-6 所示。

表 6-6　剔除机器翻译数据后搜索频次在 2 类任务中的分布检验

	零假设	检验	显著性	决策者
假设检验汇总	在任务类型类别上,搜索频次的分布相同	独立样本 Mann-Whitney U 检验	0.677	保留零假设

注:显示渐进显著性,显著性水平为 0.05。

经 Mann-Whitney U 检验,剔除机器翻译的搜索频次后,常规和非常规任务中的搜索频次数据仍未有显著分布差异（P = 0.677>0.05）。该检验结果表明,本实验中的机器翻译未对搜索频次产生显著影响。笔者推测这可能是因为使用机器翻译的受试者人数占比不高,或者他们使用机器翻译的强度不大,机器翻译对搜索次数的影响检验结果仍需谨慎解读。

四　检验结果分析

(一)信息需求数量的相关因素分析

总搜索频次和每个信息需求求解的平均搜索频次均与任务类型不相关,假设 1 被接受。笔者进一步发现环境与化学（政府组织）文本的搜索频次比其他两个领域的文本多,且信息需求也为最多。在实验前的可读性测试中,其 Flesch-Kincaid 得分与其他两个文本相差无几,但新 Dale-Chall 的得分最高,似乎纳入陌生词汇作为测量维度的新 Dale-Chall 得分与信息需求的数量有关。

已有研究表明,当受试者认为文本难度增加时,搜索频次会相应增多（ Enríquez Raído, 2011a, 2011b, 2014; Hvelplund & Dragsted, 2018; Fernández, 2015）。不过,这些研究并未深入探讨如何科学测量受试者对文本难度的认识。维普伦等（Hvelplund & Dragsted, 2018）研究者对文本熟悉度的数据以访谈受试者的方式获得;恩里克斯-拉迪奥（Enríquez Raído, 2011a, 2014）的数据来自译后问卷,其文本难度以一般性文本和专业性文本作为划分标准,其中一般性文本被视为比专业性文本更简单的文本。这些研究中获得数据的方法较为主观,其信度因受试者的主观性回答而被削弱。本研究认为，似乎可以从源语文本本身的特征着手研究影响搜索频次的可能因素。

笔者首先整理了 3 个领域的搜索频次，并以直方图显示。环境与化学（政府组织）文本翻译中的信息需求为 3 个领域之最，其搜索频次也最多（见图 6-2）。

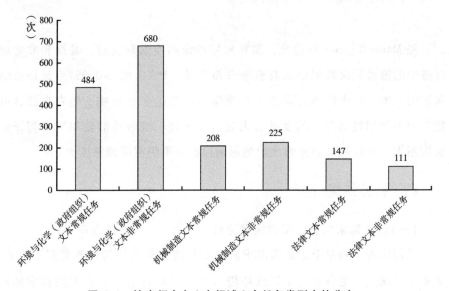

图 6-2　搜索频次在 3 个领域 2 个任务类型中的分布

环境与化学（政府组织）文本常规翻译任务中的搜索频次为 484 次，非常规任务的搜索频次为 680 次，这 2 个数据远大于其他 2 个领域。而环境与化学（政府组织）文本和机械制造文本在非常规任务中的搜索频次均多于常规任务；法律文本数据显示的趋势相反，表明搜索频次有跨领域差异。笔者在总结导致受试者启动搜索行为的信息需求数量时，也发现环境与化学（政府组织）文本翻译的常规和非常规任务中的信息需求数量为 3 个领域之最。

至此，似乎可以推测信息需求数量、搜索频次均与实验前笔者为控制源语文本阅读难度使用的可读性公式得分有关。实验前为了控制翻译难度，笔者使用了可读性公式得分作为参考依据。由于翻译难度的复杂性，笔者并不认为可读性公式得分是唯一可行的翻译难度测量指标。因为可读性指标是为英语为母语的阅读者设计的，而翻译不仅是译者阅读源语文本的活动，还是译者搜索信息资源并用译入语文本写作的产出过程。仅源语文本的阅读难度测试只是控制源语文本阅读理解这一端，不能覆盖整个翻译过程中受试者遇到的影响翻译难度的所有因素，加之可读性公式只是针对母语为英语的读者设计，可读性得分的信度可能会因此有所消减。从认知视角来看，翻译难度表征译者解决问题所付出努力的程度（Sun，2012），而一旦涉及人的因素，就更加难以被客观量化。

虽然本研究中受试者均为职业译者，但其翻译经验、知识结构等个体因素仍无法排除在考量之外，由此在没有成熟的翻译难度测量手段情况下，本研究只是将可读性指标作为重要参考数据。为了确保可读性公式得分的准确性，笔者除了使用 Flesch-Kincaid 公式外，还使用了新 Dale-Chall 公式，以与 Flesch-Kincaid 公式的得分相互参照。Flesch-Kincaid 公式主要使用句长和单词长度衡量文本难度，而新 Dale-Chall 公式特别纳入词汇表中陌生词（unfamiliar word）指数作为测量指标，其得分越高，表明文本词汇覆盖的可读人群越不广泛，对阅读者的词汇量要求越高。可读性检验结果表明，3 个文本的 Flesch-Kincaid 得分相差不大，均为适合英语为母语的大学毕业生阅读的困难文本。3 个文本较大的差异体现在新 Dale-Chall 公式的得分上：环境与化学（政府组织）文本的新 Dale-Chall 公式得分为 9.9 分，为 3 个文本中最高；机械制造文本和法律文本的可读性得分分别为 6.8 分和 7.3 分。

基于可读性得分的差异结果，笔者推测新 Dale-Chall 的可读性测量得分的差异表明 3 个文本中的陌生词数量不同；而陌生词数量可能会影响信息需求数量，从而影响搜索频次。为了检验源语文本中陌生词这一变量对搜索频次的影响，笔者分别检验了新 Dale-Chall 公式得分与信息需求数量、搜索频次的相关性。检验结果显示，新 Dale-Chall 得分与信息需求数量呈正相关（$P = 0.003 < 0.05$）；新 Dale-Chall 得分与搜索频次的相关性检验结果的 P 值为 0.024，按照 0.05 的检验水准，二者具有相关性。

以上检验结果表明源语文本的新 Dale-Chall 得分与信息需求数量相关，也与搜索频次相关。该结果可以解释环境与化学（政府组织）文本在信息需求数量和搜索频次上与其他两个文本的差异，说明源语文本较多的陌生词数量与受试者更多的搜索频次有关。与源语文本中陌生词数量相比，职业译者对翻译任务的熟悉度与搜索频次的影响并不显著。本结果契合了研究者在 21 世纪初对词典查询的研究结果（Ronowicz, Hehir, & Kaimi, et al., 2005），该研究发现新手译者、准职业译者、职业译者的单语、双语、专业词典的查询频次与其常用词汇储存库（frequent lexis store）有关。译者的词汇储存库越大，查询词典的频次越少，此研究结论似乎与本实验中的发现在不同维度上具有一致性。

笔者还发现某些受试者的搜索频次出现极端值：有的受试者只搜索 1次即停止，而有的受试者的搜索频次达 2 位数之多。如 P17 在常规任务中对"the principal and introducer"信息需求的搜索频次达 22 次；P16 在非常规任务中解决"exposure"的信息需求时，搜索频次也有 16 次。此外，搜索频次在常规任务和非常规任务中都有极端值的出现。因此，笔者再次对两类任务中的搜索频次用 SPSS 25.0 进行 Moses 极端反应检验。

如表 6-7 所示，在两个任务中搜索频次确实会产生两个方向的极端变化（P<0.01）。这一结果说明，除了上述陌生词数量对搜索频次产生影响之外，可能还有其他影响因素使数据的波动增大。搜索频次数据的极端性启发笔者进一步探索在不同任务类型内部搜索频次的分布，接下来将对非常规任务中的发现进行简述。

表 6-7　总搜索频次在 2 个任务类型中的分布检验

	零假设	检验	显著性	决策者
假设检验汇总	在任务类型类别上，搜索频次的分布相同	独立样本 Mann-Whitney U 检验	0.000*	保留零假设

注：显示渐进显著性，显著性水平为 0.05；＊表示对此检验显示准确显著性。

（二）搜索频次在非常规任务中的分布特点

有研究者认为，翻译任务的属性会在一定程度上影响包括搜索在内的子任务，源语文本涉及的专业领域知识也可能会影响搜索行为（Domas

White，Matteson，& Abels，2008）。笔者由此推测，职业译者经常翻译特定专业领域的文本，会逐渐积累相关的主题知识，对文体风格、文本格式规范等相对熟悉。在长期执行常规翻译任务的过程中，职业译者可能会逐渐形成该常规任务内较为同质化的搜索行为，由此职业译者在常规任务中的搜索频次数据会较为有规律。而非常规任务中职业译者遇到新的翻译问题时，却无法使用常规的搜索方式找到答案，则其搜索频次容易发生变异，不再趋同，搜索频次的数据从而可能会呈现差异化。

比较 3 组数据的中位数后，可看到机械制造文本中搜索频次数据大于中位数的信息需求有 31 个，分布明显与环境与化学（政府组织）和法律文本搜索频次数据不同，后 2 个领域中小于等于中位数的数据更多（见表 6-8）。

表 6-8　非常规任务中的搜索频次数据

单位：个

		领域		
		环境与化学（政府组织）	机械制造	法律
非常规任务中的搜索频次数据	＞中位数	93	31	13
	≤中位数	171	25	39

百分位数可以显示数据总体分布，表 6-9 中百分位数的统计显示 25% 的数据小于或等于 1，一半的数据小于或等于 2，75% 的数据小于或等于 3。不过搜索频次数据最大值为 16，最小值为 1，表示解决不同信息需求的搜索频次差异极大。

表 6-9　非常规任务中搜索频次的数据描述

个案数（个）	有效	372
	缺失	0
平均值标准误差		0.131
中位数		2
众数		1
标准偏差		2.524

续表

方差		6. 368
最小值		1
最大值		16
总和		1017
百分位数	25%	≤1
	50%	≤2
	75%	≤3

为了直观显示非常规任务中搜索频次的分布情况，笔者进一步做了折线图。如图 6-3 所示，环境与化学（政府组织）文本翻译中搜索频次的分布与其他 2 个领域的搜索频次数据分布明显不同。环境与化学（政府组织）文本翻译中的搜索频次最多，曲线变化也最为陡峭，其中较高的峰值为 14 次、16 次、12 次、11 次。相比较而言，机械制造文本和法律文本在非常规领域中的搜索频次分布更窄，但也出现较高峰值 13 次（机械制造文本）、10 次（法律文本）的情况。

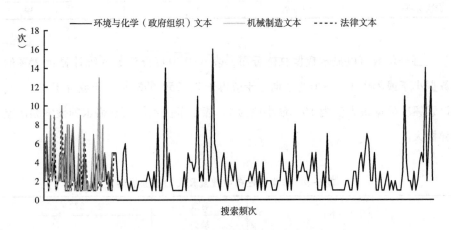

图 6-3　3 个领域中非常规任务的搜索频次分布

初步分析总体数据后，笔者对 3 个领域中常规和非常规翻译任务中的搜索频次进行了分布检验。SPSS 25.0 的正态性检验结果显示，3 个领域各自的数据在常规任务和非常规任务中均为非正态分布，因此笔者使用非参数检验方法 Kruskal-Wallis 检验，检验结果如表 6-10、表 6-11 所示。

表 6-10　常规任务中 3 个领域的搜索频次分布检验

	零假设	检验	显著性	决策者
假设检验汇总	在领域类别上，常规任务的搜索频次的分布相同	独立样本 Kruskal-Wallis 检验	0.780	保留零假设

注：显示渐进显著性，显著性水平为 0.05。

表 6-11　非常规任务中 3 个领域的搜索频次分布检验

	零假设	检验	显著性	决策者
假设检验汇总	在领域类别上，常规任务的搜索频次的分布相同	独立样本 Kruskal-Wallis 检验	0.002	拒绝零假设

注：显示渐进显著性，显著性水平为 0.05。

经统计检验，常规任务的 Kruskal-Wallis 检验的显著性水平为 0.780，大于 0.05，表明 3 个领域的搜索频次分布在常规领域中没有统计学意义上的显著差异。但非常规任务的 Kruskal-Wallis 检验的显著性水平为 0.002，小于 0.05，说明在非常规领域中受试者在不同领域翻译中的搜索频次出现明显的数据分布变异。

（三）搜索频次离群值的分析

笔者按照 Z 值大于 3 或小于 -3 的原则确定高度离群值，这些离群值是受试者为解决一个信息需求搜索频次大于 11 次的数据。离群值在常规和非常规翻译任务中都存在，其解决的信息需求如表 6-12 所示。

表 6-12　离群值所解决的信息需求

编号	信息需求	常规任务受试者	非常规任务受试者
1	Priority Substances List	**P3**	P10
2	tolerable daily intake	**P3**	
3	protective for		**P17**

续表

编号	信息需求	常规任务受试者	非常规任务受试者
4	thyroid-pituitary disruption		P12、**P14**
5	incidentally present		**P17**
6	MCCA	**P3**	
7	exposure		P16
8	external registration	P8、P9	
9	integral true monitor	P13	
10	stabilizer		**P20**
11	prospective	**P14**	
12	the principal and introducer	**P17**	
13	downstream demand		**P20**
14	outlet pressure construction		P4
15	NPT		**P20**
16	prohibition of certain toxic substances regulation	P1	

注：加粗字体表示对离群值的贡献率较高的受试者。

经整理，笔者将这些信息需求按照其表述的内容分为：1）主题类信息需求（编号16）；2）专业术语类信息需求（包括惯用语、专有名词，编号1、2、4、6、8、9、10、12、13、14、15）；3）多义普通词类信息需求（编号3、5、7、11）。

如表6-12所示，3类信息需求中常规任务中有1个主题类信息需求，7个专业术语类信息需求，1个多义普通词类信息需求。非常规任务中没有对主题类信息的搜索，专业术语类信息需求为7个，普通多义词的信息需求为3个，较常规任务更多。无论任务类型，专业术语类信息需求的总占比比其他类别更高。3类信息需求中，惯用语、专有名词是专业领域知识的浓缩，其背后有复杂的专业知识网络支撑。受试者若不熟悉该领域内的知识，可能需要启动多次搜索，反复比较和评价网络信息资源，才能获得相对满意的译文答案。在2类任务中，专业术语类信息需求的数量相当。主题类信息需求用提问式表征的方式较为不明确，会导致受试者反复改变提问式或转换信息资源，以逐渐明确问题解决方向。多义词的多义性要求受试者把握该词在具体语境中的正确意义，也较易促使搜索者增加搜索频次。

基于以上分析，笔者推测信息需求的特征可能是导致搜索频次出现异常值的原因之一。离群值的出现首先可能与受试者解决信息需求的搜索行为特征有关。2 类任务中的差异体现在非常规任务中构成信息需求的语言单位更小，多义词的信息需求大多比常规任务多，似乎说明职业译者在非常规任务中为解决信息需求所需调动的知识较为碎片化，且他们对信息需求的理解和表征可能较为模糊，需要在多次搜索后逐渐明晰化。

其次，就受试者个体而言，受试者 P3、P14、P17、P20（表 6-12 中的加粗字体所示）对离群值的贡献率较高，对每个信息需求所需搜索频次的总贡献率为 68.8%，且 P14、P17 对常规任务和非常规任务中搜索频次离群值的贡献率都较高。该结果表明搜索频次可能与受试者的个体因素有关，这与费尔南德斯（Fernández, 2015）的研究一致。如前所述，豪斯（House, 2000）从受试者使用词典的有声思维数据中总结了冒险型和谨慎型两类查询者，并指出仍需实证研究显化自信度的定义及其对查询词典的影响。豪斯的研究似乎与本研究中 4 位受试者搜索频次较多的现象有所契合。

最后，笔者发现离群值的产生还有网络原因。例如 P1 在网络搜索时，其经常使用的某搜索引擎网站较为不稳定，导致受试者等待网络响应的时间增加，在网络掉线后增加搜索频次，并在后期转向其他搜索引擎。这种现象在 P16、P18、P20 等译者的翻译过程中也存在。P20 曾在实验后表示对网络问题影响翻译时长的担心，并特地指出网络问题影响的翻译时段，建议笔者删去该时段。

（四）讨论

综合以上检验结果，总翻译频次和每个信息需求求解所需的搜索频次数据分布在常规和非常规任务中没有统计学意义上的显著差异，假设 1 被接受。研究进一步发现搜索频次与源语文本中的陌生词数量相关，测量文本陌生词的新 Dale-Chall 得分越高，受试者在该文本中的信息需求越多，搜索频次也越多。除以上结论，笔者还进一步发现搜索频次数据出现极端值的情况。相比常规任务而言，非常规任务中搜索频次在 3 个领域的数据分布呈现差异化特征。换言之，任务类型影响非常规任务组内的搜索频次分布。另外，搜索频次数据中出现离群值，笔者分析离群值的产生可能与受试者的自信度差异、信息需求的性质、网络技术，以及受试者的源语文本相关知识等有关。

信息需求是激发受试者展开搜索的根本原因，前文分析信息需求的内在属性影响搜索频次的多寡——正如威尔森（Wilson，1981）所分析的那样。威尔森综合了信息系统用户的个体、工作、社会等因素，提出心理需求、情感需求和认知需求这 3 个因素是影响搜索的重要信息需求要素（Wilson，1981），来自这 3 个方面信息需求的综合作用和影响奠定了信息需求的复杂性特征。笔者试着将威尔森的信息需求观与翻译过程结合，将信息需求的特征绘成图（见图 6-4），以整合搜索频次的影响因素。

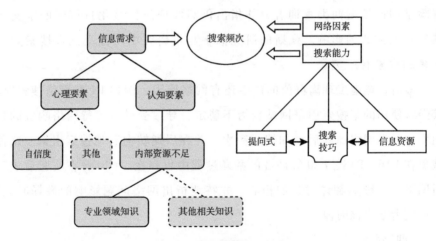

图 6-4　搜索频次相关要素

如图 6-4 所示，导致译者启动搜索的是信息需求，而信息需求的产生与译者的认知要素（包括专业领域知识、其他相关知识）和心理要素（如自信度）有关。搜索又与网络技术、计算机技术以及译者的提问式构成知识、搜索技巧和其对信息资源的熟悉度等有关。这一过程无不体现出译者个体先备知识和心理特征等方面差异对搜索造成的影响，也显示出译者受到信息系统和技术掣肘的客观要素。

第二节 信息资源和任务类型的相关性分析

一 假设2的提出

恩里克斯-拉迪奥的研究发现（Enríquez Raído，2011a），与一般类文本翻译不同，在源语文本难度更高的专业文本翻译中译者对信息资源的使用增多，搜索范围更广，还特别出现了译者从词典资源转向百科类信息资源（如维基百科或平行文本等）的现象。由此恩里克斯-拉迪奥得出结论，译者的专业领域知识越丰富，其信息需求的数量越少，特别是专业类信息需求越少。不过，该结论是其在个案研究中的发现，还未得到实证数据支持。

本研究中的受试者均为职业译者，他们的专业领域知识有限，但经大量翻译实践，已经在常规翻译任务中逐渐积累了一定的专业领域相关知识。因此，笔者推测常规任务的翻译量与译者对任务的熟悉程度会使受试者的信息需求，特别是专业类信息需求减少；而受试者在较陌生领域文本的非常规翻译任务中，因其源语文本的相关知识较不完备，在解决语义丰富的问题时，会通过外部搜索行为补偿相对欠缺的知识，主要的补偿内容来自词典、术语库、网页等，且鉴于非常规任务中文本的专业性，受试者可能会特别增加对专业知识类资源的使用以解决专业类信息需求。

从信息需求的性质而言，信息需求是受试者遇到的以提问式表征的翻译问题。一些信息需求具有单义性的特征，或者词义较为固定，仅利用词典类资源即能找到译文对应表达。但专业文本翻译中有更多的专业术语类信息需求。虽然术语是行业专家之间交流的简明表达工具，但术语的高度凝练和专业性通常以高语境为重要特征，且术语并不是孤立存在的，总与一个语义网整体相连，译者对术语的理解离不开对术语背后丰富的专业知识体系的把握。一些普通词在特定专业领域中会变成专业术语，加之有些专业术语本身具有的多义性等均要求受试者在确定信息需求答案时扩大搜索范围并更多地使用专业领域知识类资源。从语篇的角度来说，译者对源语文本的理解需要一定的专业领域知识的帮助，特别是较为陌生专业的文本中词汇、语法知识不足以帮助受试者完全理解原文表达的意义，受试者因此可能会使用更多的专业领域知识类资源。由此，本研究提出第 2 个假设：非常规任务中受试者在信息需求求解过程中使用专业领域知识类资源的频次更多。

二 假设2的检验

（一）数据检验与分析

受试者在 3 个专业文本的常规和非常规翻译任务过程中使用的资源有（电脑端/在线）单语/双语词典、搜索引擎、论坛、博客、在线术语库、百科知识类网站、专业类网站、在线机器翻译等。为了统计受试者使用的信息资源类型差异，笔者首先了解已有研究者对信息资源的分类。吉尔（Gile，2011）在研究译者获取的即时性专门知识时提及信息资源的分类方式。从人力资源和文档资源的划分角度来看，文档资源包括纸质资源、电子载体资源、计算机本机存储的任何资源。文档资源又可细分为术语资源和非术语资源。术语资源包括词典、词汇表、术语文件、术语库等；非术语资源包括各类参考文本，如政府文件、广告、产品目录、出版物等。吉尔称译者使用非术语资源主要是为了提取术语，因此他对文档类信息资源的分类方式以术语为主要分类界标。

高夫（Gough，2016）从以下 10 个角度区分信息资源：资源的特性、使用资源的目的、所支持语言的数量、专业化程度、质量保证、合作功能、可及性、可得性、媒介、数据储存。据此若按资源的特性细分，可将资源分为术语-词汇类资源和语篇类资源。按照资源使用的目的，资源可分为语言类资源和言外资源。前者按照翻译中的语言目的建构，包括词典、语料库等资源；后者包括在线文档或谷歌搜索引擎等，并非基于语言目的建构。据此高夫归纳了译者使用的 17 种信息资源：单语词典、双语词典、同义词词典、搭配词典、缀字法词典、成语词典、术语表、术语库、类义辞典、语料库索引工具、论坛、非定制的机器翻译引擎、搜索引擎、知识类资源、网页（平行文本）、在线文档（PDF、PPT、数字文档）、专家。可以看出，高夫对信息资源的分类极为详细，但有些分类视角还未被触及。例如论坛等较专业的网站混合了语言知识和专业领域知识，单以"论坛"为名的分类方式并不能清晰界定语言资源和专业领域知识资源。因此，基于研究目的，笔者在区分信息资源时在高夫研究的基础上特别关照了信息资源的内容指向。

梅西等（Massey & Ehrensberger-Dow，2011a）在信息素养调查中，对外部资源的分类极为详细。他们在问卷调查受访者解决语言和言外问题使用的资源时，对信息资源的分类多达 16 类：多语在线词典、多语纸质/CD/DVD词典、单语纸质/CD/DVD 词典、范本或平行文本、搜索引擎（高级设置）、搜索引擎（基本搜索）、单语在线词典、在线百科全书、术语库、搜索门户、特殊专业搜索引擎（如谷歌图书）、其他工具、纸质/CD/DVD 百科全书、其他纸质资源、其他数据库、搜索目录。该分类中，搜索引擎就有高级设置、基本搜索和特殊专业搜索引擎三类，词典也细分为多语、单语和CD/纸质/DVD 载体的词典和在线词典，不过其分类基于前期设计的问卷调查，与本研究中译者使用信息资源后再行总结归纳的顺序不同。

本研究的设计主要基于梅西等研究者的分类，结合实验中出现的网络信息资源情况，将其对词典的细分类合并，因为本研究的受试者没有使用光盘和纸质载体的词典，反而使用了电脑本机储存的集成类词典。同样，笔者没有特别将词典细分为单语、双语类词典，因为受试者不但使用单语词典的频次较少，且使用的在线词典兼具双语语料库功能，这些词典均与梅西等研究者的研究情形不同。又因本研究考量受试者对专业知识类资源的使用情况，因此笔者只是将词典归为语言资源大类，与专业领域知识类资源相对，不再细分。同样，搜索引擎也未细分为基本搜索、高级搜索或特殊专业搜索引擎等类，这不仅是因为受试者对高级搜索的使用大多只限于双引号的使用（只有两位受试者使用了图片搜索和谷歌学术搜索），还因为受试者初始使用搜索引擎的目的多为导航，其后搜索结果页才会引导受试者进入词典、平行文本或其他网页类资源。在此，笔者主要依据受试者使用的外部信息资源情况，按照资源的内容是否与专业领域知识有关分为轻应用资源和专业领域知识类资源，如图6-5所示。

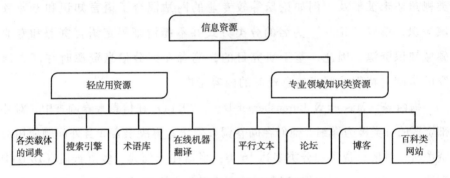

图6-5　受试者使用的信息资源

　　笔者将受试者未深入探究专业领域知识的行为谓为"轻应用"，该行为调取的信息资源为"轻应用资源"。图6-5中各类载体的词典、搜索引擎、在线机器翻译、术语库等均被划分在含有语言知识的轻应用资源（语言类资源）类别下。如此划分轻应用资源的原因是，这些资源没有涉及专业领域知识的解释或说明，只是提供词条释义的译入语对应表达和语篇语境等语言类信息。搜索引擎的使用大多以网页导航为主要目的，或只为受试者提供搜索的初级条目等信息。本研究中受试者使用术语库的方式大多为双语词条对照，少有进一步追溯词条的文本语境情况。若有受试者在术语库中除了查阅双语词条，还进一步点击链接并阅读词条所在的文本内容时，笔者将包含双语词条的资源归为语言类资源，将平行文本归为专业领域知识类资源。简而言之，专业领域知识类资源在本研究中被定义为受试者为解决信息需求点击的含有专业领域知识解释和介绍的信息资源，此类资源包括百科类网站、平行文本、博客、论坛等。有些资源中有译入语对应表达的语言内容，但也有专业知识解释，此类资源也被视作专业领域知识类资源。例如受试者 P15 点击了新浪博客中"市场营销许可协议",该资源的内容为双语平行文本,专业领域知识类资源。她还点击并阅读了翻译论坛中"hold itself out 如何理解"的帖子,但网友回复的内容只有译文答案,不涉及任何法律知识的解释,这类资源被归为轻应用资源。

表 6-13 列出受试者使用的各类轻应用资源。由表 6-13 可见,受试者使用的词典重合较多(用加粗字体表示),但有些受试者使用的是电脑客户端词典,有些调取了在线词典。无论词典的获取来源如何,这些词典的功能基本类似。以有道词典为例,该词典不但能提供不同单语/双语词典的基本释义、例句,还可提供未收录词典的语句/词的机器翻译译文、搜索网页和百科知识查询链接。

表 6-13　轻应用资源

类别	常规任务	非常规任务
各类载体词典	**有道词典**	**有道词典**
	灵格斯	**灵格斯**
	金山词霸	**金山词霸**
	glosbe	**glosbe**
	linguee	free dictionary
	汉典	查查在线词典
搜索引擎	**必应搜索引擎**	**必应搜索引擎**
	百度搜索引擎	**百度搜索引擎**
	谷歌搜索引擎	**谷歌搜索引擎**
术语库	UNTERM	
	FAO MULTITRANS	
	ELUNA	
在线机器翻译	**谷歌翻译**	**谷歌翻译**
		百度翻译
		搜狗翻译

受试者使用的灵格斯和金山词霸均为电脑客户端存储的集成式词典,受试者可自行下载增补适合翻译任务的专业类词典,构成自用词典库。

在词典库不能帮助受试者解决信息需求时，只要受试者点击网页搜索，随即启动在线词典。值得一提的是翻译环境与化学（政府组织）文本时，较多受试者经搜索引擎导航，找到 glosbe 在线词典。该词典不但有词条释义，还有联合国文本的双语平行语料，一些受试者充分利用了该资源的平行双语特点寻找译文，且不熟悉联合国在线术语库的非常规任务受试者对其依赖程度较深。受试者在两类任务中使用的搜索引擎、各类载体词典等一般语言类资源极为重合，表明职业译者在翻译经验中积累的网络信息资源类型大致相当，这些一般语言类资源足以帮助译者解决实验中测试文本的信息需求。但 UNTERM、FAO MULTITRANS、ELUNA 等是环境与化学（政府组织）文本翻译中常规任务受试者使用的独有资源。在线术语库集合了联合国文本各结构的术语和平行语料，是权威的、可信度很高的资源，且术语库不但有释义，还有平行文本链接供译者深入查阅。

　　受试者的专业领域知识类资源涵盖企业网站、购物网站、律师事务所网站、文库类网页、百科网页、专业论坛、杂志网页等专业网站，还包括个人博客、新闻网页、网友问答互动的综合性网页等。该类资源中的平行文本涉及专业领域知识，在常规任务和非常规任务中均被受试者多次提取。表 6-14、表 6-15 中斜体加粗字体为两类任务中受试者使用的相同的知识类资源。

表 6-14　常规任务中受试者使用的专业领域知识类资源

编号	知识类资源
1	*索泰检测网——加拿大拟新增 5 种有害物质至 SOR/2012-285《禁止特定有害物质法规》*
2	*食品伙伴网页——2012 禁止特定有毒物质条例*
3	*新浪博客——CTI 华测检测:解读加拿大禁止特定有毒物质法规*
4	*Canada Gazette 官网*
5	*[doc]annex comments and further information related to the draft decision*
6	豆丁网——关于在国际贸易中对某些危险化学品和农药采用……

编号	知识类资源
7	*艾默生官网——Fisher™ CS800 系列调压器*
8	*[PDF]关于持久性有机污染物的斯德哥尔摩公约风险简介草案增编:短链氯化石蜡*
9	*博客——科学网-喝酒致癌再添新"铁证"?*
10	*yahoo 知识+——合约上的 on an exclusive basis 是什么意思*
11	中国 TBT 研究院网站——加拿大《禁止》增加五项有害物质的限量要求
12	工厂 360——艾默生 Fisher CS800 型调压器
13	UNEP/FAO/RC/ORC. 12/2
14	加拿大公报——看国外网站
15	UNEP/POPS/POPRC. 13/3
16	[PDF]多氯化萘第 CRC-10/3 号决定附件……
17	UNEP/FAO/RC/CRC. 11/REV. 1
18	UNEP/FAO/RC/COP. 8/12/ADD. 1
19	论文——《色谱》论文气相色谱
20	short left-turn bay：Topics by WorldWideScience. Org——学术论文目录摘要
21	UNEP/FAO/RC/COP. 8/8/ADD. 1
22	UNEP/FAO/RC/CRC. 11.2/REV. 1
23	UNEP/FAO/RC/CRC. 11/2
24	[PDF]结果页 UNEP/POPS/POPRC. 4-10. Chinese
25	百度百科——比例积分阀
26	百度文库——致癌物分类
27	360 文库——伪生物医学出身方舟子"验(中)药"的真相-假洋鬼子篇
28	Fisher——page 2-进口采购-bypress. cn
29	谷歌专利——CN105473854B-用于在真空系统中工作的流体操作机器的启动阀英语网站链接
30	谷歌专利——CN102314365A-一种安装包制作方法和工具
31	专利文档 US2014090726A1
32	商务网站慧聪网——FISHER MR95 series pressure reducing regulators
33	the spruce——the difference between rats and mice and why it matters
34	[PDF]技术通稿:299H 系列减压调压器-Emerson
35	handbook of valves and actuators：valves manual international
36	百度文库——费希尔调压器技术资料
37	谷歌专利 CN101517216A
38	工博士——fisher 费希尔 CS200,CS200IN,CS205IN 调压器
39	阿里巴巴——fisher CS400 fisher S301 燃气调压器
40	patent CN204942669U——Fluid regulator-Google. com

续表

编号	知识类资源
41	专利文件 CN10344250B
42	［PDF］introduction agreement V2-accountancy practices for sale
43	［PDF］ausforex-introducing broker agreement
44	rackcdn. com-［PDF］introduction agreement
45	［PDF］introducer agreement-Center Lending
46	数汇金融——关于英国 CA 的 appointed representative（AR）制度的介绍
47	［PDF］EMR FX 外汇-IB 代理商协议 Introducer Broker Agreement
48	financial promotion-保险-英译汉
49	南京旭瑞产品有限公司的网站
50	百度文库——美国 DFTT 正式代理
51	新浪博客——市场营销许可协议（中英文）
52	段和段律师事务所——英国《反贿赂法》对跨国公司提出更高合规要求
53	北大法律信息网——法学文献-英国《贿赂法》立法创新及其评价
54	［PDF］Canadian Environmental Protection Act，1999 follow-up report on a…
55	chlorinated paraffins：synopsis-Canada. ca

表 6-15　非常规任务中受试者使用的专业领域知识类资源

编号	知识类资源
1	索泰检测——加拿大新增 5 种有害物质至 SOR/2012-285《禁止特定有害物质法规》
2	食品伙伴网页——2012 禁止特定有毒物质条例
3	新浪博客——CTI 华测检测:解读加拿大禁止特定有毒物质法规
4	Canada Gazette 官网
5	［doc］annex comments and further information related to the draft decision
6	豆丁网——关于在国际贸易中对某些危险化学品和农药采用事先知情……
7	艾默生官网——Fisher™ CS800 系列调压器
8	［PDF］关于持久性有机污染物的斯德哥尔摩公约风险简介草案增编:短链氯化石蜡
9	博客——科学网-喝酒致癌再添新"铁证"?
10	yahoo 奇摩知识——合约上的 on an exclusive basis 是什么意思
11	工厂 360——艾默生-Fisher CS804 型调压器
12	中国期刊网——垂体柄中断综合征临床特点分析
13	UNEP/FAO/RC/CRC. 11/INF 7/TRV. 1

续表

编号	知识类资源
14	百度文库——reference to 在英语合同中的译法
15	欧盟 reach——行业提示:ECHA 筛选出 162 个可能需要监管行动的物质
16	SGC 办事处和实验室——欧盟修订 POP 法规中短链氯化石蜡要求
17	瑞欧咨询公司网页——加拿大禁用部分有毒物质法规(2012)提案公众征询已开始
18	联合国 yearbook——[PDF]A/CN. 4/SER. A/2005/AND. 1(part 1)-Office of Legal Affairs
19	丁香园——【讨论】加拿大关于进口原料药的新规问答-GXP 与认证交易
20	飞出国留学论坛——加拿大快速通道系统重大调整
21	ECHA——weight of evidence
22	全国染料标准化技术委员印染助剂分技术委员会——加拿大发布 2012 版《禁止特定有毒物质法规》
23	百度百科——氯代烷
24	联合国新闻——温石棉将成《鹿特丹公约》会议一大焦点
25	医学百科
26	[PDF]第 CRC-10/4 号决定:短链氯化石蜡
27	华测通讯
28	百度百科——高关注物质
29	家庭医生在线——肿瘤的病因、症状、治疗方式、保健饮食
30	法律网——明显的证据力;明显的证据分量
31	知乎——实验室用小鼠(mouse)和(rat)一般情况下有什么区别? -百度快照
32	博客——科学网手机版-和癌症作斗争(28):雾霾和癌症:真的有争论么?
33	ICH 指导原则——M7 为限制潜在致癌风险而对药物中 DNA 活性
34	欧盟 REACH 法规专家——reach24h-"短链"要短链氯化石蜡的命?
35	[DOC]第 CRC-10/6 号决定
36	[PDF]风险的评价方法
37	上海环境热线——《中国环境报》-2010-9-22-如何评估化学物质健康风险
38	百度文库——EMERSON 费希尔 CS 800 的[PDF]文件(英语)
39	百度文库的相关文档——EMERSON FISHER 阀门培训(汉语)
40	富特阀门网页——进口 CS800 系列调压器、进口阀门,VT 富特,波纹管截止阀,进口疏水阀
41	npt 螺纹——百度百科
42	百度文库——英国《2000 年金融服务于市场法》评介三

续表

编号	知识类资源
43	［PDF］压力调压器基础-Emerson
44	百度百科——基地式调节器
45	马棚网——overcoming inertia-机械咨询
46	百度百科——推杆
47	百度百科——电动推杆
48	JJG569-1988 最大需量电能表（电度表）（试行）检定规
49	生意经——点击什么叫需量？什么叫最大需量？区间式最大需量为……
50	查标准——工标网
51	百度知道——螺纹中用 1/2NPTF 是什么意思
52	百度文库——60 度圆锥螺纹 GB-T12716-91
53	百度知道 1/2 NPT 椎管螺纹标准尺寸
54	学霸学习网——本协议系法律合同
55	百度百科——非排他性
56	新浪博客——翻译和出版协议（中英文）
57	［doc］《上标许可协议》英译中过程中的实践技巧探讨
58	百度百科——甲状腺
59	博客——网摘-漫谈 law、equity、act、statute、code、bill 等法律英语词汇
60	［doc］附件三——W-8BEN-E-于美国扣缴税款与申报目的下之最终受益人身份
61	［doc］联合国 UNEP/FAO/RC/COP. 7/21
62	标准 GB/T 22265-2008《最大需量电能表检定规程》
63	百度百科——活塞式减压阀
64	期刊 58 网——英语法律文件中表示条款概念的词语翻译-英语论文
65	百度文库——Part Chapter Section

环境与化学（政府组织）文本的常规翻译任务中，受试者使用联合国术语库资源较频繁，在术语库资源无法解决翻译问题时才使用其他网络资源，这是环境与化学（政府组织）文本翻译不同于其他两个专业文本翻译的特有现象。非常规任务中的受试者不了解该文本所需的术语库，因此参

考了相关平行文本"［PDF］关于持久性有机污染物的斯德哥尔摩公约风险简介草案增编：短链氯化石碏""［doc］联合国 UNEP/FAO/RC/COP.7/21"等作为信息补偿手段。

　　大体而言，常规任务中受试者调取了 55 个专业领域知识类信息资源。非常规任务中受试者似乎对百度百科等百科类网站的使用稍多，但整体上专业领域知识类资源数量为 65 个，并没有比常规任务中使用的专业领域知识类资源增加太多。就专业领域知识类资源类型上而言，两类任务中的受试者也没有显示出规律性的差异。例如，为了解机械文本的产品信息，受试者均进入该产品官网，并在官网中搜索该型号产品的说明手册或进入不同语言的分网站查询。两类任务中，均有受试者点击了某些购物网站，了解所译文本中调压器的相关译入语表述。在平行文本的专业性上，受试者均搜索并阅读了联合国文件、协议书等双语文本，常规任务中的受试者甚至阅读了专利文件。两类任务中的百科类、文库类资源使用数量大致相当，其中，非常规任务受试者使用的百科类网站更多。受试者对专业领域知识类信息的使用通常出现在语言类信息资源无法解决信息需求之后。以上初步数据观察似乎说明非常规任务中受试者利用语言类信息资源足以解决信息需求，因此他们使用的专业领域知识类资源没有显著增多。笔者接下来对此做进一步统计分析。

　　（二）每个信息需求求解所用的资源分析

　　在整体资源使用频次分布上，语言类和专业领域知识类信息资源总使用频次在两类任务中没有显著差异，但由于本研究主要考察受试者在解决每个信息需求时使用的信息资源差异，因此笔者以信息需求为分析单位，对每个信息需求求解所需信息资源与任务类型的关系进行了相关性检验。

　　受试者使用的信息资源频次数据均为非正态分布，也无法转换为正态数据，笔者因此进行了斯皮尔曼相关性检验。统计结果显示（见表6–16），词典类资源的使用频次与任务类型相关，二者具有统计学意义上的相关性（$P = 0.003 < 0.01$）。受试者在非常规任务中会显著增加使用词典类资源频次的结果并不让人意外，因为非常规任务中受试者翻译较陌生领域文本时的

语言知识和相关术语知识相对欠缺，因而需要利用更多的外部信息资源补偿语言知识的不足，而词典是获取容易且在诸多资源中相对而言更为权威的语言类资源。

表 6-16　每个信息需求求解所用词典资源频次与任务类型的相关性检验

			任务类型	每个信息需求求解所用词典资源频次
斯皮尔曼 Rho	任务类型	相关系数	1.000	0.178**
		Sig.（双尾）	0.000	0.003
		N	280	280
	每个信息需求求解所用词典资源频次	相关系数	0.178**	1.000
		Sig.（双尾）	0.003	0
		N	280	280

注：** 表示在 0.01 级别（双尾）相关性显著。

　　本研究的受试者均为职业译者，其在非常规任务中对词典资源的偏爱与已有研究（赵政廷，2014）中职业译者对词典的诟病并不吻合。另有研究者发现，虽然词典资源在学生译者学习初期起到重要的作用，但高年级学生开始逐渐向词典以外的其他类信息资源转移（Chang，2018），该研究说明随着学生译者对信息资源的了解程度的增加，他们逐渐脱离对词典的依赖，能更灵活客观地依据特定翻译问题有效利用信息资源。本研究中词典资源在非常规任务中的使用频次增多说明词典资源的作用在职业译者的专业文本翻译任务中似乎并没有弱化。综合以往研究与本检验结果，似乎可以看到学生译者和职业译者词典使用的变化轨迹，而词典的重要性在何种情况下被其他资源稀释、如何被稀释还需深入探究。

　　从前文的数据初步整理可见，专业领域知识类资源似乎并没有被非常规任务中的受试者更多调取和使用，统计检验结果证明如此。经 SPSS 25.0检验（见表6-17），专业领域知识类资源并未在非常规任务中显示出与在常规任务中的显著分布差异，受试者为解决每个信息需求所使用的专业领域知识类资源与任务类型无关（P=0.724>0.05）。

表 6-17　每个信息需求求解所用专业领域知识类资源
频次与任务类型的相关性检验

			任务类型	每个信息需求求解所用专业领域知识类资源频次
斯皮尔曼 Rho	任务类型	相关系数	1.000	0.031
		Sig.（双尾）	0.000	0.724
		N	130	130
	每个信息需求求解所用专业领域知识类资源频次	相关系数	0.031	1.000
		Sig.（双尾）	0.724	0
		N	130	130

　　统计检验结果表明，尽管非常规任务并非受试者经常执行的翻译任务，受试者对该类文本熟悉度不高，但他们并没有增加对专业领域知识类资源的需求量。该结果至少说明针对本研究选择的职业译者而言，本测试文本的专业性程度或源语文本难度没有激发译者获取更多专业领域知识类资源的行为，本章第三节将分析该检验结果的可能原因。

　　在分析产生以上检验结果的原因之前，笔者首先分析非常规任务中受试者使用词典资源增多的情况，以发现词典资源所对应的信息需求规律。鉴于词典资源的使用频次在非常规任务中显著增多，笔者进一步对两组数据进行整理和分析。如表 6-18 和表 6-19 所示，两组数据的主要差异在于反映离中趋势的方差（常规任务和非常规任务中分别为 0.305 和 0.243）和标准差（常规任务和非常规任务中分别为 0.55249 和 0.49285）。两组数据的差异也同时反映在数据分布形态上，二者的偏度和峰度均有差异。常规任务中数据的峰度和偏度值均为负值，表明数据分布为负偏态，且数据分布更平缓，尾部更薄。非常规任务的数据分布中峰度为正值，显示该数据的分布更为陡峭，形态山的尾部更厚。

表 6-18　常规任务中词典资源平均使用频次描述统计

		词典平均使用频次（常规）	有效个案数（成列）
N		140	1.40
最小值		0.00	
最大值		2.00	
均值		0.7643	
标准差		0.55249	
方差		0.305	
偏度	统计	−0.223	
	标准错误	0.205	
峰度	统计	−0.724	

表 6-19　非常规任务中词典资源平均使用频次描述统计

		词典平均使用频次（常规）	有效个案数（成列）
N		140	1.40
最小值		0.00	
最大值		2.00	
均值		0.9360	
标准差		0.49285	
方差		0.243	
偏度	统计	−0.543	
	标准错误	0.205	
峰度	统计	−0.589	
	标准错误	0.407	

　　具体而言，由表 6-20、表 6-21 可知，在常规任务中受试者解决每个信息需求所用词典资源的频次中，使用 1 次的资源占比为 57.1%，在非常规任务中对应数值有所升高，使用 1 次的资源占比为 60.7%。

表 6-20　常规任务中词典资源使用频次

		频次（次）	占比（%）	有效占比（%）	累计占比（%）
有效	0.00	43	30.7	30.7	30.7
	1.00	80	57.1	57.1	87.9
	1.25	2	1.4	1.4	89.3
	1.33	3	2.1	2.1	91.4
	1.50	7	5.0	5.0	96.4
	2.00	5	3.6	3.6	100.0
	总计	140	100.0	100.0	

表 6-21　非常规任务中词典资源使用频次

		频次（次）	占比（%）	有效占比（%）	累计占比（%）
有效	0.00	24	17.1	17.1	17.1
	1.00	85	60.7	60.7	77.9
	1.13	3	2.1	2.1	80.0
	1.14	1	0.7	0.7	80.7
	1.17	3	2.1	2.1	82.9
	1.20	1	0.7	0.7	83.6
	1.25	1	0.7	0.7	84.3
	1.29	1	0.7	0.7	85.0
	1.33	6	4.3	4.3	89.3
	1.50	6	4.3	4.3	93.6
	1.63	1	0.7	0.7	94.3
	1.67	1	0.7	0.7	95.0
	2.00	7	5.0	5.0	100.0
	总计	140	100.0	100.0	

　　非常规任务中受试者词典资源使用频次的数据分布更为陡峭，且为解决每个信息需求使用的词典资源频次大于 1 次的数值增多，有鉴于此，笔者对使用 1 次以上的词典类资源所解决的信息需求进行整理统计（见表6-22），以观察受试者调用更多的词典资源是为了解决哪些或哪类信息需求，是否这些信息需求能够体现任务类型所带来的差异。表 6-22 中加粗内容为两个任务类型中的共同信息需求。

表 6-22　使用 1 次以上的词典类资源所解决的信息需求

编号	信息需求	
	常规任务	非常规任务
1	**Priority Substances List**	**Priority Substances List**
2	**non-cancer effect**	**non-cancer effect**
3	**thyroid-pituitary disruption**	**thyroid-pituitary disruption**
4	**Tolerable Daily Intake**	**Tolerable Daily Intake**
5	**external registration**	**external registration**
6	**hold out**	**hold out**
7	**counterparty**	**counterparty**
8	precursor lesion	succinct
9	prohibition of certain toxic substances regulation	incidentally present
10	high capacity relief	prevailing conditions
11	integral true monitor	Chlorinated Alkanes
12	base regulator	regulatory action
13	diaphragm assembly	entry into force of action
14	stabilizer	exposure
15	upper spring case	mode of induction
16	principal and introducer	weight of evidence
17	solely responsible	summary accounts
18		carcinogenicity bioassays
19		peroxisome proliferation
20		reversibility
21		upper-bounding
22		SCCP
23		pusher post
24		bind
25		sourcing
26		financial promotion
27		produce
28		capacity
29		anti-bribery
30		believe
31		reward

由表 6-22 可以看出非常规任务中使用 1 次以上词典类资源的信息需求数量多于常规任务：常规任务中只有 17 个信息需求；非常规任务中该类信息需求增至 31 个。从信息需求的构成来看，常规任务中除 solely responsible（编号 17）为普通词外，其余均为术语或专有名词词组。非常规任务中的普通词类信息需求显著增多——只有 Chlorinated Alkanes（编号 11）、SCCP（编号 22）、bind（编号 24）、carcinogenicity bioassays（编号 18）、peroxisome proliferation（编号 19）、pusher post（编号 23）为专业术语，其余信息需求均为普通词。该差异表明，受试者在常规任务中将更多的搜索努力给予了专业性词构成的信息需求，而非常规任务中受试者的搜索焦点却投注在普通词上，似乎可以在一定程度上表明较为陌生的专业文本产生的翻译难题是受试者无法确定专业文本中多义普通词的意义，这可能是受试者多次发起词典搜索的原因。

对信息需求重要性的判断是译者能有效解决信息需求并完成翻译任务的重要一环，两类任务中受试者对不同信息需求类别的关注焦点不同，体现了他们对不同熟悉度任务类型的理解和投入的搜索努力不同。该发现可以延伸以往对问题解决的研究。在已有研究中（Zheng，2008，2014），职业译者在搜索后翻译决策的目的以"优化表述"和"寻求搭配"为主，搜索决策大多出于"调整义项表达"的目的。本研究可以进一步将此表述延伸为：在不同任务类型中，职业译者为有效解决信息需求，词典搜索频次增多的原因有所不同。熟悉的常规任务中职业译者更为关注专业词汇的意义和译入语表述的精确性；而在较陌生的非常规翻译中，职业译者较多关注普通词汇的意义是否切合文本语境。这体现了因对文本相关知识的熟悉度不同，受试者在不同任务中问题意识侧重点不同。

（三）讨论

非常规任务中受试者对源语文本的专业领域熟悉度不高，但只显著增多词典信息资源的使用频次，而专业领域知识类信息资源的使用频次并未显著增多，该检验结果拒绝假设 2。笔者猜测该结果的原因有三。

第一，昆兹利的研究表明，语言知识与言外知识之间存在相互作用。只有当译者的语言知识达到一定阈值后，言外知识才可以补偿语言知识，促进翻译过程的顺利进行（Künzli，2005）。反过来说，当译者掌握的语言知识极为丰富时，他们处理言外知识相对欠缺的文本时依然自信、灵活。本实验中受试者均为语言水平较高的职业译者，其语言知识特别是在外部信息资源的支持之下足以补偿专业领域知识的欠缺，因此受试者无须调动更多专业领域知识类资源，或者说他们无须通过搜索全面系统地获取新的专业领域知识。昆兹利进一步分析，可能是职业译者熟练掌握双语知识，能够把握技术术语的形态，探查语义的细微差别，这些双语知识在译者解决问题时能够补偿相对缺乏的言外知识。吉尔的研究也表明，某些专业文本翻译中，受试者可能只需要查询术语，而术语的译入语对应表达除了可从术语库获得外，词典是最为权威的工具——如今术语库的可得性仍较低，还大多只限于翻译公司内部或某些专门机构内，这种内部术语库的不开放性导致职业译者仍较为依赖词典资源（Gile，2011）。

第二，受试者的职业素养要求他们能在更短的时间内高质量地完成翻译任务。因此，他们通常在执行翻译任务的过程中将时间要素考虑进来，这一点在多个受试者的译后回溯报告中也有体现。职业译者对时间的考量，加之网络信息资源，特别是专业领域知识类资源碎片化的呈现方式，使得译者通过搜索获取新知的效率并不高，由此职业译者只求语言上找到译入语的恰当对应表达即可。前述昆兹利（Künzli，2005）在研究专业领域知识和语言知识的关系时，提出译者语言知识的丰富性可以很好地弥补专业领域知识的不足，使其能胜任较为陌生专业领域的文本翻译任务，该结果与医学翻译教学研究的结果较吻合（Górnicz，2013）。哥尼克斯（Mariusz Górnicz）在教授医学翻译时，利用学生在专业文本中术语概念的学习，帮助学生译者形成完整的术语概念网，以补偿学生译者医学知识的相对不足。哥尼克斯强调学生在翻译医学文本时通过数据挖掘补偿医学知识不足的重要性，不需要熟习医学领域的所有医学概念（Górnicz，2013）。该论点指向翻译中专业领域知识获取的深度和全面性问题，而本研究的实验结论也印证了在特定翻译任务中职业译者对专业领域知识获取不深的职业行为现实。

第三，就本研究而言，所测试的 3 个文本的 Flesch-Kincaid 可读性得分均为 38 分左右，表明 3 个文本的阅读难度为英语为母语的大学生才可理解的水平。根据 Flesch-Kincaid 可读性得分档①，实验中的 3 个源语文本难度为"困难"，其上一级难度为"难以理解"。在该文本难度的水平上，受试者在非常规任务中没有表现出对专业领域知识的更多依赖，而只是增加词典类资源的使用频次。是否受试者在专业性更强的文本翻译任务时，实验结果会有所变化？笔者认为这一原因不能忽视。由此，似乎本研究结论可以更为确切地表述为，在源语文本 Flesch-Kincaid 可读性得分档为"困难"时，职业译者在较为陌生领域的专业文本翻译任务中，只增加了词典类资源的使用频次，而对专业领域知识类资源并未深入探取。

假设 2 被拒绝引发笔者思考专业领域知识和语言知识在翻译中如何相互作用的问题。已有研究提出译者语言知识的缺失对译文质量的影响比专业领域知识更大，语言知识必须达到最低阈值，专业领域知识的有效补偿作用才开始显现（Künzli，2005）。那么语言知识的阈值是否可以测量？如若可以，如何测量？再如本研究中源语文本阅读难度为 Flesch-Kincaid 可读性得分的"困难"档，职业译者没有更多地获取专业领域知识类资源，专业领域知识对翻译质量和过程的影响有多大？或其对什么难度水平以上的文本翻译质量和过程影响更大？专业领域知识对不同翻译能力水平的职业译者的影响如何？又如，在一定难度文本的翻译中，专业领域知识类资源如何被调用才能与语言知识相互作用并正面影响译文质量？不同专业领域知识类资源使用的深度如何影响译文质量？翻译教育和培训中是否应增加专业领域知识的教授？若增加，怎样的课程设

---

① Flesch-Kincaid 可读性得分档分别为：0～29 分——难以理解；30～49 分——困难；50～59 分——较难；60～69 分——标准难度；70～79 分——较容易；80～89 分——容易；90～100 分——非常容易。

置符合学生译者的学习规律？专业领域知识课程以 L1 还是 L2 语言教授，或两种语言并行？专业领域知识课程的讲授教师应为翻译教师还是行业专家，或者二者合作讲授？若合作，合作讲授的方式应如何？专业领域知识讲授的深度和广度应如何把握？应教授哪类或哪些知识？这些问题仍需翻译教育界继续探索。

从研究者的角度来看，专业领域知识对翻译专业文本的效率和质量起着关键的作用（Kim，2006；Lehmann，1986），因而研究者们建议在翻译教育或培训中增设专业领域知识课程（Niedzielski & Chernovaty，1993；Newmark，2001；Sharkas，2013；Kim，2006），因为更丰富的专业领域知识能帮助译者正确理解源语文本，更为地道精当地用译入语表述术语。

从翻译教育和培训的角度来看，专业领域知识讲授的深度和广度应如何仍处于探索之中。有观点认为有些专业文本的翻译只需几本专业词典，译者能够保证术语准确即可，因为此类专业文本的结构不复杂，规范性更强（Gile，2011）。但认为只有行业专家才能提供高质量译文的人也不在少数，有不少客户认为法律或医学文本涉及法律法规或病患生命，不可交由外行人翻译。两种观点的博弈今天仍在继续。

翻译研究界和教育界的两种争论在翻译行业中的调查中也有所显现。根据对职业译者、审校、国际组织翻译部门主管的调查，受访者给总分为 5 分的主题知识（subject knowledge）打分为 4.13 分，较高的得分表示主题知识对翻译效果的重要性（Lafeber，2012）。不过研究者进一步发现，似乎受访的不同国际组织内部对专业领域知识的重要性认可存在差异，有些受访者对其重要性的打分很高，有些则不高（Lafeber，2012）。后续研究者也发现，职业译者在无技术专业背景知识时，翻译技术类专业文本的质量并未受到影响（赵政廷，2014）。

综观以上观点，不同观点和争论至少意味着专业领域知识和语言知识之间的关系以及二者与译文质量的关系中还存在一些复杂的影响因素。职业译者在源语文本难度为"困难"水平上对专业领域知识资源的使用"浅探辄止"，恰与诺伊贝特的观点相吻合。诺伊贝特（Neubert，2012）在论及主题知识翻译能力时指出，涉及各类主题知识的文本数量不停增长，因此译者的主题知识掌握能力（subject competence）极为必要，但该能力的提出并不意味着译者需要掌握所有主题知识。因此可以如此理解：主题知识不必是译者随时可以启动的主动知识（active knowledge），也不必达到行业专家所掌握的深度和广度；译者无须成为万事通，重要的是知道获取知识的方法和途径。

在本研究中的源语文本难度基础上和所涉及相关专业领域知识的范围内，受试者在非常规任务中对词典类资源的使用频次显著增多，对专业领域知识类资源"浅用辄止"。受试者大多数情况只需确定与源语文本对应的译入语表达即可，在更深层次的术语概念理解或相关术语集和源语文本涉及的专业领域知识方面，职业译者并未深入挖掘和应用。针对上述检验结论，本研究提出"知识轻应用"的概念来进一步描述职业译者翻译较为陌生文本时使用信息资源的程度。

知识轻应用是指译者对专业领域知识类资源浅层获取，即受试者对专业领域知识类资源的使用频次较少，在本研究中特指受试者对词典、搜索引擎、在线术语库等非专业领域知识类资源的使用更多，对包含专业领域知识内容的平行文本、翻译论坛、博客、百科网站等信息资源的使用频次相对较少。根据前文所述，这样归类的依据是：轻应用资源主要提供双语对应表述或译入语释义、无专业领域知识解释的语言信息，或译者通过网页链接导航进入二级页面情况下使用的非专业领域知识类信息资源。

为了发现知识轻应用的概念是否能进一步说明本实验的发现，笔者使用 SPSS 25.0 对知识轻应用资源进行了相关性检验（见表6-23）。检验结果显示，非常规任务中受试者使用词典、搜索引擎、在线术语库等轻应用资源的频次与任务类型呈正相关（P = 0.025 < 0.05）。相关系数为正值，表明在非常规任务中受试者不仅显著增多了词典资源的使用频次，包括词典资源的其他轻应用资源的使用频次也显著增加。

表 6-23　轻应用资源使用频次与任务类型的相关性检验

			任务类型	轻应用资源使用频次
斯皮尔曼 Rho	任务类型	相关系数	1.000	0.129*
		Sig.（双尾）	0.000	0.025
		N	302	302
	轻应用资源使用频次	相关系数	0.129*	1.000
		Sig.（双尾）	0.025	0
		N	302	302

注：*表示在 0.05 级别（双尾）相关性显著。

　　该结果与前文对词典类资源使用频次增多的检验结果一致，再次印证职业译者翻译较为陌生专业领域文本时使用信息资源的特征。既然受试者在非常规任务中使用的轻应用资源显著增多，意味着他们对语言知识的获取更为关注，那么是否受试者停留轻应用资源的时间也更长？为此笔者进行了检验（见表 6-24）。

表 6-24　轻应用资源停留时长与任务类型的相关性检验

			任务类型	轻应用资源停留时长
斯皮尔曼 Rho	任务类型	相关系数	1.000	0.129*
		Sig.（双尾）	0.000	0.018
		N	337	337
	轻应用资源停留时长	相关系数	0.129*	1.000
		Sig.（双尾）	0.018	0
		N	337	337

注：*表示在 0.05 级别（双尾）相关性显著。

　　总体数据表明，在非常规任务中轻应用资源停留时长占总资源阅读时长的比例为 74.11%，比常规任务中的相应比例 78.99%稍有下降，说明专业领域知识类资源的停留时长在非常规任务中确实有所增加。但是从每个信息需求解决的角度来看，SPSS 25.0 的检验结果显示，受试者在非常规任务中为解决每个信息需求停留轻应用资源的时长显著增加（P = 0.018 < 0.05）。该检验结

果与受试者在非常规任务中轻应用资源使用频次显著增多的结果相呼应：更多频次的信息资源使用意味着更长的停留时间。不过，笔者对专业领域知识类资源停留时长的检验结果表明该时长与任务类型不相关（P = 0.961>0.05），进一步验证受试者并未更多依赖专业领域知识类资源这一情形。

综上，在本实验测试中源语文本的 Flesch-Kincaid 可读性得分档为"困难"的水平上，在三个专业领域文本格式和语篇规范条件下，受试者在非常规任务中使用的轻应用资源显著增多，其中词典资源使用频次也显著增多。该结论意味着，在本研究控制的实验条件下，职业译者不会深度提取和利用专业领域知识信息资源，而是选择更为直接、快速找到译文答案的搜索引擎、词典、在线术语库等资源。大部分受试者的问题求解只为寻找译文答案，不求理解答案的产生过程及原理，依赖浅层轻应用资源是非常规任务中解决信息需求的主要方式。

第三节 信息需求表征方式的改变频次与任务类型的相关性分析

一 假设3的提出

信息需求是搜索者产生搜索行为的动因，这一概念来自信息搜寻领域。本研究根据翻译活动的特征，将信息需求定义为译者需要启动搜索行为解决的翻译问题，也即信息问题。大多数翻译问题是非良构问题，表现为译者对问题的性质特征描述较为模糊，或解决问题的方案和途径等不明确，有多种解决方案，或问题的答案不止一个。翻译问题的非良构性使得译者解决问题的过程呈现线性和非线性结合的特征。笔者推测受试者在翻译较为陌生领域专业文本的过程中，对翻译问题的上下文理解与推测存在困难，且相关专业知识欠缺，对文本互文性等的理解相对不足，因而受试者需要在问题解决过程中逐步明确其翻译问题解决方案。也即，解决非良构信息需求的过程是译者逐步了解、明确表征翻译问题的过程，在非常规任务中因受试者的文本相关知识相对缺乏，他们的解题过程更为曲折、复杂。

从认知心理学的问题解决研究角度而言，译者处于一定问题情境时，会先调取长期记忆中已掌握的问题解决方法和规则。而在非常规任务中，译者不熟悉源语文本所提供的专业领域情境，缺乏解决某些翻译问题所需的知识，促使译者或将先备知识和规则整合起来解决问题，或在搜索过程中学习新规则，这一过程是译者创造性发现问题规则和解题策略的过程。根据问题解决心理学（王小明，2009），译者解决问题时可能有两个途径：一是正确表征问题并激活正确的图式，明确问题解决的途径；二是译者无法找到正确的认知图式，需通过多次搜索，转变多个信息需求提问式、多个信息资源，评判、采纳或搁置、放弃该信息资源后，才能逐步缩小翻译问题初始状态和目标状态的差距。在非常规任务中，受试者的先备知识不总能提供合适的认知图式帮助受试者快速找到翻译问题的答案。

基于以上观点，由于受试者需要用较多知识解决的"语义丰富型"问题在非常规任务中可能比常规任务更多，译者在解决问题的非线性过程中需要不断尝试算子，不断转换信息需求的提问式和信息资源才能逐渐找到问题解决方案。由此，本研究提出第 3 个假设：在不熟悉的非常规任务中受试者显著增加信息需求表征方式的转换频次。

二　假设3的检验

（一）数据检验

信息需求表征是受试者对信息需求的外在表示方式，以提问式和信息资源的组合形式体现受试者对信息需求的理解。基于此，本研究将首先分析信息需求表征方式的改变频次，然后具体分析提问式的改变风格和信息需求表征方式的改变风格。

同搜索频次数据的处理方式相同，信息需求表征方式改变的计算也不包括受试者在 WORD 或 PDF 文件中、网页页面内为查找或替换文本，快速定位的搜索，但包括百科类网站内的词条搜索，因为受试者此类行为的主要目的是在该网站内查询相关百科知识条目，且其键入提问式后页面切换为新的百科网站页面，其使用搜索提问式的目的区别于在 WORD 等内进行的文本搜索。

在本研究中提问式改变是指受试者在使用词典、搜索引擎、术语库等时在搜索框内键入提问式时：1）提问式结构或词项的变化，例如受试者将"Chlorinated Alkanes"变为"Alkanes"，或将"Chlorinated Alkanes"改为"氯代烷"，或将"Chlorinated Alkanes"改为"Alkanes 氯代烷"；2）使用搜索引擎时受试者增加或减少运算符致使的提问式结构改变，例如受试者再次键入 Chlorinated Alkanes 提问式时增加双引号，有受试者在使用搜索引擎时在上一次提问式的基础上增加了符号+，也视为一次提问式改变。

对信息需求表征方式改变的数据处理方式为：1）若受试者未改变提问式词项或结构，也未改变信息资源，视为 0 次信息需求表征方式改变；2）若受试者改变提问式的结构或词项，或改变布尔运算符，视为 1 次信息需求表征方式改变；3）若受试者未改变提问式，而是改变信息资源，视为 1 次信息需求表征方式改变；4）若受试者同时改变提问式和信息资源，视为 2 次信息需求表征方式改变。

笔者整理计算每个信息需求求解时的信息需求表征方式改变频次后，首先检验数据的正态性，结果显示数据为正偏态分布，且不能转换为正态数据，因此笔者进行了斯皮尔曼相关性检验，检验结果如表 6-25 所示。

表 6-25　信息需求表征方式平均改变频次与任务类型的相关性检验

			任务类型	信息需求表征方式平均改变频次
斯皮尔曼 Rho	任务类型	相关系数	1.000	0.137 *
		Sig.（双尾）	0.000	0.020
		N	287	287
	信息需求表征方式平均改变频次	相关系数	0.137 *	1.000
		Sig.（双尾）	0.020	0
		N	287	287

注：* 表示在 0.05 级别（双尾）相关性显著。

检验结果显示信息需求的平均改变频次与任务类型相关（P = 0.020 < 0.05），且相关系数为正值，说明在非常规任务中受试者为解决每个信息需求的平均改变频次显著增加，假设 3 被接受。

为了进一步观察两种任务类型的任务数据分布情况，笔者对数据进行了描述统计。如表 6-26 所示，两组数据中代表数据分布的中位数有差异，常规任务数据的中位数为 2.1667，非常规任务为 2.8583。从偏度和峰度来看，两组数据均为右偏，不过非常规任务的偏度值为 1.230，表示数据右偏更为严重。非常规任务的峰度系数更大，为 2.418，显示该数据分布相比正态分布数据更为陡峭。从两组数据的范围来看，非常规任务数据上下限的值距离更大。从百分位数看最大值、最小值之间的分布，常规任务中有 25% 的数值小于 0.8553，而非常规任务中 25% 的数值小于 1.5156。由此可见，较大的数值主要出现在非常规任务中。

表 6-26 常规/非常规任务中信息需求表征方式平均改变频次

		常规任务中信息需求 表征方式的平均改变频次	非常规任务中信息需求 表征方式的平均改变频次
个案数(个)	有效	147	147
	缺失	0	0
平均值		2.6367	3.3376
平均值标准误差		0.18842	0.21906
中位数		2.1667	2.8583
众数		0.00	2.00
标准差		2.28452	2.65601
方差		5.219	7.054
偏度		0.841	1.230
偏度标准误差		0.200	0.200
峰度		0.708	2.418
峰度标准误差		0.397	0.397
最小值		0.00	0.00
最大值		10.00	15.00

续表

		常规任务中信息需求 表征方式的平均改变频次	非常规任务中信息需求 表征方式的平均改变频次
总和		387.60	490.62
百分位数	25%	<0.8553	<1.5156
	50%	<2.1667	<2.8583
	75%	<3.9542	<4.3675

（二）信息需求与信息资源的分析

本研究中信息需求表征方式的改变被定义为提问式的改变和/或信息资源的改变，以下将逐一分析和描述提问式和信息资源的改变规律和互动结果。首先笔者对反映数据差异的信息需求提问式改变与信息资源的使用进行列表分析，详细内容见文后附录七，本节只将待分析单位进行频次描述。

表6-27显示两类任务中的共同信息需求共有41个，其中非常规任务中受试者使用的信息资源类型对应的信息需求比常规任务更多的个数为25个（见表6-27中斜体加粗的字体），总占比为61%，表明受试者在非常规任务中信息需求表征方式改变的同时会寻求更多种类信息资源的帮助。笔者在观察专业领域知识类资源的使用后，仍没有数据表明该类资源在非常规任务中显著增多的情况。这一结果与假设2的检验结果一致。受试者在非常规任务中使用信息资源类别更多的25个对应信息需求中，普通词汇类信息需求为15个（表6-27中上标星号的信息需求），占比60%。

表6-27 常规任务与非常规任务中的共同信息需求

单位：次

编号	信息需求	改变频次	
		常规任务	非常规任务
1	*force of actions* [*]	3	5
2	succinct details	4	2
3	notify	4	4

续表

编号	信息需求	改变频次	
		常规任务	非常规任务
4	Chlorinated Alkanes	6	5
5	*offer for sale*	5	8
6	*incidentally present****	3	16
7	*Priority Substances List*	11	16
8	*exposure****	5	7
9	mode of induction	6	4
10	*modes of action****	2	4
11	*weight of evidence*	7	8
12	*liver tumour*	2	3
13	*DNA reactive****	4	7
14	*Protective****	12	14
15	*upper-bounding****	5	6
16	*thyroid tumour*	1	2
17	specific tumours	1	1
18	*thyroid-pituitary disruption*	6	16
19	Fisher CS800 regulator	9	5
20	external registration	25	3
21	internal relief	4	3
22	vent	4	4
23	high capacity relief	16	3
24	*base regulator*	2	6
25	*overcome****	1	3
26	*pusher post assembly*	4	5
27	*valve disk*	1	2
28	*w. c.*	1	13
29	stabilizer vent	5	5
30	upper spring case	4	1
31	prospective	5	1
32	*on a non-exclusive basis****	8	9
33	hold itself out	15	6

编号	信息需求	改变频次	
		常规任务	非常规任务
34	logo	1	1
35	sourcing	2	2
36	*financial promotion* *	5	7
37	*anti-bribery* *	1	2
38	*financial advantage* *	2	4
39	*reward* *	1	2
40	*counterparty* *	2	3
41	*reversibility* *	2	3

　　笔者推测普通词汇类信息需求在非常规任务中更多的原因可能是术语符号指称的概念和概念系统更为明确，术语的约定性使其意义更为严格，只要术语意义固定且单义，受试者找到合适的信息资源不难确定其意义。而普通词汇的多义性需要译者付出更多的搜索努力确定其恰当语境，在搜索时需要使用更多的信息资源交叉验证才能确定意义。特别是在专业领域中具有专业意义的普通词汇，受试者需要提取更多的信息资源明确其意义。例如"mode of action"的源文语境如下：

　　These data suggest that several tumours observed in carcinogenicity bioassays in rats and mice exposed to SCCP are induced by modes of action either not relevant to humans（kidney tumours in male rats）or for which humans are likely less sensitive（in rats, liver tumours related to peroxisome proliferation and thyroid tumours related to thyroid-pituitary disruption）.

　　该测试材料有关短链氯化石蜡可能会诱发肿瘤的危害。"mode of action"在其中的意义确定，特别是其在译入语的专业表达需要受试者了解医学方面的专业表述。常规任务中由于受试者有更权威的联合国在线术语库资源，他们大多没有搜索专业知识资源，而非常规任务中受试者的搜索过程更为曲折。如受试者 P16 在有道屏幕取词后显示 "mode of action" 的意义为 "作用方式" 和 "作用型式"。受试者阅读修改译文后，似乎对词典提供的释义不太确定，因而再次发起了查询。她不但以关键词 "肿瘤是由集中作用机制诱发" 使用搜索引擎搜索后，还点击了结果页中 "家庭医生在线——肿瘤的病因、症状、治疗方式、保健饮食" 网页，在该页面内发起以 "作用机制" 为关键词的搜索，确认医学术语的恰当表达，并最终确定 "作用机制" 的译文。由此可知，非常规任务中受试者的相关专业知识不足，且没有获取更为便捷、更权威的术语库资源，在某些情况下会多次发起搜索获取知识，增加对专业领域知识类资源的使用频次，在本实验中，此类信息需求主要由多义类的普通词构成，这类信息需求会让受试者改变提问式，使信息资源的搜索频次增加。

（三）提问式词项改变的分析

信息需求表征方式包括提问式和信息资源两个方面。提问式是受试者基于对信息需求的理解产生的表征方式，是译者为了解决信息需求与信息系统交互的第一个重要环节。提问式的词项与词项组合结构，以及提问式的改变均为信息需求解决过程中的重要观察指标。根据问题解决心理学的研究，语义丰富型问题的解决路径更为曲折，因为受试者需不断尝试和探索新的信息资源，创造性地使用信息需求的提问式，不断试错，才会逐步在某些条件下找到答案，甚至是顿悟式地找到解决方案。由此笔者推测，由于受试者在非常规任务中对信息需求的理解不充分且对解决问题的途径不熟悉，可能会在非常规任务中多次改变提问式。

首先笔者将非常规任务中改变频次比常规任务更多的提问式和其对应的信息需求进行分类并整理统计。笔者在观察提问式的结构后，发现信息需求提问式首项的构成主要来自源语文本中的语言单位，以单词或固定短语为主，也有少数受试者以长句为单位搜索。首项提问式之后，受试者结合提问式与信息资源，或扩大词项，或缩小词项，或改变词项结构，直至信息需求暂时被解决或搁置。为了发现提问式中词项的规律，笔者再次统计提问式的结构，如表 6-28 所示。

表 6-28　非常规任务中信息需求表征方式改变频次多于常规任务的信息需求

信息需求	表征方式改变频次	
	常规任务	非常规任务
force of actions	词项(源/译):5/0	词项(源/译):10/0
	源缩:2;高搜:0	源缩:4;高搜:0
	结尾(源/译):3/0	结尾(源/译):3/0
succinct details	词项(源/译):6/0	词项(源/译):15/1
	源缩:0;高搜:0	源缩:3;高搜:1
	结尾(源/译):5/0	结尾(源/译):7/1
notify	词项(源/译):7/0	词项(源/译):4/1
	源缩:0;高搜:0	源缩:1;高搜:0
	结尾(源/译):4/0	结尾(源/译):2/1
Chlorinated Alkanes	词项(源/译):18/4	词项(源/译):17/8
	源缩:1;高搜:0	源缩:2;高搜:3
	结尾(源/译):5/1	结尾(源/译):5/3
offer for sale	词项(源/译):6/1	词项(源/译):13/6
	源缩:0;高搜:0	源缩:0;高搜:6
	结尾(源/译):2/1	结尾(源/译):4/1
incidentally present	词项(源/译):2/0	词项(源/译):26/7
	源缩:0;高搜:0	源缩:3;高搜:4
	结尾(源/译):2/0	结尾(源/译):6/0
Priority Substances List	词项(源/译):23/16	词项(源/译):27/31
	源缩:3;高搜:1	源缩:6;高搜:15
	结尾(源/译):4/2	结尾(源/译):4/4
exposure	词项(源/译):7/5	词项(源/译):6/16
	源缩:1;高搜:0	源缩:1;高搜:1
	结尾(源/译):2/1	结尾(源/译):2/1
mode of induction	词项(源/译):16/4	词项(源/译):7/0
	源缩:4;高搜:0	源缩:0;高搜:1
	结尾(源/译):4/1	结尾(源/译):3/0
modes of action	词项:6/0	词项:8/4
	源缩:0;高搜:0	源缩:0;高搜:1
	结尾(源/译):3/0	结尾(源/译):3/3

续表

信息需求	表征方式改变频次	
	常规任务	非常规任务
weight of evidence	词项(源/译):8/3	词项(源/译):13/7
	源缩:0;高搜:0	源缩:0;高搜:2
	结尾(源/译):4/1	结尾(源/译):6/3
liver tumour	词项(源/译):2/1	词项(源/译):6/0
	源缩:0;高搜:0	源缩:1;高搜:1
	结尾(源/译):2/1	结尾(源/译):4/0
DNA reactive	词项(源/译):5/0	词项(源/译):24/16
	源缩:1;高搜:0	源缩:5;高搜:6
	结尾(源/译):3/0	结尾(源/译):4/1 译/1 特别项
protective	词项(源/译):8/0	词项(源/译):7/10
	源缩:0;高搜:0	源缩:0;高搜:0
	结尾(源/译):4/0	结尾(源/译):3/2
upper-bounding	词项(源/译):6/1	词项(源/译):7/0
	源缩:0;高搜:0	源缩:2;高搜:1
	结尾(源/译):2/1	结尾(源/译):3/0
thyroid tumour	词项(源/译):0/0	词项(源/译):8/2
	源缩:0;高搜:0	源缩:1;高搜:1
	结尾(源/译):1/0	结尾(源/译):6/1
specific tumours	词项(源/译):0/0	词项(源/译):2/0
	源缩:0;高搜:0	源缩:0;高搜:0
	结尾(源/译):1/0	结尾(源/译):1/1
thyroid-pituitary disruption	词项(源/译):15/4	词项(源/译):43/15
	源缩:5;高搜:0	源缩:11;高搜:8
	结尾(源/译):3/1	结尾(源/译):7/1
Fisher CS800 regulator	词项(源/译):6/4	词项(源/译):7/4
	源缩:0;高搜:2	源缩:1;高搜:0
	结尾(源/译):4/1	结尾(源/译):1/1
external registration	词项(源/译):25/20	词项(源/译):7/1
	源缩:4;高搜:8	源缩:1;高搜:0
	结尾(源/译):4/2	结尾(源/译):1/0
internal relief	词项(源/译):9/1	词项(源/译):5/9
	源缩:1;高搜:0	源缩:1;高搜:9
	结尾(源/译):5/0	结尾(源/译):0/2

续表

信息需求	表征方式改变频次	
	常规任务	非常规任务
vent	词项（源/译）:5/3	词项（源/译）:6/2
	源缩:0;高搜:0	源缩:2;高搜:2
	结尾（源/译）:2/0	结尾（源/译）:1/1
high capacity relief	词项（源/译）:11/10	词项（源/译）:5/7
	源缩:0;高搜:6	源缩:2;高搜:5
	结尾（源/译）:2/2	结尾（源/译）:2/0
base regulator	词项（源/译）:1/0	词项（源/译）:6/3
	源缩:0;高搜:0	源缩:0;高搜:0
	结尾（源/译）:1/0	结尾（源/译）:3/0
overcome	词项（源/译）:1/0	词项（源/译）:2/1
	源缩:0;高搜:0	源缩:0;高搜:0
	结尾（源/译）:1/0	结尾（源/译）:1/0
pusher post assembly	词项（源/译）:1/0	词项（源/译）:7/7
	源缩:0;高搜:0	源缩:1;高搜:5
	结尾（源/译）:1/0	结尾（源/译）:1/1
valve disk	词项（源/译）:1/0	词项（源/译）:3/1
	源缩:0;高搜:0	源缩:0;高搜:2
	结尾（源/译）:1/0	结尾（源/译）:2/0
w. c.	词项（源/译）:2/0	词项（源/译）:10/4
	源缩:0;高搜:0	源缩:0;高搜:0
	结尾（源/译）:1/0	结尾（源/译）:1/1
stabilizer vent	词项（源/译）:3/0	词项（源/译）:11/10
	源缩:0;高搜:1	源缩:2;高搜:5
	结尾（源/译）:1/0	结尾（源/译）:1/1
upper spring case	词项（源/译）:4/0	词项（源/译）:3/6
	源缩:2;高搜:0	源缩:0;高搜:5
	结尾（源/译）:1/0	结尾（源/译）:0/2
prospective	词项（源/译）:7/5	词项（源/译）:4/0
	源缩:0;高搜:1	源缩:1;高搜:0
	结尾（源/译）:2/1	结尾（源/译）:1/0
on a non-exclusive basis	词项（源/译）:4/1	词项（源/译）:7/6
	源缩:0;高搜:2	源缩:2;高搜:4
	结尾（源/译）:1/0	结尾（源/译）:2/0

续表

信息需求	表征方式改变频次	
	常规任务	非常规任务
hold itself out	词项（源/译）:18/2	词项（源/译）:12/3
	源缩:5;高搜:2	源缩:4;高搜:5
	结尾（源/译）:5/0	结尾（源/译）:3/0
logo	词项（源/译）:1/0	词项（源/译）:3/0
	源缩:0;高搜:0	源缩:1;高搜:0
	结尾（源/译）:1/0	结尾（源/译）:2/0
sourcing	词项（源/译）:2/0	词项（源/译）:2/0
	源缩:0;高搜:0	源缩:0;高搜:0
	结尾（源/译）:2/0	结尾（源/译）:2/0
financial promotion	词项（源/译）:5/3	词项（源/译）:12/8
	源缩:0;高搜:2	源缩:0;高搜:5
	结尾（源/译）:3/1	结尾（源/译）:3/1
anti-bribery	词项（源/译）:1/0	词项（源/译）:2/0
	源缩:0;高搜:0	源缩:0;高搜:0
	结尾（源/译）:1/0	结尾（源/译）:2/0
financial advantage	词项（源/译）:4/0	词项（源/译）:6/2
	源缩:0;高搜:0	源缩:0;高搜:2
	结尾（源/译）:4/0	结尾（源/译）:3/0
reward	词项（源/译）:1/0	词项（源/译）:1/0
	源缩:0;高搜:0	源缩:0;高搜:0
	结尾（源/译）:1/0	结尾（源/译）:1/0
counterparty	词项（源/译）:4/0	词项（源/译）:3/1
	源缩:0;高搜:0	源缩:0;高搜:1
	结尾（源/译）:2/0	结尾（源/译）:1/0
reversibility	词项（源/译）:1/0	词项（源/译）:4/1
	源缩:0;高搜:0	源缩:0;高搜:0
	结尾（源/译）:1/0	结尾（源/译）:2/1

表 6-28 中，"词项（源/译）"统计两类任务中源语文本和译入语文本中词项出现的频次。"源缩"表示分解并缩小上一次键入的源语词项，"高

搜"表示受试者主要使用双引号的高级搜索行为[1]，统计这两项的原因是笔者发现似乎缩小提问式和高级搜索是受试者的主要提问式改变策略。"结尾（源/译）"统计每个提问式的源语/译入语的试译词项的结尾频次。信息需求 DNA reactive 中出现的特别项为提问式词项不属于源语文本也不属于译入语文本，在表 6-28 中特别项只出现了一次。

粗看表 6-28 中数据，无论任何任务类型，源语文本为词项的提问式多于译入语的词项，表明在翻译专业文本时，不论是常规任务还是非常规任务中，受试者都表现出更多使用源语文本中词项的倾向，这一点与恩里克斯-拉迪奥（Enríquez Raído，2011a，2011b，2014）的研究发现吻合。

前述检验结果显示，在非常规任务中信息需求表征方式改变频次显著增多，提问式的源语词项具有跨任务的普遍性。那么是否源语词项和译入语的试译词项也有类似规律？经 SPSS 25.0 检验（见表 6-29、表 6-30），两类任务的提问式中源语文本为词项的数据分布有显著差异，即任务类型与受试者提问式中的源语词项频次相关（P = 0.024 < 0.05）。

表 6-29 源语词项频次与任务类型的相关性检验

			源语词项频次	任务类型
斯皮尔曼 Rho	源语词项频次	相关系数	1.000	0.249*
		Sig.（双尾）	0.000	0.024
		N	82	82
	任务类型	相关系数	0.249*	1.000
		Sig.（双尾）	0.024	0
		N	82	82

注：＊表示在 0.05 级别（双尾）相关性显著。

---

[1] 仅 1 位受试者 P20 有图片搜索行为，但该行为与提问式的改变无关，因此本研究没有计入。另外有环境与化学（政府组织）文本的译者在使用术语库时，使用了限定领域和语言的高级搜索功能，与本节的提问式无关，也不计入处理。

表 6-30　译入语的试译词项频次与任务类型的相关性检验

			任务类型	译入语的试译词项频次
斯皮尔曼 Rho	任务类型	相关系数	1.000	0.356 **
		Sig.（双尾）	0.000	0.001
		N	82	82
	译入语的试译词项频次	相关系数	0.356 **	1.000
		Sig.（双尾）	0.001	0
		N	82	82

注：** 表示在 0.01 级别（双尾）相关性显著。

　　在两类任务中译入语的试译词项提问式频次数据分布也有显著差异（P = 0.001 < 0.01）。相关系数为正值表明非常规任务中源语和译入语试译词项频次显著增多。该结果与信息需求表征方式变化频次的检验结果一致，表明受试者改变提问式的主要方式为增加源语词项或译入语试译词项。由此，假设 3 可在此基础上进一步详细论述为：非常规任务中受试者信息需求表征方式的改变频次增加，其中提问式中的源语词项和译入语的试译词项均显示出显著增加的趋势。已有研究者发现，专业译者的主动查证比半专业译者和新手译者多，这是译者专业性的显著表现（王育伟，2014）。本实验条件下，两类任务的首项提问式结构中，大多数受试者以源语词项为启动搜索的首要选择，并将源语词项贯穿于大多数的提问式结构中。

　　关于提问式结尾的结构，笔者依据翻译过程中的搜索心理行为推测，受试者除为了理解源语文本而搜索之外，一些搜索动因来自受试者对译入语表达的确认，因此在非常规任务中，受试者相对不丰富的源语文本的相关知识可能会促使他们丰富提问式结尾结构，源语作为结尾词项的提问式数量减少，并被其他特别项或译入语的试译词项代替。

　　经 SPSS 25.0 斯皮尔曼相关性检验（见表 6-31、表 6-32），在非常规任务中源语词项为提问式结尾词项出现的频次确实比常规任务中显著减少

（P = 0.000<0.01），但译入语的试译词项结尾频次在非常规任务中却没有呈现统计学意义上的显著差异（P = 0.052>0.05）。

表 6-31　源语词项结尾频次与任务类型的相关性检验

			任务类型	源语词项结尾频次
斯皮尔曼 Rho	任务类型	相关系数	1.000	−0.755[**]
		Sig.（双尾）	0.000	0.000
		N	82	82
	源语词项结尾频次	相关系数	−0.755[**]	1.000
		Sig.（双尾）	0.000	0
		N	82	82

注：** 表示在 0.01 级别（双尾）相关性显著。

表 6-32　译入语的试译词项结尾频次与任务类型的相关性检验

			任务类型	译入语的试译词项结尾频次
斯皮尔曼 Rho	任务类型	相关系数	1.000	0.215
		Sig.（双尾）	0.000	0.052
		N	82	82
	译入语的试译词项结尾频次	相关系数	0.215	1.000
		Sig.（双尾）	0.052	0
		N	82	82

　　两个检验结果验证了笔者的推测。提问式结尾源语词项的减少意味着受试者在非常规任务中不再过多依赖源语文本词项，但也不倾向于更多使用译入语试译词项。结合前述译入语的试译词项在非常规任务中显著增多的检验结果，有关译入语的发现可以表述为：译入语虽然在非常规任务中显著增多，但译入语在提问式结尾中出现的频次并未发生显著变化，似乎译者对译入语表述的确认不是以提问式结尾这一结构形态来表征。

　　（四）提问式改变策略的分析

　　提问式改变策略可以反映受试者信息需求求解过程中对信息需求的理

解过程。笔者整理数据后发现，受试者使用的提问式改变策略共有以下四种：1）缩小上一次提问式；2）扩大上一次提问式；3）使用双引号为主的高级搜索；4）源语词项与限定语或译入语的试译词项相结合。

笔者略看数据，发现受试者在提问式转换时以缩小上一次提问式为主要策略。为了检验缩小提问式的策略是不是两类任务中共同的特征，或是否会受到任务类型影响，笔者对相关数据进行了统计检验（见表 6-33）。

表 6-33　源缩频次与任务类型的相关性检验

			任务类型	源缩频次
斯皮尔曼 Rho	任务类型	相关系数	1.000	0.267*
		Sig.（双尾）	0.000	0.015
		N	82	82
	源缩频次	相关系数	0.267*	1.000
		Sig.（双尾）	0.015	0
		N	82	82

注：＊表示在 0.05 级别（双尾）相关性显著。

SPSS 25.0 检验结果显示，P 值为 0.015，小于 0.05，这表明随着受试者对翻译任务不熟悉程度的增加，受试者在非常规任务中显著增加缩小上一个提问式的使用频次，这是受试者信息需求提问式改变的主要策略之一。如此可见，受试者在非常规任务中对信息需求的性质不甚了解，在提问式上可能会以较大的语言单位启动搜索，在对搜索结果不满意后，受试者会将提问式词项结构分解后逐个搜索，再进行意义整合。这种方法恰合问题解决心理学中的弱方法手段–目标分析法和信息搜寻领域中的搭积木法，表明受试者对这类问题解决方法的青睐。

除此之外，受试者在对源语尝试性（部分）翻译后，再结合源语词项以缩小搜索范围。这种源语与译入语可能词项结合的策略也在非常规任务中显著增多。SPSS 25.0 检验结果显示的 P 值为 0.031，小于 0.05，具有统计学上的显著意义（见表 6-34）。

表 6-34 源译结合词项频次与任务类型的相关性检验

			任务类型	源译结合词项频次
斯皮尔曼 Rho	任务类型	相关系数	1.000	0.238 *
		Sig.（双尾）	0.000	0.031
		N	82	82
	源译结合词项频次	相关系数	0.238 *	1.000
		Sig.（双尾）	0.031	0
		N	82	82

注：＊表示在 0.05 级别（双尾）相关性显著。

源语与译入语的试译词项构成提问式的组合有多种，除了二者组合之外，受试者还会使用源语文本涉及的主题词，或将与信息需求相关的主题词、语言表述等作为限定词，辅以双引号为主的高级搜索方式。表 6-35 中信息需求相关主题词与语言限定表述词以"限定词"表示。双引号为受试者使用的高级搜索方式。例如，受试者 P20 翻译机械制造文本时，会以"w. c. 缩写机械"作为提问式，"w. c."为受试者的信息需求，"缩写机械"为限定搜索范围的主题限定。源语与译入语结合词项的结构可细分为13 类。

表 6-35 源语+译入语的试译词项分类

单位：次

编号	源语+译入语风格	使用项频次	
		常规任务	非常规任务
1	源语词项+译入语的试译词项	30	38
2	"源语词项"+译入语的试译词项	16	32
3	源语词项+限定词+译入语的试译词项	1	2
4	译入语的试译词项+源语词项+限定词	1	0
5	译入语的试译词项+"源语词项"+限定词	1	0
6	源语词项+译入语的试译词项+限定词	1	0

编号	源语+译入语风格	使用项频次	
		常规任务	非常规任务
7	限定词+"源语词项"+译入语	1	0
8	译入语的试译词项+限定词+源语词项	1	0
9	源语词项+"译入语的试译词项"	0	4
10	"源语词项"+"译入语的试译词项"	0	4
11	译入语的试译词项+源语词项	0	2
12	限定词+源语词项+译入语的试译词项	0	2
13	"源语词项"+译入语+限定词	0	1

如表6-35所示，受试者在常规任务和非常规任务中使用最频繁的源语与译入语试译词项组合方式仍以源语词项+译入语的试译词项为最基本的结构，在两类任务中该结构的使用频次相当。相比常规任务而言，受试者在非常规任务中较多使用第二类"源语词项"+译入语的试译词项，即受试者会以源语词项的高级搜索方式为第二提问式改变选择。除第一、第二类源语+译入语风格外，两类任务中的其他细类较为分散，只体现受试者的个人特色，在此不赘述。

高级搜索是译者搜索时使用双引号或限定语言、地域、时间等条件以缩小和限定搜索范围，增加搜索结果精确性的搜索方式。笔者依据译者在非常规翻译任务中对相关信息资源熟悉度不高推测，受试者可能在该类任务中判断和选择网络信息资源内容时较为费时费力，因而受试者为了减少翻译耗时，可能会更加严苛地要求搜索结果的精确性，从而对高级搜索策略的使用增多。笔者对高级搜索数据的频次用SPSS 25.0进行了斯皮尔曼相关性检验（见表6-36），检验结果印证了高级搜索在非常规任务中增多的推测（P=0.000<0.05）。不过，受试者使用扩大上一个提问式词项的策略频次较少，非常规任务中这种策略的使用与常规任务中并无显著差异。

表 6-36 高级搜索频次与任务类型的相关性检验

			任务类型	高级搜索频次
斯皮尔曼 Rho	任务类型	相关系数	1.000	0.422**
		Sig.（双尾）	0.000	0.000
		N	82	82
	高级搜索频次	相关系数	0.422**	1.000
		Sig.（双尾）	0.000	0
		N	82	82

注：** 表示在 0.01 级别（双尾）相关性显著。

提问式改变与信息资源的特征有关，也与信息需求的属性有关。上述多项检验显示，在非常规任务中受试者对提问式的三个改变策略显著增多：缩小上一个提问式结构、采用双引号为主的高级搜索，以及源语与译入语的试译词项结合的策略。受试者经常使用的提问式改变方式较为简单，即使他们使用高级搜索功能时，也以使用双引号为主要方式。源语词项具有跨任务类型的普遍性。非常规任务中的源语词项与译入语的试译词项均显著增多。源语词项主要出现在首项提问式中，但当受试者对任务的熟悉度下降时，会在提问式结尾结构中减少使用源语词项，不过译入语的试译词项并未在非常规任务的提问式的结尾结构中表现出显著增多的情况，表明受试者在陌生文本翻译任务中提问式的结尾结构方式产生变化，这是他们在非常规任务中提问式变化的一个特征。

（五）信息需求表征方式改变风格的分析

信息需求表征方式的改变包括提问式的改变和信息资源的转用，笔者在分别分析信息资源和提问式的改变特征后，整理和归类整体信息资源使用风格。在第五章第三节中，笔者根据提问式的结构，以源语词项和译入语的试译词项为基础进行了提问式分类，受试者共产生七大类提问式：1）源语词项；2）译入语的试译词项；3）源语文本词项+译入语的试译词项；4）源语文本词项+主题限定词；5）译入语的试译词项+主题限定词；6）多个词项或句子；7）特别项。

　　这七大类提问式不限各词项的前后顺序，加上信息资源的改变，共形成26类信息需求表征方式的改变风格，即七大类提问式分别附加信息资源改变/不变形成的类别，列出如下：1）源语词项不变+信息资源不变；2）源语词项不变+信息资源改变；3）源语词项改变+信息资源不变；4）源语词项改变+信息资源改变；5）译入语的试译词项不变+信息资源不变；6）译入语的试译词项不变+信息资源改变；7）译入语的试译词项改变+信息资源不变；8）译入语的试译词项改变+信息资源改变；9）（源语词项+译入语的试译词项）不变+信息资源不变；10）（源语词项+译入语的试译词项）不变+信息资源改变；11）（源语词项+译入语的试译词项）改变+信息资源不变；12）（源语词项+译入语的试译词项）改变+信息资源改变；13）（源语词项+主题限定词）不变+信息资源不变；14）（源语词项+主题限定词）不变+信息资源改变；15）（源语词项+主题限定词）改变+信息资源不变；16）（源语词项+主题限定词）改变+信息资源改变；17）（译入语的试译词项+主题限定词）不变+信息资源不变；18）（译入语的试译词项+主题限定词）不变+信息资源改变；19）（译入语的试译词项+主题限定词）改变+信息资源不变；20）（译入语的试译词项+主题限定词）改变+信息资源改变；21）多个词项或句子不变+信息资源不变；22）多个词项或句子不变+信息资源改变；23）多个词项或句子改变+信息资源不变；24）多个词项或句子改变+信息资源改变；25）特别项+信息资源不变；26）特别项+信息资源改变。

　　在以上分类的基础上，笔者对非常规任务中信息需求表征方式改变频次多于常规任务的风格进行统计，统计时以第2类信息需求提问式的改变开始计算，不包括键入网址的导航类搜索行为和页面内搜索行为，因为导航类搜索使用的提问式与源语文本和译入语文本中词项选择无关，且无法表明受试者对信息需求的理解程度。第13~16类的主题限定词非源语，也非译入语的试译词项的中英文主题限定词。特别项是单独出现的，非源语词项，也非译入语试译词项，但与信息需求解决直接相关。第9~20类括号中的任何一项改变均视为信息需求表征方式改变，括号中2项全部不变视为不变。例如，第 9 类（源语词项+译入语的试译词项）不变+信息资源不变中，括号内源语词项和译入语的试译词项中任一词项改变均视为改变；而二者均不变，视为信息需求表征方式不变。经整理，非常规任务中改变频次多于常规任务的共同信息需求表征方式改变风格如表 6-37 所示。

表 6-37　非常规任务中改变频次多于常规任务的共同信息需求表征方式风格

信息需求	表征方式风格	
	常规任务	非常规任务
force of actions	3、3	4+4+2+3+4、3
succinct details	2	4+4+4+8、3、3、2+4
notify	1、3、2	4、6
Chlorinated Alkanes	1+1+8+3+2+15+7、1+1、2+3+15、2	4+4+4+4、2、5、1+3、7+16+7、3
offer for sale	2+2+8、2	7+16+7、16
incidentally present	0	2+3+4+15+4+3、4+3、3+1+3+8+7+4+15+15+15+4、13
Priority Substances List	4+3+4、15+15+4+20+18+24+23、11+19+23+19、16+11+23+23、11+11+1+11、2	3+2+4、2+14、11+8+7+11+12+11+2+3、8、12+12、8、11+11+11+11+7+7+19、11+11+11+7+15
exposure	4+2、23+23+4+16+25	2+4、3+7+4+20+8+20+19+19+19+3、1+25+19+19+4、23+26+24+19+15
mode of induction	3+4+3、3、3+3、11+12+3+15+19+19	11+2+4、3
modes of action	2+3+4	3+7、16、7+25+20、20
weight of evidence	14、8+8+7、1+1	2、7、3、1、8+19、12+7+7
liver tumour	0	11+12
DNA reactive	4、2	1+3+12、7+3+15+3、3+12、3+12+12+8、12+11+11+15+15+7、7+19+4+20+3
protective	2+4+3、4、15	3+8+19+23+23+23+23+7+7
upper-bounding	3、2+7、2	2+4+4、2、3
thyroid tumour	0	7、3
specific tumours	0	7+7

续表

信息需求	表征方式风格	
	常规任务	非常规任务
thyroid-pituitary disruption	3+3+3+3+4+4+8+8、8+4、3+8、3	2+4+3、3+3+3、3+3+3+3+12+4、2+12+4+12+4+3+24+24+4、19、3+12+3+3+4+11+11、3+11+12+4+4+4+4+12+11+11+11+4+3、12
Fisher CS 800 regulator	1+23+23+23+11、7+7	11、11
external registration	2+4+11+3+2+12+26、11+4+4+2+12+11+11+26+4+7+7+6+7、7、12+12+12+12+12+12、12	11+4+12+4+4+2
internal relief	2+4、3、3	7、3+12+11+7+7+7+7+7
vent	7、23+23+23	3+3+8+7
high capacity relief	2+4、11+8+12+3、11+8+7、3+12+7+7	3+8、3+3+8+7+7+7+7
base regulator	2	6+11、12+11
overcome	0	12
pusher post assembly	0	3+12+7+7+7+7+7、2+3+11
valve disk	0	12
w. c.	3	4+4+4+3+8+7、24+15+23+3
stabilizer vent	2+4	1+3+12+4+12+11+7+7+7+7+7
upper spring case	3+4+3	7、8+7+4+8+4+4+4+8+7
prospective	4+11+4、11、11+7	3+3+3
on a non-exclusive basis	16+15+23	8+4+3、11+3+4+8+19+15
hold itself out	4+3+4+4+16、11+11、4+3、4+3+4、15	3、4+15、3+3+3+4+12+11+4
logo	0	3
sourcing	0	2、2
financial promotion	12+7	2+2+16+3、4+8+3+12+11+8、12
anti-bribery	0	2
financial advantage	0	12、1+12+12
reward	0	2
counterparty	1、4+3	3+2+12+4
reversibility	0	3、8+7

　　表 6-37 中的数字代表受试者解决一个信息需求的风格。如数字 3 代表第 3 类风格：源语词项改变+信息资源不变。两个用顿号隔开的数字 3 代表两位受试者的风格都是第 3 类。用加号连起来的数字表示一位受试者对一个信息需求表征方式的改变总和，如非常规任务中的 4+4+2+3+3+4 表明一个搜索时段中受试者在非常规任务中从第 4 类风格开始，再经第 4 类、第 2 类、第 3 类和第 3 类不同风格转变后，最后以第 4 类风格结束，该搜索时段中风格改变频次为 6 次。数字 0 为受试者只使用了一次提问式，没有改变信息需求表征方式的行为。

　　表 6-37 中信息需求表征方式改变频次为 0 的情况均出现在常规任务中，表明解决该信息需求时受试者只搜索了一次，因此没有表征方式改变的频次。这些信息需求是 incidentally present、liver tumour、thyroid tumour、specific tumours、overcome、pusher post assembly、valve disk、logo、sourcing、anti-bribery、financial advantage、reward、reversibility。这类只搜索 1 次没有发生改变的信息需求多由普通词构成。

　　在 26 类信息需求表征方式改变风格中，本实验中的受试者没有使用第 9、10、17、21、22 类风格。所有受试者两类任务中使用最多的均为第 3 类风格，在常规任务中该风格出现 33 次，非常规任务中出现 67 次，受试者使用最多的信息需求表征方式改变风格为不改变信息资源的情况下改变提问式的源语词项。除此之外，受试者较多使用的信息需求改变风格为第 4、2、11、12 类，尤其是第 4、2 类的风格中，受试者在常规和非常规任务中的使用频次分别为 30 次（常规）/54 次（非常规）和 22 次（常规）/23 次（非常规），加上第 3 类使用频次最多的风格，可印证受试者对源语词项的偏好。

　　笔者进一步观察发现，以上使用频次较多的信息需求表征方式改变风格大多在常规任务中出现的频次少于非常规任务——除了第 18 类和第 26 类风格——这一规律几乎适用大部分信息需求表征方式改变，也即非常规任务中，不仅受试者改变提问式的频次更多，使用的信息资源类型更丰富，而且信息需求表征方式改变风格也更为多样。这一结果说明，在信息需求表征较为不明确或受试者对信息资源的熟悉程度不高时，受试者会产生更多样的信息搜索行为，信息需求的风格也更加灵活多样。

（六）讨论

信息搜寻领域中，提问式的使用关乎用户与信息系统交互过程的顺利与否，是研究者评估信息系统、改进信息系统的重要观察窗口，因此提问式是极为重要的研究课题。研究者们以提问式的长度、提问式词项构成以及由此反映的用户搜索策略和搜索质量等为主要的研究对象（Aula，2005；Belkin，Cool，& Kelly，et al.，2003；Smith，2010；Qvarfordt，Golovchinsky，& Dunnigan，et al.，2013；Scholer & Williams，2002）。本研究中译者作为特殊的搜索群体，其在翻译过程中的特殊任务要求决定了搜索提问式的任务特异性。

首先，除了少数主题类信息需求所产生的提问式外，翻译中的提问式长度大多由语言类信息需求驱动，提问式的长度更多依赖源语文本。其次，在信息需求表征方式改变时，受试者通常以缩小提问式长度的方式限定搜索范围。大部分受试者以源语文本词项为首项提问式，只有极少数受试者以译入语的试译词项或译入语+源语文本词项为首项提问式开始搜索。除了受试者 P3、P17 翻译 exposure，P4 翻译 liver tumour，P13 翻译 Fisher CS 800，P10 翻译 vent 时的提问式，其余受试者均以源语词项为首项提问式开始搜索，源语词项为首项提问式的总占比为 98.5%。笔者再行细分，可见 P17 和 P4 的首项提问式为译入语试译词项的情况产生于非常规任务，其余 3 位产生于常规任务，似乎以源语词项为首项提问式没有任务类型的倾向性。

根据已有研究（王育伟，2014），专业译者在搜索时的提问式大多是其对信息需求用译入语思考之后的暂定译文，该行为被研究者称为主动查证，研究还进一步发现专业组受试者的主动查证比例高于半专业组和新手组。不过已有研究中的实验测试文本为普通领域的一般类文本，文本中的专业术语只有 3 条，而本实验的受试文本均为阅读难度为"困难"的专业文本，可能正因如此，受试者在首项提问式的结构上依赖源语文本更多。

受试者在信息需求提问式的结构改变时较为偏爱缩减提问式中源语

文本词项的方法。这种方法在问题解决心理学中被称为弱方法（weak methods），即手段-目标分析法（Robertson，Zhang，et al.，trans，2004）。该方法指问题解决者在遇到较难解决的问题时把一个问题分解为若干个子问题，逐一解决后再行整合答案。在信息搜寻领域中，用户将信息需求切分后逐一解决再行综合的方法被称为搭积木法。在本实验中，这两个视角的问题解决策略为受试者采用最多。受试者在问题解决的初始阶段对信息需求的认识可能较为模糊，因此体现信息需求的完整语言单位构成的提问式不能帮助译者解决问题时，受试者会缩减提问式，将解决问题的目标分解为几个小目标，再行整合。例如翻译 thyroid-pituitary disruption 时，受试者 P16 首次使用源语词项词组 thyroid-pituitary disruption 查询有道词典后，词典释义并没有提供有效信息。随后她将 disruption 删去，重查有道词典，得到"垂体-甲状腺"的译文信息。分别查询有道、百度和谷歌之后，P16 再次缩小上一个提问式，分别以 thyroid、-pituitary、pituitary 为提问式查询有道词典，并最后以译入语甲状腺、垂体为提问式查询搜索引擎和百度百科，最终确认答案。这种弱方法的问题解决方式贯穿受试者的搜索过程，是极为典型的提问式改变行为。

受试者为了缩小源语信息范围，搜索双语信息资源时使用以双引号为主的高级搜索方式。本实验中的受试者使用搜索引擎时，除了广泛使用双引号，也有受试者 P20 使用了图片搜索功能。使用术语库的常规任务受试者在搜索联合国各术语库时，有时会以限定语言组合、限定语料子库等方式缩小搜索范围。但总体而言，止于双引号的高级搜索方式是本研究中职业译者的主要搜索引擎使用方法。本实验中仍有受试者并不熟悉不同搜索引擎的功能。例如必应搜索引擎的搜索提问式没有双引号限定搜索范围的功能，但仍有受试者 P20 如此使用。译者 P14 在提问式中还以 a+b 的提问式结构形式不恰当地使用搜索引擎，表明即使职业译者有丰富的翻译和网络资源使用经验，其搜索技能仍有待提高。

以上检验结果表明，受试者在非常规任务中的信息需求表征方式改变频次显著增多，信息需求表征方式改变风格的分析也印证了这一结果，且受试者在非常规任务中的信息需求表征方式改变风格更为丰富多样，源语词项在提问式构成中普遍存在。换言之，假设 3 对于受试者信息需求表征方式的改变检验结果可以综合表述为：受试者在非常规任务中显著增加提问式的改变频次、源语文本词项和译入语试译词项的频次，信息需求表征方式改变风格更为多样，且受试者的提问式词项更偏向源语词项，其高级搜索行为也显著增多。

第四节 搜索时长的两个相关性分析

一 搜索时长与任务类型的相关性分析

搜索是翻译过程中的重要一环，搜索时长反映译者对外部信息资源的依赖程度。为了发现搜索时长在不同任务类型中的变化，笔者首先以搜索为视角将翻译过程切分，转写视频并计算搜索时长。以往翻译过程研究中，研究者通常将翻译过程分成三个阶段，例如雅克布森（Jakobsen，2002）的准备（orientation）、初译（drafting）、修改（revision）阶段分类，或者英格朗德-迪米特洛娃（Englund Dimitrova，2005）所划分的计划（planning）、文本产出（text generation）、修改等方式。本研究根据研究目的，且限于实验工具 BB FlashBack 的主要功能，没有按照以上方式分类，而是以搜索为界，将翻译过程分为搜索前和搜索后的源语/译入语文本停留时段、搜索时段两大部分（见图 6-6）。

在此笔者强调，本研究中总搜索时长被定义为一个搜索时段（search session）中受试者耗费的时间长度。信息搜寻领域中研究者通常以搜索者的 IP 地址、网络跟踪器（cookie）和时序边界（temporal boundary）为主要指标确定搜索者与服务器的交互时段。不过，其研究视角和目的与本研究不同，且以上指标也不能完全界定静态的人机互动过程。因此，笔者借鉴恩里克斯-拉迪奥（Enríquez Raído，2011a）对信息搜寻和翻译过程的理解角度以及对搜索时段的界定方式，将搜索时段定义为译者为解决一个信息需

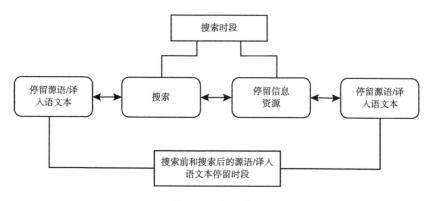

图 6-6　翻译过程

求与信息系统互动的全部时段。一个搜索时段包括受试者从其他窗口转向搜索引擎或词典等的搜索窗口开始，到进入搜索页面，在搜索框发起提问式，并随后阅读搜索结果页或点击结果页某个链接内容并阅读的整个搜索过程。因此，总搜索时长包括搜索+停留网页资源+点击结果页链接的所有时间总和。

　　以搜索为分界，翻译过程可分为搜索时段和理解源语文本、产出译入语文本或修改的时段，其中搜索时段又可分为搜索（包括点击结果页链接、点击后退或前进键)[①]和网络信息资源的停留时段，包括已点击的下一层链接网页停留时间，也包括在结果页点击链接或点击搜索结果首页、下一页的时间，即总搜索时段是译者利用搜索工具与信息资源交互，阅读信息资源、获取知识或改变知识状态行为的时段。但需强调，这种分段方式简单的线性描述，只为本研究服务，不能反映翻译过程的线性过程与非线性过程交织的全貌。例如，停留源语文本的过程常与停留译入语文本的过程交织，且初译和修改过程也总是交叉出现，但因实验工具所限，在此笔者

----

① 恩里克斯-拉迪奥（Enríquez Raído, 2011a）将翻译过程中的搜索与窗口转换两个行为分开，但本研究并未做如此处理，因为笔者考虑到受试者作为熟练使用快捷键等基本计算机技能的职业译者，在使用双屏翻译时该转换窗口的动作即使使用录屏软件也无法明确捕捉，且转换窗口也是译者与网络信息资源互动过程的一个环节，因此笔者将键入提问式的搜索行为与转换窗口的行为合并，均视为搜索时段中的搜索行为。

不做细分。笔者将这些交互出现的活动以时间轴线和窗口转换为主要标准转写视频数据，并对各领域的平均翻译时长进行统计整理，做成时长图（见图 6-7）。

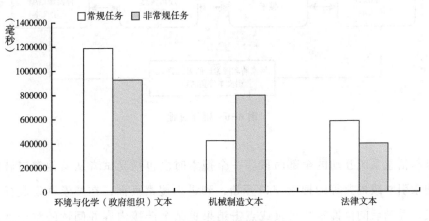

图 6-7 2类任务中的翻译时长

图 6-7 显示，受试者在环境与化学（政府组织）文本和法律文本常规任务翻译中的平均翻译时长长于非常规任务的翻译时长，但机械制造文本未显现同样的规律，这一结果令人意外。翻译时长是译者对翻译任务付出努力的表现之一，虽然单位时间内的翻译任务完成时间越短，同时译文质量越高，表明职业译者的翻译能力越高，但在真实的翻译情景中，翻译时长与译文质量之间的关系尚未有深入的研究。已有研究仅表明翻译准备阶段的耗时更长并不能保证翻译质量更高（Hansen，2002，转引自 Tirkkonen-Condit，2005）；而在译者和双语教师两组受试者中，前者的翻译时长与译文质量呈正相关（Hurtado Albir，2017）。为丰富以上研究结论，本研究首先对总翻译时长与译文质量进行了检验。

笔者在统计行业专家和高级译审的译文综合得分后，比较了两个任务类型中各译者的得分。受试者得分为 72.3 ~ 92.9 分，平均得分为 87.53 分，从译文平均得分绝对值上来说，即使在较为陌生专业领域的文本翻译任务中，职业译者的译文质量也能达至可被接受的良好水准。SPSS 25.0

的斯皮尔曼相关性检验结果显示（见表6-38），总翻译时长与译文得分无关（P = 0.406>0.05），PACTE（Hurtado Albir，2017）对职业译者和双语教师的研究结论——译者翻译时长与译文质量具有正相关性无法推及本实验。

表 6-38　总翻译时长与译文得分的相关性检验

			总翻译时长	译文得分
斯皮尔曼 Rho	总翻译时长	相关系数	1.000	-0.145
		Sig.（双尾）	0.000	0.406
		N	35	35
	译文得分	相关系数	-0.145	1.000
		Sig.（双尾）	0.406	0.000
		N	35	35

（一）假设4.1的提出

根据已有对翻译过程的研究，翻译过程中译者在某个阶段付出的认知努力受到该阶段活动目的和任务复杂性的影响。例如在卡尔等研究者的实验中，译者为翻译之目的阅读源语文本的时间比为理解之目的阅读文本的时间长近5倍（Carl, Jakobsen, & Jensen, 2008），且眼动仪测量结果显示译者对译入语文本的注视时间也比对源语文本的注视时间更长。越复杂的翻译任务中译者的认知负荷越大，耗费的翻译时间越多。在另一项研究中（Hvelplund & Dragsted, 2018），研究者们探察了译者对文体的熟悉度（其实验中以文学文本和专业文本为文体分类方式）对翻译耗时的影响。熟悉文学文本翻译的译者在较不熟悉的专业文本初译阶段（drafting phase）的注视时间显著增长，熟悉专业文本翻译的译者在文学文本翻译时的表现呈现同样的规律。该结果说明翻译较为不熟悉文体的文本时译者会付出更多的认知加工努力，因为译者无法沿用已有的翻译问题解决方案解决问题，而是需要"在更大的命题网中建构和整合相对更多的命题"（Hvelplund & Dragsted, 2018）。在对学生译者的研究中，恩里克斯-拉迪奥（Enríquez

Raído，2011a）也发现，学生译者在源语文本难度升高后，搜索时间均有所增加。

基于以上成果，本研究推测做常规任务的职业译者在多年翻译经验和刻意练习的加持下，能够轻松地处理该任务中经常遇到的类似问题，且解决翻译问题的成功率更高；而非常规任务中，受试者较难提取长期记忆中合适的相关知识来解决信息需求，且这类信息需求的数量较常规任务更多，为了卸载或转移阅读源语文本和翻译的认知负荷，受试者以搜索行为来寻求外部信息资源提供的帮助。

本实验中的测试文本为阅读难度相当的 3 个领域的专业文本，3 个文本在文体风格上均呈现文体规范性强、术语惯用语多、专业领域知识诉求更多的特点。作为各自常规任务中的职业译者，受试者均熟悉搜索工具的使用，并已形成针对该领域的特定搜索技巧，且更为了解该专业领域可获得的信息资源，因此影响受试者搜索行为的因素可能是测试文本涉及的相关知识是否能够和在多大程度上与受试者的先备知识匹配。若受试者长期记忆中的先备知识无法使其顺利利用内部资源进行语言转换，受试者就会产生信息需求。受试者转而寻求外部信息资源帮助时，这些信息需求的复杂性和难度可能会使受试者付出更多的努力，因此受试者可能会使用更多的信息资源，停留信息资源的时间更长，则其平均搜索时长比常规任务中的受试者更长。由此，本研究提出假设 4.1：在非常规任务中受试者的搜索时长比在常规任务中显著增加。

（二）假设4.1的检验

经 SPSS 25.0 的斯皮尔曼相关性检验，两类任务中受试者为解决每个信息需求的总搜索时长在整个翻译时长中的占比没有显著差异（P = 0.328 > 0.05），表明职业译者在对专业领域文本熟悉度不同的情况下，其总搜索时长并没有明显一致地发生同方向变化。不过，若将总搜索时段中的搜索时段，即受试者在搜索框键入提问式与信息资源交互的行为时段作为分析对象，则会显示出规律性的差异（见表6-39）。

表 6-39　搜索时长与任务类型的相关性检验

斯皮尔曼 Rho			任务类型	搜索时长
	任务类型	相关系数	1.000	-0.125**
		Sig.（双尾）	0.000	0.002
		N	613	613
	搜索时长	相关系数	-0.125**	1.000
		Sig.（双尾）	0.002	0.000
		N	613	613

注：** 表示在 0.01 级别（双尾）相关性显著。

经 SPSS 25.0 检验，搜索时长和任务类型相关，具有统计学意义上的显著性（P=0.002<0.05），且相关系数为负值，表明受试者在非常规任务中的搜索时长比常规任务中显著减少，假设 4.1 被拒绝。本章第三节中的假设 3 结果显示，受试者在非常规任务中的信息需求表征方式改变频次显著增加，结合两个假设的检验结果可知，受试者在单位时间内为解决信息需求的搜索强度增大。

在翻译的搜索子任务中，受试者翻译较陌生文本的搜索耗时不增反降，促使笔者继续探究受试者在源语文本阅读理解和翻译活动的努力程度是否有规律性变化。若受试者在非常规任务中也显著减少源语/译入语文本的停留时间，则表明任务熟悉度的降低也会增加其内部认知资源的调取。为了验证这一推测是否正确，笔者做了受试者停留源语/译入语文本的时长与任务类型的相关性检验（见表 6-40）。

表 6-40　停留源语/译入语文本时长和任务类型的相关性检验

斯皮尔曼 Rho			任务类型	停留源语/译入语文本时长
	任务类型	相关系数	1.000	-0.117**
		Sig.（双尾）	0	0.004
		N	615	615

			任务类型	停留源语/译入语文本时长
斯皮尔曼 Rho	停留源语/译入语文本时长	相关系数	−0.117**	1.000
		Sig.（双尾）	0.004	0
		N	615	615

注：** 表示在 0.01 级别（双尾）相关性显著。

检验结果显示，受试者在非常规任务中停留源语/译入语文本的时长也显著减少（P = 0.004 < 0.05）。但再检验受试者停留信息资源的时长后，结果显示该变量与任务类型无关，P 值大于 0.05（P = 0.094）。两个检验表明受试者确实在非常规任务中增加了对内部资源的调取并加快了翻译速度。结合单位信息需求解决所耗费搜索时长的相关检验可以看出，非常规任务中受试者显著加快了搜索速度，也显著减少了停留源语/译入语文本的时间。

（三）结果分析和讨论

在对总翻译时长的统计中，3 个专业领域中 2 个领域文本的常规翻译任务的翻译时长均长于非常规任务。受试者给予更熟悉专业领域的文本更多的翻译时间，这一表现值得在此详细分析。笔者推测影响翻译时长的因素较多，可能会从不同方向对其产生影响，从而使得翻译时长不能与译文质量形成简单线性关系。

从翻译中译者对翻译问题的数量和问题敏感性的认识而言，不同翻译水平的译者发现的翻译问题数量和对问题解决付出的努力不同。已有翻译问题研究的矛盾结论可提供佐证。雅斯科莱宁（Jääskeläinen, 2002）根据职业译者与非职业译者对问题的敏感性差异，推断职业译者在非常规任务中付出更多的认知加工努力，耗费更多的时间。同样，恩里克斯-拉迪奥的研究中（Enríquez Raído, 2011a），受试者在源语文本难度更高时，其翻译时长均比较为容易的文本翻译耗时更长。然而，本研究的部分结果却与维普伦等（Hvelplund & Dragsted，2018）的研究结果一致。该研究中受试者翻译熟悉文体文本的平均速度比翻译较陌生文体文本的速度更慢。研究者们推断，造成该结果的原因可能是译者在熟悉文体的文本翻译时，对文体相关的翻译问题更为敏感，从而付出更多的努力解决翻译问题，导致翻译耗时增加。而译者翻译较陌生的文体文本时的问题意识不强，不足以提醒译者意识到某类或某些问题的重要性，从而忽略了某些翻译问题，则其翻译耗时不长。

对问题意识和问题数量影响因素的差异化认识在其他研究中也有侧面印证（Börsch，1986；Jensen，1999；Jakobsen，2003；Rothe-Neves，2003）。早期的研究者指出职业译者的信息加工高度自动化（Börsch，1986），因此他们在翻译过程中只会遇到数量很少的问题，因为大多数翻译决策是在潜意识中进行的。詹森（Jensen，1999）在其时间压力对翻译过程影响的研究中也观察到职业译者处理翻译问题的活动较半职业译者和非职业译者少的现象。此外，在雅克布森的一项研究中，职业译者的翻译速度并没有比半职业译者显著加快，似乎翻译速度与翻译能力不是简单的线性关系（Jakobsen，2003）。罗特-内维斯的研究也发现职业译者比双语学生能够意识到更多翻译问题，他们花费更多的时间和精力来解决问题（Rothe-Neves，2003）。以上不同的研究结论揭示了翻译问题的敏感性与译者的自我认识和自我监控能力存在某种关系，而其背后可能又与译者的翻译能力相关——蒂尔科宁-康迪特强调这种监控能力和自我认识是译者专长（expertise）的重要体现（Tirkkonen-Condit，2005）。问题意识似可解释本研究中 2 个领域的翻译中受试者在常规任务平均翻译时长比非常规任务更长的现象。

笔者从本实验中受试者均为职业译者出发，从翻译能力发展的角度进一步推测，翻译耗时也许与如何准确描述和定义职业译者和其翻译能力有关。本研究中的受试者虽均为职业译者，但他们的职业经验、学习背景不一，翻译实践量和接触文本涉及的专业领域因人而异，在其职业发展过程中翻译能力的发展轨迹也不同，形成了各自特有的翻译和搜索知识与行为习惯，因而问题求解过程中做决策的时间也许并不会在一个方向上趋同变化，在本实验中有不同的翻译时长表现。

切斯特曼（Chesterman，2012b）借用德雷福斯技能获得模型，描述和解释了译者能力发展的五个阶段：新手阶段（novice）、高级初学者阶段（advanced beginner）、能力阶段（competence）、熟练阶段（proficiency）和专家阶段（expertise）。切斯特曼描述专家阶段中译者的特征为决策时直觉（intuition）多于的意识阶段，例如司机可以达到人车合一的情形。在这一阶段，译者不是解决问题，而是对直觉的思辨，是无须分析的反理性阶段（Chesterman，2012b）。专家阶段所描述的是具有极高翻译能力的专家译者，而本实验中只有 1 名受试者翻译年限达到 10 年，其余译者翻译经验均为 5 年或 5 年以下，可能还未达到切斯特曼所称的专家阶段，因此本实验中受试者在翻译决策时还遵循了某些客观规则，处于基于个人的翻译经验进行整体的独立判断阶段。以这种翻译能力发展阶段的观点再看翻译问题数量与问题求解的速度，似乎可以如此解释本研究的实验结果：受试者在所处的翻译能力阶段虽能熟练解决翻译问题，但还不能完全达到自动化的程度，这导致本研究中 2 个领域的常规任务翻译时长比非常规任务更长。在本研究中所选受试者的翻译能力水平上，环境与化学（政府组织）文本和法律文本的常规任务中平均翻译时长均长于非常规任务，这可能与该翻译水平职业译者的问题敏感性和译者的能力水平阶段有关。

本研究中机械制造文本的常规翻译任务耗时与其他两个领域的表现不同，似也显示除了译者翻译能力所体现的问题监控能力，还有其他因素共同影响着翻译问题的解决。何雯婷（2014）从源语文本结构的角度研究了译者经验与文本处理的速度关系，这是可以解释翻译时长的其中一个原因。笔者推测可能还有其他原因。第一，本研究的机械制造文本以扫描版 PDF 格式发放，职业译者在转换 PDF 格式为 WORD 时稍有困难，因此大部分受试者没有转换格式，而 PDF 文件中选取的待译文本被图片分割为两页，导致一些受试者未仔细阅读实验须知和邮件通知，未能完整翻译，从而减少了受试者的人数。在计算总翻译时长时，非常规任务中的受试者降至 2 名，其翻译时长均数受到译者人数的很大影响。第二，也许机械制造文本体现的风格、文本规范和专业性与其他两个领域的文本有所差异，使得受试者增加了非常规翻译任务的时长。例如，若受试者较常接触的文本除了其经常完成的翻译任务外，机械制造文本是他们几乎不太可能遇到的专业领域，那么受试者对该文本的难度预测（perceived difficulty）会提高，于是增加了翻译耗时。不论如何，翻译时长在两类任务中的表现需在此谨慎解读，待更严格的实验控制后得到的结论才更为精确。

　　笔者的第四个发现为，受试者在非常规任务中为解决每个信息需求所耗费的搜索时长以及停留在源语/译入语文本的时间显著减少，表明受试者在非常规任务中的搜索强度和翻译强度均有所加大。结合本研究中的假设 3，可以如此描述检验结论：受试者在非常规任务中的搜索时间显著减少，信息需求表征方式改变频次显著增多，停留在源语和译入语文本的时间更短。该结论说明受试者在应对文本专业领域熟悉度较低的 L1 翻译任务时不会向外寻求更多信息资源的帮助，而是通过更短的搜索时间、更高频次地改变信息需求、更快的源语文本阅读和翻译/修订速度来补偿较低文本熟悉度带来的知识相对缺乏状况。该综合结果也反映了职业译者在非常规任务中更多调取内部知识资源的努力程度加强。职业译者在熟悉度更低的专业文本翻译任务中反而倾向于更多地使用内部资源解决问题，而不是向外寻找答案，这一结果可能至少与受试者对信息资源的不熟悉有关。因为信息资源的可得性是影响搜索过程的重要因素，信息资源的不易得性，可能迫使受试者更多地使用先备知识来对翻译问题解决进行决策判断，该问题也值得另行探讨。

　　以上对翻译时长和搜索时长的实验结果启发笔者思考以下问题。笔者推测常规任务中受试者的搜索时间和源语/译入语文本停留时间均比非常规任务中长的原因可能与受试者的翻译能力有关。即使职业译者达到一定的翻译水平，可以胜任大部分翻译任务，但其能力水平也仍在每一项翻译任务完成中发展完善。由此，如何描述职业译者的翻译水平等级？翻译能力的层级表现是否可以量化或至少使用明确的指标描述？如果可以，怎样量化？若能量化，职业译者的翻译能力达至什么水平之上，翻译速度会呈现规律性加快或减慢的表现？一些国家已在翻译标准或资格考试中基于不同考察目标描述了翻译能力等级（Skills CFA，2007；NATTI，2016；CATTI，2017；CTTIC，2005），不过这些标准大多仅作为职业译者进入市场的准入门槛参考或标准。

PACTE（2018）研究小组长期致力于翻译能力分析和翻译教育研究，在 2018 年发表了从翻译教育迈向翻译市场的能力水平等级描述的研究成果。他们在 EMT 翻译能力框架、澳大利亚翻译资格考试（NATTI）、英国翻译职业国家标准（UK's National Occupational Standards in Translation）的基础上，发挥其翻译能力习得研究优势，对译者的能力水平指标进行了描述。研究小组基于已有研究中对职业译者、语言教师和学生译者收集的数据，整合并分析了问卷调查等其他研究工具收集的数据，最终形成了翻译能力的三级框架描述指标体系，每个等级再分两个子等级（PACTE，2018）。其中第一等级为前职业译者水平，第二等级为普通职业译者水平，第三等级为专业类职业译者水平。第三等级的专业类职业译者通常至少能够处理一个专业领域的文本，例如法律领域、经济金融领域、技术领域、文学领域等。虽然 PACTE 研究小组表示该水平的描述指标还不够成熟，但其研究对翻译能力和习得的规律探索已经为后续的研究提供了有益的启示。描述翻译能力是译者评价指标体系有效构建的重要一环，必然会对翻译职业产生有益的影响，值得研究者一再探索。在本研究中笔者提出翻译能力水平描述指标，只为抛砖引玉，以供后续研究证明。

本研究第三章曾概述研究者们对译者能力和专长的探讨与研究。笔者倾向于将专长视为相对概念所表现的特征的观点，即专长是优秀译者稳定地产出高质量译文的表现。但根据一些研究发现（Ivanova，2000；Sunnari & Hild，2010），具有翻译专长特征的职业口译员也并非总能胜任所有类型的任务：有些译者经验丰富，在常规型任务上表现优秀，而在较为陌生领域文本的翻译任务中质量有所下降；但也有译者在非常规专业领域也能表现出灵活解决问题的调节性特征，依然能胜任熟悉度不高的专业文本翻译任务。

　　为了验证这两类译者的专长表现是否能在本研究中有所印证，笔者检验了受试者翻译质量与任务类型的关系，SPSS 25.0斯皮尔曼相关性检验的结果显示在常规任务和非常规任务中受试者的译文总分并没有显著差异（P＝0.153>0.05），表明本研究中的受试者的译文质量与任务类型没有显著的线性关系。

　　但由图6-8可知，76.92%的受试者在非常规任务中的译文质量低于常规任务。在该考量水平上非常规任务的得分较低，与翻译行业职业译者较早固定翻译领域的做法部分吻合。职业翻译行业要求译者快速地完成翻译任务并保证译文质量；译者固定专业领域也是翻译项目主管分配翻译任务的重要标准之一。以本实验中选取的某家大型翻译企业为例。该公司成立时间较长，已形成成熟固定的翻译专业领域团队，将不同语种和领域的译者分成不同部门，减少译者在不同专业领域中的流动。本研究的检验结果从译文质量的维度证实了这种行业做法的可行性。

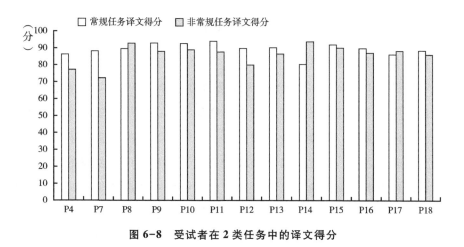

图6-8　受试者在2类任务中的译文得分

　　不过，如前所述，2个专业领域的常规任务总翻译时长均比非常规任务长的研究结果却在某种程度上指出译者定岗的潜在问题。因为职业翻译公司当然希望译者不但能高质量完成翻译任务，还能够在最短的时间内交付，本研究结论只印证了前半部分要求的现实理据，而翻译时长与译文质量的关系还需要再行探究。值得注意的是，有3位受试者（P8、P14、P17）在非常规任务中的译文得分反而高于常规任务，似乎说明3位受试者的翻译能力具有灵活协调的特征，可称为能胜任不止一个专业领域翻译任务的译者（adaptive translator），这类译者区别于只能胜任熟悉领域翻译任务的常规译者，是可以被进一步研究的群体。

综上，假设4.1在非常规任务中受试者会增加搜索时长的观点被拒绝。受试者在非常规任务中显著缩短了搜索时长和停留源语/译入语文本的时长，加之单位时间内增加了信息需求表征方式的改变频次，受试者的搜索强度在该任务中有所加强，且他们加快了翻译速度，表明在不熟悉的非常规翻译任务中，受试者将更多地调取内部资源作为主要翻译策略。研究还发现，受试者在2个专业领域中的总翻译时长均比常规任务长。大多受试者在常规领域中的译文质量更高，但也有译者在非常规任务中有更好的表现。

二　搜索时长与信息需求解决正确率的检验和分析

（一）假设4.2的提出

在假设4.1的检验和分析中，笔者发现在翻译任务交付时间要求很高的行业内的职业译者耗费的翻译时间与译文质量无关。虽则总翻译时长不能用来预测译文质量，但搜索所耗费的时长是译者为解决信息需求所付出努力的重要表征之一，在此笔者将继续探究搜索时长与译文质量的关系。从搜索和信息需求解决的角度来看，翻译过程中搜索的启动与受试者的内在信息需求有关，而信息需求反映受试者长期记忆中的先备知识无法满足翻译文本的要求，从而转向求助外部资源的状况。关于译者对内、外部支持资源的需求情况，PACTE等（PACTE，2005；Zheng，2014；Olalla-Soler，2018；Kuznik & Olalla-Soler，2018）已进行了系列研究，并得出初步结论。

PACTE（2005）根据受试者所需的认知资源划分了五类资源使用方式：仅内部支持，内部支持为主、外部支持为辅，内、外部支持平衡，外部支持为主、内部支持为辅，仅外部支持。其中，仅内部支持是指译者在问题解决过程中只使用了内部资源，没有任何外部查询的行为；仅外部支持是译者查询双语词典并采纳词典的释义作为译文。研究小组基于五类资源使用方式对译文质量和认知资源类型的关系进行研究，发现大多数可被接受的问题解决方案（acceptable solutions）是受试者结合内、外部资源后的结果，而仅使用内部或仅使用外部资源的双语教师的译文大多质量不高；以外部支持为主的方式更多地出现在译者群体中，且该类方式通常与更高的译文质量有关。不过，从译者和双语教师整体来看，更高质量的译文通常由内、外部资源相结合的三种方式产生。该研究结果揭示了译者和非译者群体使用内、外部资源的不同方式方法和特征。

郑冰寒的研究结果比 PACTE 更进一步，他从译者做决策的角度，将受试者的内、外部支持分为仅外部支持、外部支持为主、内部支持为主和搁置翻译问题四类。其研究结果与 PACTE 的研究类似：相比半职业译者和新手译者而言，职业译者做决策时对内、外部资源的结合使用更为常见。不过，郑冰寒还发现职业译者更多的决策使用了以内部支持为主、外部支持为辅的方式（Zheng，2014）。

PACTE 在对工具能力的实验中发现，在直接翻译时双语教师和译者为解决翻译要点耗费的搜索时间较为同质化，没有显著差异。不过，一些译文质量较低的译者为解决翻译要点的搜索时间更长。在逆向翻译时两组受试者，特别是译者组的搜索时间越长，翻译要点的解决正确率越高（Hurtado Albir，2017）。该研究发现说明搜索时长与翻译要点解决正确率的关系会受到语言方向的影响。在直接翻译时，译者组中搜索时长和翻译要点解决正确率的关系也有相反倾向。PACTE 对译者工具能力习得的最新研究中对不同语言方向、不同年级的学生译者和不同语言方向的职业译者的工具使用相关指标进行了对比（Kuznik & Olalla-Soler，2018）。研究发现在译入本族语的直接翻译中，职业译者的搜索时间越长，翻译要点的正确解决率越低；但四年级学生译者的群体中没有呈现这种差异。在译入L2 的逆向翻译中，职业译者的搜索时间越长，翻译要点的正确解决率越高；学生译者的表现依然没有显示搜索时间和正确解决率之间的线性关系。抛开语言方向的研究，该研究对直接翻译过程中的发现揭示了译者使用外部资源时搜索时长和译文质量的关系。类似的发现在奥拉拉－索勒（Olalla-Soler，2018）的研究中也有体现。她在对德西文化翻译问题的解决与搜索关系的研究中，考察了文化翻译问题解决正确率与搜索时长的关系。该研究发现职业译者使用更多的内部资源解决文化翻译问题时，其问题解决正确率越高。

以上研究成果揭示了职业译者在 L1 翻译时搜索时长与译文质量的关系，不过有些研究数据基于受试者口头报告数据（Zheng，2014），或是比较职业译者与学生译者的表现（Kuznik & Olalla-Soler，2018），或限于文化翻译问题的特殊视角（Olalla-Soler，2018），其结论仍需职业译者翻译专业文本任务视角的实证数据支持。基于以上研究成果，本研究推测职业译者无论是在常规任务还是非常规任务中，其解决信息需求的决策仍由内部资源做重要支持；即使受试者使用外部资源，他们是否采纳网络信息资源的决策仍需要内部资源的帮助。当受试者过度依赖外部支持时，可能表明其内部资源较为匮乏，内部资源无法有效支持信息需求解决决策，其信息需求解决的正确率会有所下降。因此，本研究提出假设 4.2：不论任务类型，受试者为解决每个信息需求的搜索时长越短，信息需求解决的正确率越高。

（二）假设4.2的检验

本研究中译文总得分与信息需求解决正确率评分方法在第四章中已详细描述。在对译文质量进行总体打分时，笔者以职业译者的工作要求和译文质量的要求为基础，将打分主体分为两部分。一部分为行业专家，其打分占总分的比例为30%，这些专家为各自领域中掌握专业领域知识的行家。他们对译文体现的专业性，术语和惯用语表述的正确性等进行整体评价，其身份类似客户。另一部分打分主体为高级译审，三位译审均为熟练掌握双语、母语为译入语的译审，他们对照源语文本对译文打分，并表明扣分原因和扣分项分数。为保证译文打分的可靠性，在信息需求正确解决评分的环节，笔者再请一位具有 40 多年翻译和译审经验的高级译审对信息需求的得分进行纠查，最后形成信息需求解决正确率的 3 个得分档，即正确解决信息需求的得分为 2 分，部分正确为 1 分，错误为 0 分。"部分正确"的得分档标准出于以下考虑：某些译文答案并非源语意义传达错误，但其表述在该专业领域中不太常见或不太确切，该答案不影响对整体文本的理解。打分统计之后，笔者用 SPSS 25.0 对搜索时长和信息需求解决正确率进行了检验，其结果如表 6-41 所示。

表 6-41 搜索时长和信息需求解决正确率的相关性检验

			搜索时长	信息需求解决正确率
斯皮尔曼 Rho	搜索时长	相关系数	1.000	−0.088*
		Sig.（双尾）	0.000	0.045
		N	521	521
	信息需求解决正确率	相关系数	−0.088*	1.000
		Sig.（双尾）	0.045	0.000
		N	521	521

注：*表示在 0.05 级别（双尾）相关性显著。

表 6-41 检验结果中相关系数为负值，随着搜索时间的增长，信息需求解决正确率越低（$P = 0.045 < 0.05$）。该结论表明受试者耗费的搜索时间越多，利用内部认知资源的时间越少，此时信息需求解决的正确率越低。假设 4.2 被接受。

由于总搜索时段包括搜索时段和受试者停留网页资源的时长，且停留网页资源的时长在一定程度上反映受试者阅读网络信息资源付出的努力程度，为此，笔者推测受试者对网络信息资源阅读投入的努力，对新知识获取的努力，可能会对信息需求解决正确率产生影响。为了检验该推测的正确性，笔者对受试者停留网页资源的时长与信息需求解决正确率进行了相关性检验（见表 6-42），以发现译者对外部支持中网页资源的依赖程度与信息需求解决正确率的关系。

表 6-42 停留网页资源的时长与信息需求解决正确率的相关性检验

			停留网页资源的时长	信息需求解决正确率
斯皮尔曼 Rho	停留网页资源的时长	相关系数	1.000	-0.110*
		Sig.（双尾）	0.000	0.012
		N	521	521
	信息需求解决正确率	相关系数	-0.110*	1.000
		Sig.（双尾）	0.012	0.000
		N	521	521

注：* 表示在 0.05 级别（双尾）相关性显著。

该检验结果中相关系数为负值（P = 0.012<0.05），表明搜索活动中受试者停留在外部信息资源的时间越短，对信息资源的依赖越小，信息需求解决的得分越高。结合搜索时长与信息需求解决正确率的检验结果，两个结果均印证了职业译者利用内部资源解决翻译问题的正确率更高的重要特征。

（三）搜索效率的分析

搜索时长与信息需求解决正确率的负相关性似乎可以从一个侧面说明翻译能力中搜索能力所居的辅助地位。该结论与郑冰寒等（Zheng，2014；Kuznik & Olalla-Soler，2018；Olalla-Soler，2018）的发现相吻合。在郑冰寒的研究中，四类翻译决策中"内部支持为主"和"搁置翻译问题"两个决策占比为 43.46%，至少在某种程度上表明在其实验条件下译者对外部资源的使用有限。

众多研究者在翻译能力的要素构成研究中虽然提出不同的翻译能力模型（Hurtado Albir，2017；Göpferich，2009；Neubert，2012；EMT Expert Group，2009，2017），但研究者们较为一致的观点为翻译能力以双语转换能力或策略能力为核心要素。其他子能力均为可被调动、协调的能力。搜索在其中是结合计算机和网络工具、技术、网络信息资源，

依靠译者内部认知资源做决策的子能力。译者正确的翻译决策似乎更需
其内部资源的支持与作用。本假设被接受的结果证明搜索行为虽然可以
帮助译者利用外部信息资源中的知识内容补偿内部资源的不足，但译者
若过多地将精力投入搜索活动中反而使信息需求解决正确率降低，从另
一个角度而言，这也可能与译者内部资源不足以帮助其判断外部网络资
源的正确性有关。

　　受试者为解决每个信息需求的搜索时长和停留网页资源的时长均与信
息需求解决正确率呈负相关的关系，二者均指向搜索效率（search
efficiency）这一概念。笔者在此提出的这一概念类似郑冰寒（Zheng，
2014）文中所指的查询效率（consultation efficiency）。虽然郑冰寒使用了另
一位研究者（Wakabayashi，2003）的查询效率概念，但前者并未明确定
义，后者的研究中也只指查询词典的效率。在本研究中搜索效率指受试者
为解决单个信息需求寻求信息资源帮助，并能正确解决信息需求所耗费的
搜索时长。受试者的搜索时长越短，且解决信息需求的正确率越高，标志
着搜索效率越高。在计算受试者的搜索效率后，笔者做出搜索效率在本实
验中的散点图（见图6-9），以描述受试者在两类任务中的搜索效率数据
分布情况。

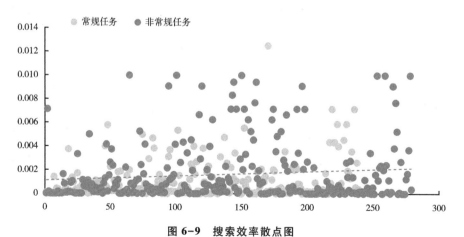

图6-9　搜索效率散点图

由图 6-9 可知,搜索效率数据在两类任务中的分布没有任务类型趋向所影响的一致性。总体而言,常规任务中的数据较为集中,但在非常规任务中的数据显示出较大的离散性。笔者对搜索效率和信息需求解决正确率进行了相关性检验(见表 6-43),结果显示二者没有线性关系($P = 0.723 > 0.05$)。

表 6-43　搜索效率与信息需求解决正确率的相关性检验

			信息需求解决正确率	搜索效率
斯皮尔曼 Rho	信息需求解决正确率	相关系数	1.000	0.016
		Sig.(双尾)	0.000	0.723
		N	518	518
	搜索效率	相关系数	0.016	1.000
		Sig.(双尾)	0.723	0.000
		N	518	518

搜索效率既反映译者是否能在特定翻译任务中高效、高质量完成任务,又反映译者内、外部信息资源的交互印证及其对翻译的决策效率。该检验结果没有发现搜索效率与信息需求解决正确率的相关性,笔者推测产生以上结果的原因可能涉及译者的搜索经验、信息需求的本质属性或网络速度等相关因素。

首先,虽然受试者熟悉常规任务中文本涉及的相关知识,也了解该专业领域知识可能获取的信息资源,但由于受试者的搜索能力有待提高,其键入的搜索提问式不能很快调取信息资源的反馈信息,或者其对信息资源的熟悉程度尚不高,从而影响搜索效率。例如受试者 P1 在常规任务中耗费的搜索时间比其他常规任务译者长。她在实验后的回溯访谈中表示其搜索时遇到的最大难题是不知从何处找到有用的信息资源,该描述至少反映了译者对信息资源熟悉程度对翻译效率的影响。

其次,有些信息需求对应的译入语表达较难从信息资源中提取,也会导致该类信息需求在两类任务中的解决路径较为曲折;或者因文本涉及的内容，特别是双语内容在网络信息资源中不够丰富，获取的途径较不容易，使得受试者在这类信息需求求解过程中即使发起多次搜索也无法找到明确的答案。

最后，搜索是人机互动的过程，计算机和信息系统的响应速度也会影响搜索效率。正如本研究第一个假设推测的那样，涉及搜索频次和搜索效率的相关因素都无法避免计算机、相关机辅软件技术或网络技术所带来的影响。

（四）搜索效率离群值的分析

与搜索频次的数据类似，在搜索效率的数据中也出现较多的离群值，因此下文中笔者具体描述和分析整体搜索效率中离群值体现的数据特点。

经 SPSS 25.0 的箱图检验（见图 6-10），搜索效率的离群值主要为带圈或星号显示的数据。从箱图中可见，搜索效率数据中多达 27 个可疑离群值偏离其他数据的距离较大。由于离群值在搜索效率数据中可能包含极值的情况，笔者决定不剔除离群值，而是采用追加分析的方法。根据拉伊达准则，大于和小于 Z 值的数据为 13 个（所有离群值均为大于 Z 值的数据），其所体现的信息需求经总结整理如表 6-44 所示。

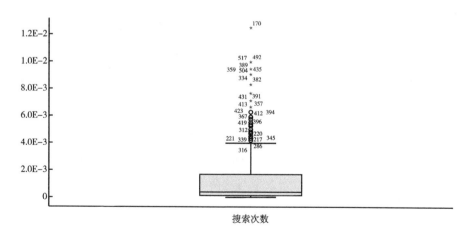

图 6-10　搜索效率数据箱图

表6-44　搜索效率离群值所对应的信息需求

编号	信息需求	（常规任务）译者	（非常规任务）译者
1	overpressure	P12	
2	incidentally present		P15
3	exposure		P15
4	mode of induction		P8
5	summary accounts		P15
6	liver tumor		P8、P10
7	reversibility		P10
8	kidney tumor		P17
9	thyroid tumour		P15
10	with the intention of		P12
11	communication		P13
12	without prejudice to		P12
13	representation		P12

表6-44可清晰显示13个离群值中有12个数据来自非常规任务，非常规任务中离群值更多的情况与散点图所显示的数据分布吻合。但表6-44也同时显示搜索效率更高的数值更多地分布在非常规任务中，这一结果令人惊讶，也值得另行研究和探讨。

在统计离群值对应的受试者后，笔者发现受试者P12和P15贡献了所有离群值的57.14%，这两位受试者即使在非常规任务中仍能快速高效地利用搜索找到正确的信息需求解决方案，显示出二位受试者优秀的搜索能力。另外，如表6-44所示，离群值所对应的信息需求中，普通词构成的信息需求不少（如communication、incidentally present、exposure），术语和惯用语等构成的信息需求也大致相当（如without prejudice to、mode of induction、overpressure），这似乎显示搜索效率与这两类信息需求所包含词汇的性质与可得的信息资源有关。

（五）搜索时长和译文总得分的相关性分析

假设4.2的检验结果发现受试者的搜索时长越短，每个信息需求解决的正确率越高；而假设4.1的检验结果表明搜索时长在非常规任务中显著减少；笔者发现大多数受试者在非常规任务中的译文得分低于常规任务，似乎译文总得分与搜索时长的改变方向一致。为了进一步分析搜索时长与译文总得分的关系，笔者对二者进行了相关性分析。然而，如表 6-45 所示，搜索时长与译文总得分并不呈线性关系（P = 0.975>0.05）。就宏观而言，译文总得分与搜索时长无关，且译文总得分与受试者停留网页信息资源的时长无线性关系（P = 0.934>0.05），与停留在源语/译入语文本的时长也无关（P = 0.191>0.05）。

表 6-45　搜索时长和译文总得分相关性检验

			搜索时长	译文总得分
斯皮尔曼 Rho	搜索时长	相关系数	1.000	-0.005
		Sig.（双尾）	0.000	0.975
		N	35	35
	译文总得分	相关系数	-0.005	1.000
		Sig.（双尾）	0.975	0.000
		N	35	35

以上检验结果表明，虽则译文总得分与搜索时长无关，但若以每个信息需求单位作为考察视角，受试者的搜索时长越短，信息需求解决的正确率越高。搜索时长与译文总得分和信息需求解决正确率之间的检验结果看似矛盾，然则隐含译文质量在其他方面的影响因素考量。笔者思考这一结果的产生可能与以下因素有关。首先，搜索是受试者为解决信息需求而启动的行为，搜索投射的目的性与信息需求息息相关。因此信息需求解决的成功与否可明确由搜索时长的指标表征，二者可以形成线性关系。但以译文总得分为宏观考察视角，可被纳入译文质量分析的指标增多：除了搜索时长，可能还有译者内部资源的多寡和与信息需求求解所需的译者知识图式重合程度，译文中无须搜索即能翻译的部分文本……由此搜索时长对译文得分的影响被削弱。

其次，该译文整体和局部质量与搜索时长关系结论的差异可能与实验工具选用有关。如前所述，受 BB FlashBack 的录屏方法所限，笔者无法细化和区分受试者的初译时间和修改时间，也无法对受试者停留网页信息资源和阅读源语文本的时长等进行精细控制。笔者使用"停留网页信息资源时长"的表述已表明受试者停留信息资源的时长并不总是他们阅读信息资源的时长，限于没有使用眼动仪等观察仪器，笔者只能选择该表述，这一实验条件限制造成后续检验上的障碍。

再次，译文总得分的评分方法虽已近似职业翻译的行业评价标准，采用整体打分和差错扣分综合方式，但仍不能排除评分人对译文整体语篇语义表达和通顺与否的主观印象。评分人的立场、翻译经验、学识背景等都会或多或少影响整体评分，而信息需求的解决正确率的评分语言单位很小，在字词的层面上较易形成一致的意见。由此，微观信息需求与宏观文本评分之差距可能造成二者与搜索时长关系的结论不同。

综上，经检验，无论何种任务类型，受试者的搜索时长与每个信息需求的正确解决率呈负相关的关系，假设 4.2 被接受，且受试者在较陌生文本的非常规翻译任务中停留源语/译入语文本的时长也比常规任务显著减少。该检验结果表明，作为职业译者，受试者对信息需求解决的主要支持仍来自内部认知资源。本研究同时提出搜索效率的概念，以表示单位信息需求的正确解决与所耗费的搜索时间之比。经过检验，搜索效率与任务类型没有显示出线性关系。在非常规任务中有 2 位受试者在解决某些信息需求时表现出较高的搜索效率。研究进一步发现搜索时长与译文总得分没有相关性。

第七章

余论

第一节　进一步说明

一　学生译者的对比调查

在本研究检验的搜索特征中，受试者使用的轻应用信息资源频次、词典资源使用频次、信息需求表征方式改变频次、3个提问式改变策略的使用频次、搜索时长、译者停留源语/译入语文本时长指标均显示出与任务类型的相关性；但搜索频次、翻译时长、译文得分、译者停留网络资源时长未显示同样的规律。本研究进一步发现搜索频次与源语文本的陌生词数量有关，搜索时长与信息需求解决的正确率呈负相关的关系。整体而言，全体受试者的译文表现为良好以上，也能较好地完成较为陌生领域文本的非常规翻译任务。不过，除3名受试者之外，其余译者在非常规任务中的译文质量均低于常规任务，显示源语文本相关知识，特别是专业领域知识的熟悉程度的确影响译文质量，并由此为职业译者固定专业领域翻译的做法提供了实验佐证。如今，翻译公司中评聘和考核职业译者的办法尚无统一标准，对译者的搜索能力评价方法更是空白地带。本研究中的搜索时长、信息资源使用频次、搜索效率和信息需求解决正确率等各指标已经检验，具有一定的可借鉴性，可以作为译者搜索能力的评价参考。不过，受研究目的所限，前述指标是否和如何被用于职业译者的评价还需后续研究深入探讨。

职业译者的搜索特征在一定程度上反映了翻译职业的现状和对翻译教育的要求。不可否认，如今相当数量的译者没有系统地接受搜索相关知识的培训，其搜索技巧是在翻译经验中逐渐积累所得。本研究发现，受试者了解基本的搜索引擎高级搜索功能和一些常见的布尔运算式表达，但在实际应用时仍限定于双引号和限定语言或领域等最基本的高级搜索功能，高级搜索功能使用频次也较少。问卷调查的内容显示受试者对于语料库的了解和使用不多，除了环境与化学（政府组织）文本翻译需要使用的术语库之外，受试者很少使用其他语料库资源，对语料库资源的搜索查询技巧了解更少。

对职业译者搜索特征的研究可以帮助翻译教育和培训人员了解职业现状。笔者展开职业译者实验的同时，还对 90 名翻译硕士学生进行了问卷调查。首先，本研究调查结果与崔启亮的调查报告相符，调查显示翻译硕士专业有 85.56% 的学生来自语言类专业，5.55% 的学生来自语言+辅修非语言专业类或非语言+语言类辅修专业，8.89% 的受访学生是非语言类专业学生。该结果说明，在翻译教学中语言学习背景的学生仍是翻译硕士生的主流，他们对其他专业领域知识的需求仍很高。

不过，学生译者总体对专业领域文本翻译涉猎不少——机械、通信、地质、医学、小说、政府报告、商业合同，其中科技类、经济类和实用类的文本翻译实践较多。这一现象与受访院校的专业领域优势和该地区实习合作单位有关。在 MTI 院校，翻译硕士学生的专业课程通常要考虑师资配备，因此本问卷调查结果显示出专业领域相关课程百花齐放的现象。不过，由于问卷中未询问各院校的专业课程设置情况，尚无法深入了解专业课程的具体实施状况。

在询问学生译者对搜索的重要性认识时，85.56% 的受访学生认为搜索在专业文本翻译中"非常重要"，其余学生认为"重要"，认为"非常重要"的学生比例比职业译者低（职业译者回答"非常重要"的占比为 96.3%，回答"重要"的占 3.7%）。职业译者在独立或合作翻译时对翻中搜索的重要性认识更反映职业现实，与学生译者的认识差异值得关注。

　　学生译者在回答搜索相关知识来源的问题时，"自己在实践中体悟"的选项最多，其次为课堂上教师的指点。他们对"专门课程的完整培训"选项的选择最少，显示如今翻译教学中搜索能力的培训较为薄弱。虽有学生回答曾接受过搜索课程的培训，但大部分学生表示其搜索培训为机辅翻译课程。该结果并不令人意外，搜索理应与翻译工具结合。不过，搜索在该类课程中的地位还不明确，只有 18.89% 的受访学生对搜索专门培训进行了描述，其中有学生回答搜索相关知识培训是在学习联合国文件翻译时老师的只言片语传授，或者类似搜索课程中教授的搜索方法等。学生对搜索的模糊回答显示搜索在翻译课程中处于较为边缘化的位置。

二　搜索的特征

　　笔者综合本研究的发现，总结出译者搜索行为的四大特征：复合性、场合性、补偿性和外缘性。搜索的复合性特征基于假设 1 和假设 4.2 的发现。笔者在这两个假设的验证过程中发现搜索频次、搜索效率等指标与译者和信息系统的诸多要素有关。影响两个搜索指标的因素中，译者的先备知识、心理要素等影响其对信息需求的理解和表征，而译者键入的提问式也与信息系统进行交互，其中又牵涉计算机技术、网络技术、大数据等要素的影响。因而，译者对搜索结果的评估过程也是将先备知识与信息资源进行比对、使信息系统与后台数据进行交互的过程。如此多方要素的互动过程定义了搜索的复合性特征。

　　搜索还具有场合性的特征。本研究的实验设计为，受试者在 3 个专业领域内完成熟悉的常规翻译任务和陌生的非常规翻译任务。在笔者比照两类任务中的译者搜索行为后发现，在不同专业领域文本的翻译任务中，受试者搜索和调取的信息资源类型不同。例如，环境与化学（政府组织）文本的常规任务译者均可获取丰富、权威的联合国语料库和平行文本，其他两个领域文本翻译中均未出现语料库等资源。搜索的场合性特征还指译者在不同类别翻译任务中的搜索行为差异，详见各假设的相关发现。

第三个搜索特征为搜索的补偿性。本研究假设 2 发现，职业译者即使文本相关知识较为欠缺，仍不会更多使用专业领域知识类资源，该发现似乎可以从昆兹利（Künzli，2005）的研究中得到解释。职业译者的语言知识相对来说较为丰富，因此在他们缺乏相关专业领域知识时，其翻译过程和质量仍能得到语言知识的补偿。换言之，本研究中职业译者在专业领域知识相对匮乏状态下，仍能通过搜索快速获得相关知识，并顺利完成翻译任务，此为搜索的补偿性特征。

搜索的第四个特征为外缘性。本研究最后一个发现显示若职业译者将过多的时间耗费在搜索行为上，其信息需求解决的正确率反而会下降，说明职业译者更多调取外部资源的行为反而不能保证局部译文质量。该发现可印证搜索是翻译能力中的外缘子能力，在译者解决翻译问题时起到的作用有限。

第二节　研究意义

职业翻译背景下，译者的职业环境要求其能够高效完成不同专业领域的文本翻译任务。即使职业译者有时在接受翻译任务时会得到专业平行文本、语料库、术语表等资源，他们仍需借助外部资源来补偿内部认知资源的不足，通过搜索改变知识状态，获得新知，以理解源语文本、确认译文表达的准确性和文本格式的规范性等。就微观的翻译过程而言，搜索在翻译过程中的时间比例之高、作用之重不容忽视。

搜索是翻译能力框架中不可或缺的组成部分，但已有的翻译过程研究更为关注译者的核心翻译能力要素或重要的能力要素之间的关系，搜索行为的研究长期是被忽视的课题。由于搜索行为无法脱离对工具和技术的依赖，长期被置于工具能力、研究能力或技术能力的标签下，对搜索行为的研究发现仅作为主要研究目标的辅助观察手段或附带研究结果。笔者认为需要进一步探索搜索协调工具、技术和信息资源的机制，挖掘搜索平衡译者内部资源和外部资源的综合性特征，特别是职业译者群体中搜索的行为与特征以及由此反映的译者能力等。

职业译者的工作环境要求译者能够掌握快速精准搜索、即时获取信息，有效储存、管理信息的技能，这也是信息社会提出的新要求。得益于新技术的高速发展，如今，信息呈指数级增长，已渗透到电脑软件、智能手机中的 App 等中去，信息载体也从平面单一的纸质媒体转向集声音、文本、图像于一体的多媒体信息交流和传播的超媒体；信息呈现的方式呈现多模态特性。除此之外，信息的传递、储存方式的变化和时效性、共享性特征也为获取和储存信息带来挑战。信息的多维性特征使得信息获得者不得不对信息的真实性、可信度和可用性进行评估，过滤无效无关的信息，找到相关的有效信息，这一复杂的过程需要使用者的整合技术、搜索技巧、信息资源评估能力等搜索相关能力。

鉴于此，很多国家已经意识到信息管理的重要性，将提升信息素养（information literacy）作为国民教育的重要任务。例如美国大学和研究图书馆协会（Association of College and Research Libraries，ACRL）为了推进美国学生的高等教育改革，于 2000 年提出并完善了《高等教育信息素养能力标准》（Information Literacy Competence Standards for Higher Education），并于 2016 年将标准修订为《高等教育信息素养框架》（Framework of Information for Higher Education）①，以推进高等教育组织中学术型图书馆员学习使用工具和资源，提高学习效果，帮助学生和教师在学习中重视对信息的利用。该框架将信息素养定义为"识别所需的信息，发现、评估和有效使用所需信息的能力"（ACRL，2016）。信息素养是终身学习的重要基础，其核心概念是元素养（metaliteracy），要求信息消费者和创造者——学生"在信息生态系统中的行为、情感和元认知参与"（ACRL，2016）。其他国家如澳大利

---

① 该框架于 2016 年 1 月 11 日修订后实施，其中信息素养的定义为"对信息的反思性探察，理解信息产生和产生价值的方式，以及创造新知和以一定的道德原则参与学习共同体即使用信息的一整套能力"，具体内容详见网页 http://www.ala.org/acrl/standards/ilframework。信息素养和具有信息素养的人（information literate）的概念为泽考斯基（P. Zurkowski）1974 年提出的术语，指能够使用信息资源和技术解决信息问题的人（Pinto & Sales，2008）。

亚、新西兰、英国等也将信息素养融入国家教育计划，通过立法等方式强调信息素养和终身学习的目标；于 2010 年启动的欧洲高等教育区（European Higher Education Area）也强调选择和理解信息在高等教育中的重要性。

译者的职业要求、新的信息获取和管理方式均对翻译教育与培训提出新的要求，并促使教育者转变理念，关注搜索知识的导入和相关技能培训。一些学校的口笔译专业在设置时考虑到译者翻译能力的培养和专业领域知识相结合。但在翻译培训阶段储备不同领域的专业知识不但耗时费力，且很多学校所授专业领域知识大多依托学校专业特色，勿论全面、深入、系统地传授专业领域知识。如今的搜索教育现状与译者在职业环境下遇到的真实复杂情况仍有差距。

"授人以鱼，不如授人以渔"，指导学生怎样获取即时知识对译者顺利完成翻译任务似乎更为有效。国内外已有高校尝试开设文献搜索研究、翻译与技术等课程或讲授环节，但这类课程和阶段性教学环节在国内数量仍较少。相当多的翻译专业课程设置将搜索培训隐含或嵌入翻译技术实践课程的教学环节中，使得搜索常常成为译者自学自悟的部分。教授学生怎样有效利用搜索技能使用外部资源仍是翻译教学中尚未被系统探索的部分。本研究希望翻译教师和培训者从搜索特征的相关研究中获益，了解专业文本翻译和搜索行为的关系，以及职业译者在常规和非常规文本翻译时的搜索行为特征，进而能够更有针对性地、系统地帮助学生"学习如何学习"（Pym，2013），指导学生提高信息搜索能力，以顺利适应翻译职业的岗位要求。

本研究的相关搜索发现均指向搜索的复合性特征。综合以上调查和结论，搜索可被视作机辅工具、计算机技术、网络技术、译者先备知识、问题解决能力交互的复杂综合系统。因此，搜索培训远不是简单的搜索技巧等陈述性知识的传授，而是在各个搜索子系统交互过程中，学生译者学会恰当运用搜索策略解决信息需求的动态习得过程。搜索的综合性、工具寄生性和技术依赖性不仅以搜索技巧为表征，更以译者内部认知资源和外部信息资源的互动为表征，这是未来搜索研究和培训应拓展和深化的理据。

因此，翻译教学中应重视搜索培训在译者解决翻译问题中的重要性。即使搜索是与计算机等硬件、机辅翻译软件等息息相关的环节，也仍不能将其视为技术掩盖下的行而不思的浅表化行为。翻译中的搜索既有信息系统算法的特征，又有译者内、外部支持的认知和心理特征。因此，翻译课堂上搜索教学的研究仍有很大空间。

另外，职业译者在工作中时常面临陌生领域的专业文本翻译任务。因此译者需要利用搜索获得知识，逐步熟悉该领域文本的表达方式和格式规范，并在该领域累积一定的相关知识，形成适合自己的搜索策略和风格。在接受不同翻译任务的过程中，职业译者也在同时获得信息资源和搜索等相关知识，发展和完善自身搜索能力。本研究以职业译者为受试者，对他们在常规和非常规翻译任务中搜索表现的描述有助于翻译公司管理层了解职业译者的搜索现实，评估译者搜索能力和专业领域知识水平，以有效分配工作任务。从长远的译者员工培训和成长来看，本研究将为译者搜索与专业领域知识的关系提供数据佐证，有益于员工搜索能力自我评估和搜索能力习得，进而反馈公司的成长。搜索作为译者应掌握的重要翻译能力之一，学易对其基本构成的探索还在进行中。本研究中验证的一些搜索指标如信息资源的种类和使用频次、搜索时长、信息需求解决正确率等均可作为职业译者搜索能力发展评价体系的指标参考。

第三节 研究局限性

本研究从严格意义上来说是实验性研究。在实验的某些干扰变量控制上无法做到严格严密。其一，受试者选择上，本研究中常规和非常规任务中的译者选择主要依赖翻译公司项目主管的意见和受试者的翻译表现，并且考虑到其中环境与化学（政府组织）文本翻译任务中的职业译者在国内数量极少，选择面不大，因此没有对受试者的职业年限和翻译实践量，特别是在较为熟悉的常规领域翻译量做精细控制，这使得笔者无法从更多角度观察非常规翻译任务类型对翻译经验不同的译者的影响。在本研究中笔者的确也发现，职业译者的翻译经验会或多或少地影响翻译表现，特别是其隐性翻译任务或工作之外的翻译实践、自我训练可能会对翻译过程和表现产生影响。

其二，任务熟悉度的概念缺乏客观的测量手段。虽然该概念无可避免地涉及译者个体的主观认识，然而更为多元、客观的综合衡量指标有助于更好地描述和控制该变量。本研究不只采用维普伦对熟悉度的衡量方法，还听取项目管理者的意见，结合受试者问卷调查回答和一贯翻译表现确定任务的常规性。然而在某些相关性分析上虽显示统计学意义上的显著性，但是有些检验结果显示只有较弱的相关性，意味着本研究中对任务熟悉度的控制还未足够精确。因此，对常规和非常规任务的区分是否可以细化为译者在常规领域中的翻译量——尽管这个指标仍难以以译者自述的方式精确控制；或者分离出译者的双语语言水平变量；又或者分离译者的搜索经验变量——该指标虽然在恩里克斯-拉迪奥文中有所涉及，然而在翻译实验研究中几乎没有对其进行精准定义和控制。至于专业领域知识变量更加需要结合学科知识构成测量方法。现有研究中还没有合适和成熟的知识体系测量工具，如何界定专业领域知识之间的边界仍需深入研究，且行业里的专业领域知识与译者的专业领域知识有所不同，译者的专业领域知识又与测试文本所涉及的专业领域知识存在一定差距。诸多因素使得本实验退而求其次，以受试者自述和项目管理者对译者翻译领域和表现的评定作为两个维度的相互参照。从这个意义上来说，对翻译任务的常规和非常规性的相关翻译研究仍是需要细究的课题。

其三，笔者发放实验测试文本和实验录制要求时，由于考虑到受试者来自中国不同地区的翻译公司，笔者无法亲自监控实验过程，且为了在更大程度上还原译者的真实工作环境，保证实验的生态效度，翻译时间不设限。虽然有翻译公司项目管理人员对实验进度进行把控，但不能保证受试者在翻译过程中录制视频和音频时不受任何干扰。在录制过程中，有受试者不熟悉录屏软件的暂停功能，出现某些时段翻译时间虚假延长的情况。由于笔者在网络云盘上下载视频后，受试者已完成了翻译任务，其在翻译过程中可能受到的干扰已无可补救。也因此，机械制造文本翻译任务中有 3 位受试者没有完整翻译完规定的原文内容，从而减少了该领域文本受试者的数量，这影响到假设 4.1 中翻译时长跨领域对比的样本数量。有些受试者在翻译后录制回溯型口头报告时无法保证声音环境条件，由此笔者调整为受试者译后一边回放视频，一边写笔头报告，报告的形态发生了变化，因此在视频转写和研究结论中只能作为辅助的参考要素，无法进一步深入分析受试者对信息需求解决的表征方式。虽然译后回溯报告的大纲在《实验建议书》发放时已制定并告知受试者，但大纲的问题较为广泛，有些受试者没有配合回答，或回答寥寥。若在笔者在场的情况下做译后报告录音，并灵活增加访谈内容，译后报告产出的有效研究内容会更多。

其四，囿于研究工具，本研究只能将翻译过程粗略分为搜索时段、搜索前和搜索后的源语/译入语文本停留时段两个阶段，无法对译者修订或者源语文本阅读进行细化区分。BB FlashBack 软件的键盘记录功能较为粗糙，只对键盘敲击和删除进行时间标记，没有数据分析和统计图示等功能，若有其他辅助的研究工具，例如眼动仪或专业的翻译键盘记录软件，则本研究结论将更为丰富和细化。

第四节　未来展望

本实验设计以受试者最为自然、熟悉的工作环境和方式翻译和录制视频，忽略了时间压力因素。但是鉴于本研究以考察受试者翻译较为陌生领域的专业文本为主要目标，时间压力的变量会导致实验条件和结果变形，可能会使实验设计的预期目标无法达成，因此笔者没有将时间压力考虑进来。若将时间压力作为一个变量再行研究，译者的搜索行为异化、通过阅读网络信息资源获取知识的过程和时间等均可成为未来研究可以考量的因素。

同样，因为本实验未对译者使用机器翻译提出限制条件，本研究中几位使用机器翻译的译者搜索频次似乎有所减少。虽然在验证第一个假设时笔者针对机器翻译对搜索频次的影响进行了检验，并未发现在本研究中将机器翻译变量单独提取出来的必要性，但本研究中机器翻译没有影响搜索频次可能是因为译者对机器翻译使用的依赖程度不强和使用机器翻译的受试者不多。由此，结合机器翻译考察搜索行为的变化也是潜在的研究方向。

本研究的假设 4.2 验证了搜索时长与信息需求解决正确率呈负相关关系的结论，然而受试者的整体译文得分表现没有显示与任务类型的相关性。译文总体质量和信息需求解决正确率的局部翻译质量与搜索时长的不同关系，似乎说明搜索的自限性和其在翻译能力中的外缘性特征。由此，搜索的自限性如何影响其他翻译子能力，如何影响翻译过程和译文质量等课题也可成为未来搜索研究的新视角。

实验研究的目的是从客观因素中看到两类任务中受试者搜索行为和特征的趋同性。然而，每项人文社科研究都无法避免受试者主观性因素的影响。本研究虽然从译者的相关搜索行为特征数据中发现了某些搜索规律，但若换个视角，将受试者的个体经验、知识体系、搜索能力或搜索经验等变量一一考虑进来，将有助于研究者找到更丰富的延伸结论。例如，信息搜寻领域中的研究可提供更多的视角和研究方法。提问式常常是信息搜寻领域中的考察点之一。有研究者基于用户提问式失败的情况，发现提问式拼写错误等可以反映在提问式之间的间隔时间上，信息系统从而可以探测这种情况并提供帮助（Smith，2010）。该研究虽然是从改进信息系统目的的角度出发，但也可基于此研究角度探究译者搜索提问式失败时的处理风格。本研究中第 3 个假设虽然对译者的信息需求表征方式改变风格进行了总结，但仅基于频次数据描述，不足以深入探究译者的提问式失败后的心理决策行为。也许后续研究可借助眼动仪等设备探究译者决策的认知心理机制。

译者在搜索后阅读网页信息资源的认知加工方式因阅读内容的超文本特征而可能与源语文本阅读活动的认知加工方式存在差异。在信息搜寻领域，已有研究者探究网络数字阅读行为对阅读脑和认知的改造（袁曦临，2016）。研究者发现，数字阅读时读者伴随大量网络搜索、屏幕阅读和快速浏览行为，并表现出快速浏览以降低记忆容量和记忆强度的"浅阅读"行为。该研究对翻译过程中译者阅读网络信息资源的探究颇有启发。那么，译者阅读超文本时的风格和模式如何？译者对不同网络文本如词典、专门资源、术语库等资源的阅读策略或模式是否可以深入探究？若结合合适的工具，研究者在以上课题的探索定有价值和意义。

信息需求是译者因内部认知资源欠缺而产生的翻译问题。信息需求的本质属性和语言属性与译者使用的提问式结构以及信息资源类型有关。本研究中对三个领域中出现的信息需求进行了初步总结，并对由此产生的提问式类型进行分类。本研究中的几个假设分析均涉及信息需求的问题。例如，在验证搜索频次数据后，笔者发现信息需求的提问式表述呈现译者的个体差异特征。在常规任务中的主题类信息需求未在非常规任务中出现，非常规任务中的多义普通词构成的信息需求出现的频次更多。同样，在假设 2 中信息资源的使用类型和频次检验结果显示，非常规任务中受试者查询词典资源频次更多的信息需求是多义普通类词，而常规任务中的信息需求更多为专业词。假设 4.2 中的分析显示，搜索效率与信息需求的性质有关。以上研究发现似乎均指向信息需求研究的多种可能性，例如信息需求与提问式结构的关系，信息需求的本质特征，以及信息需求特征与信息资源类型的关系等。

此外，信息需求从本质上来说是译者内部认知资源相对欠缺，无法不借助外部信息资源解决的翻译问题。而翻译问题的本质特征以及译者对翻译问题的表征方式反映了译者对翻译问题的认知程度，进而影响译者的搜索策略。研究者曾发现专家译者与学生译者对翻译问题的理解和处理方式不同，搜索行为也有差异（Jääskeläinen，1996；王育伟，2014；Göpferich，2009；Rothe-Neves，2003；Gerloff，1988）。从认知心理学来看，问题解决者对问题的归类和表征方式体现着解决者对问题的理解程度。例如问题解决者以前是否解决过类似的问题？该问题涉及语言知识问题，还是专业领域知识问题，或是二者相关的问题？在解决问题前，解决者是否能够大致提出解题思路和步骤的初步设想？此类问题的表征方式和内容都决定了问题解决的方向，甚至决定解决的成功率。借鉴认知心理学研究成果，研究者可以在信息需求的表征及表征差异上继续探索，结合译者的解题心理过程与外部搜索行为表现，发现更多与之相关的搜索行为规律。

以合理的知识体系结构测量方法测量译者的知识体系结构是本研究可延伸出的另一个课题。已有研究者基于知识网络的概念对科研人员知识结构进行了可视化研究（孙剑斌、张朋柱，2010）。但不可否认，知识结构是一定时期内一个科学领域在研究内容上反映的学科知识构成情况和结合方式（张发亮、谭宗颖，2015），知识结构概念的历时性以及知识结构的复杂性为测量和可视化知识结构带来困难。比如，知识结构由知识内容与内容的结构组成（张发亮、刘君杰、周沫，2018），而知识内容不仅包含知识元层面、主要要素层面，还包含核心层面。知识内容的结构又有知识关联、知识分布等要素，且作为译者个体的知识结构除了显性知识外，隐性知识如何正确测量也需不断研究。不同领域内专家的知识结构测量方法因领域的不同而不同，如何测量译者的知识结构更需深入探讨。

在此基础之上研究译者知识获取的过程规律，无论是对翻译教学，还是对职业译者的能力发展都有重要价值。职业译者的专业领域知识、翻译经验等也需在工作岗位上逐渐累积和结构化。他们在入职之初如何适应工作环境，在逐渐定岗后如何成为某个或某些领域专职译者的历时发展轨迹也值得进行探讨。该类研究不仅对翻译教育中培养学生译者与翻译岗位接轨有益，还特别对翻译企业选聘译者并帮助译者自我提升有借鉴意义。项目管理者和企业的决策者可研究职业译者的专业化进程，以发现哪些译者是适合某个或某些领域的常规译者，哪些译者是多个领域都可胜任的灵活型译者，并找到选择译者和分派项目任务的规律。这样可以帮助翻译公司制定译者定岗方案和培养方案，以充分发挥各类译者的专长，使其更适合企业发展方向，同时也符合译者自身的发展诉求。

职业译者是尚未被学界深入研究的群体，部分职业译者不仅翻译经验丰富，而且在某个或多个专业领域堪称专家型译者，例如大型跨国公司内的专职译者常年翻译该公司产品或内部流转文件，浸润于专业知识领域，对专业规范执行极为熟悉。对这些拥有丰富专业领域文本翻译经验的职业译者的研究不但可延伸本研究的结果，还能链接不同翻译工作情态的职业译者，由此构成一个较为完整的职业译者身份图鉴。若有研究者探究这类群体的翻译和搜索规律，将给予翻译教育和培训更多启示。

搜索是译者内部资源无法顺利解决翻译问题，从而转向求助外部资源的行为。译者即使获取了外部信息资源，对其评价和采用与否的决策仍需译者的内部资源协同作用。因此，译者在对内、外部资源协调决策时的认知活动将能帮助研究者进一步认识搜索的本质特征。而对译者在翻译中认知活动的探索仅通过有声思维工具远远不能满足研究需求，眼动仪等其他工具的辅助，会大有裨益。而若进入搜索的认知领域，研究空间更是无可限量。例如，可以比较不同的搜索任务，可以比较译者阅读有用/无用网络资源的认知状态，可以研究译者在对信息资源做评估时的认知活动、译者对不同信息资源的评价与相关认知要素的关系、译者相关知识与搜索策略的关系、译者的搜索认知风格，等等。

搜索行为在图书情报学和信息搜索领域是早已被触及的课题。随着翻译工作的电子化、技术化和网络化，现代职业译者越来越多利用网络信息资源获取新知。然而，翻译过程中的搜索行为和特征还没有被详细深入描述。本研究意在为未来搜索行为的研究提供一个视角，期待翻译中的搜索研究走向更深更广的空间。

参考文献

柴明颎，2015. 本科翻译专业教学思考 [J]. 东方翻译（5）.

陈吉荣，2015. 翻译难度预测与分级研究述评 [J]. 外语测试与教学（4）.

崔启亮，2017. 全国翻译硕士专业学位研究生教育与就业调查报告 [R]. 北京：对外经济贸易大学出版社.

达尼尔·葛岱克，2011. 职业翻译与翻译职业 [M]. 刘和平，文韫，译. 北京：外语教学与研究出版社.

戴远君，徐海，2014. 电子词典研究现状与展望 [J]. 辞书研究（4）.

邓志辉，2016. 翻译专长与翻译的不确定性管理过程 [M]. 广州：中山大学出版社.

邓铸，2002. 问题解决的表征态理论与实证研究——高中生物理问题解决的认知机制 [D]. 南京：南京师范大学.

邓铸，余嘉元，2001. 问题解决中对问题的外部表征和内部表征 [J]. 心理学动态（3）.

龚锐，2014. 笔译过程中的译语方向性研究——基于专业议员中译英及英译中表现比较的实证研究 [D]. 上海：上海外国语大学.

何雯婷，2014. 译者经验与翻译速度之间的关系——一项基于自动化机制理论的翻译过程实证研究 [D]. 上海：上海外国语大学.

姜婷婷，高慧琴，2013. 探寻式搜索研究述评 [J]. 中国图书馆学报（4）.

李沛鸿，廖祥春，2007. 架起翻译与网络信息的桥梁 [J]. 中国科技翻译 (3).

李瑞林，2011. 从翻译能力到译者素养：翻译教学的目标转向 [J]. 中国翻译 (1).

穆雷，2006. 翻译测试及其评分问题 [J]. 外语教学与研究 (6).

倪传斌，郭鸿杰，赵勇，2003. 论利用互联网搜索引擎协助翻译的科学性和可行性——兼与朱明炬先生商榷 [J]. 上海科技翻译 (4).

丘柳珍，2011. 一项关于翻译学习者电子翻译工具使用影响的实证研究 [D]. 南京：南京大学.

R.M. 加涅，1999. 学习的条件和教学论 [M]. 皮连生，王映学，郑葳，等译. 上海：华东师范大学出版社.

孙剑斌，张朋柱，2010. 基于知识网络的科研人员知识结构可视化 [J]. 情报科学 (3).

万兆元，2008. 因特网辅助翻译 [J]. 上海翻译 (3).

汪洋，2013. 运用现代技术手段英译专门科技文本——以航海技术领域论文为例 [J]. 上海翻译 (2).

王峰，彭石玉，严丹，2010. 基于 Google 新功能辅助汉译英的研究——以高校网页英文翻译为例 [J]. 上海翻译 (4).

王军礼，2007. 网络资源在翻译中的应用 [J]. 中国科技翻译 (2).

王少爽，2014. 译者术语能力探索 [D]. 天津：南开大学.

王小梅，杨亚军，2012. 基于可读性理论和模糊层次分析法的英语教材评估体系的研究与设计 [J]. 中国外语 (3).

王小明，2009. 学习心理学 [M]. 北京：中国轻工业出版社.

王勇，2005. 搜索引擎与翻译 [J]. 中国科技翻译 (1).

王育伟，2014. 中翻英过程中查证行为实证研究 [D]. 上海：上海外国语大学.

吴瀛，2012. MTI 专业科技术语在线检索的探究 [J]. 广西师范学院学报（自然科学版）(4).

于伟昌，2008. 利用因特网翻译专有名词初探 [J]. 中国科技翻译 (3).

俞敬松，阙颖，2019. 复合型翻译查证能力的培养方法案例研究 [J]. 中国翻译 (2).

袁曦临，2016. 网络数字阅读行为对阅读脑的改造及其对认知的影响 [J]. 图书馆杂志 (4).

张发亮，刘君杰，周沫，2018. 领域知识结构基础理论及构建研究 [J]. 情报杂志 (2).

张发亮，谭宗颖，2015. 知识结构及其测度研究 [J]. 图书馆学研究 (13).

赵会军，2007. 商务翻译中基于网络搜索的词语筛选 [J]. 上海翻译 (2).

赵兴民，2011. 联合国文件翻译案例讲评 [M]. 北京：外文出版社.

赵政廷，2014. 译者背景知识对翻译质量影响因子的研究——基于科技文本英译汉的实证研究 [D]. 上海：上海外国语大学.

中华人民共和国国家质量监督检查检疫总局，中国国家标准化管理委员会，2005. 翻译服务译文质量要求：GB/T 19682—2005 [S]. 北京：中国标准出版社.

周杰，2007. 互联网搜索引擎辅助翻译研究 [J]. 外语电化教学 (5).

朱明炬，谢少华，2003. 充分利用搜索引擎，准确地道英译词语 [J]. 上海翻译 (1).

朱宪超，华德荣，2007. 搜索引擎网络查词技巧 [J]. 中国科技翻译 (3).

ABATE F R, 1985. Dictionaries Past & Future：Issues and Prospects [J]. Dictionaries (7).

ALVES F, GONÇALVES J L, 2007. Modelling Translator's Competence：Relevance and Expertise under Scrutiny [M] // GAMBIER Y, SHLESINGER M, STOLZE R. Doubts and Directions in Translation Studies：Selected Contributions from the EST Congress Lisbon 2004. Amsterdam/Philadelphia：John Benjamins.

AMERICAN TRANSLATION ASSOCIATION (ATA). (2017) [2018-04-04]. Certification Exam Overview Association of College and Research Libraries [EB/OL].

https: //www. atanet. org/cer-tification/aboutexams_ overview. php#3.

ANDERSON J R, 1983. The Architecture of Cognition [M]. Cambridge: Harvard University Press.

ANGELELLI C V, JAKOBSEN H E, 2009. Testing and Assessment in Translation and Interpreting Studies: A Call for Dialogue Between Research and Practice [M]. Amsterdam/Philadelphia: John Benjamins.

ANGELONE E, GARCÍA Á M, 2017. Expertise Acquisition through Deliberate Practice [J]. Translation Spaces, 6 (1).

ANGELONE E, 2010. Uncertainty, Uncertainty Management and Metacognitive Problem Solving in the Translation Task [M] // SHREVE G M, ANGELONE E. Translation and Cognition. Amsterdam/Philadelphia: John Benjamins.

ASSOCIATION OF COLLEGE AND RESEARCH LIBRARIES (ACRL). (2016) [2018-01-30]. Framework for Information Literacy for Higher Education [EB/OL]. http: //www. ala. org/acrl/standa.

ATKINS B T S, 1998. Using Dictionaries: Studies of Dictionary Use by Language Learners and Translators [M]. Berlin: Walter De Gruyter.

ATKINS B T S, VARANTOLA K, 1997. Monitoring Dictionary Use [J]. International Journal of Lexicography, 10 (1).

AULA A, KHAN R M, GUAN Z. (2010) [2018 - 03 - 18]. How Does Search Behavior Change as Search Becomes more Difficult? [EB/OL]. http: // citeseerx. ist. psu. edu/viewdoc/download? doi = 10. 1. 1. 173. 8295&rep = rep1&type = PDF.

AULA A, KÄKI M. (2003) [2018-03-18]. Understanding Expert Search Strategies for Designing User-Friendly Search Interfaces [EB/OL]. http: // citeseerx. ist. psu. edu/viewdoc/download? doi = 10. 1. 1. 80. 6614&rep = rep1& type = PDF.

AULA A, 2005. Studying User Strategies and Characteristics for Developing Web Search Interfaces [D]. Tampere: University of Tampere.

AUSTERMÜHL F, 2006. Electronic Tools for Translators [M]. Beijing: Foreign Language Teaching and Research Press.

BAYER-HOHENWARTER G, 2010. Comparing Translational Creativity Scores of Students and Professionals: Flexible Problem-Solving and/or Fluent Routine Behaviour? [M] // GÖPFERICH S, ALVES F, MEES I M. New Approaches in Translation Process Research. Copenhagen: Samfundslitteratur.

BAYER-HOHENWARTER G, 2009. Translational Creativity: Measuring the Unmeasurable [M] // GÖPFERICH S, JAKOBSE A L, MEES I M. Behind the Mind: Methods, Models and Results in Translation Process Research. Copenhagen: Samfundslitteratur.

BEEBY A, 2012. Evaluating the Development of Translation Competence [M] // SCHÄFFNER C, Adab B. Developing Translation Competence. Shanghai: Shanghai Foreign Language Education Press.

BELKIN N J, COOL C, KELLY D, et al. (2003) [2017-06-05]. Query Length in Interactive Information Retrieval [EB/OL]. https://dl.acm.org/citation.cfm? doid=860435.860474.

BELL R T, 1991. Translation and Translating: Theory and Practice [M]. London/New York: Longman.

BOWKER L, 2010. The Contribution of Corpus Linguistics to the Development of Specialised Dictionaries for Learners [M] // FUERTES-OLIVERA P A. Specialised Dictionaries for Learners. Göttingen: De Gruyter.

BRODER A, 2002. A Taxonomy of Web Search [J]. SIGIR Forum, 36 (2).

BÖRSCH S, 1986. Introspective Methods in Research on Interlingual and Intercultural Communication [M] // HOUSE J, BLUM-KULKA S. Interlingual and Intercultural Communication: Discourse and Cognition in Translation and Second Language Acquisition Studies. Tübingen: Gunter Narr Verlag.

BYSTRÖM K, 2002. Information and Information Sources in Tasks of Varying

Complexity [J]. Journal of the American Society for Information Science and Technology, 53 (7).

CANADIAN TRANSLATORS, TERMINOLOGISTS AND INTERPRETERS COUNCIL (CTTIC). (2005) [2018-04-04]. CTTIC Standard Certification Translation Examination: Marker's Guide [EB/OL]. http://www.cttic.org/examDocs/guide.markersE.PDF.

CARL M, JAKOBSEN A L, JENSEN K T H. (2008) [2018-03-26]. Studying Human Translation Behavior with User-Activity Data [EB/OL]. http://openarchive.cbs.dk/bitstream/handle/10398/8044/UAD-3.PDF? sequence=1.

CARL M, SCHAEFFER M J, 2017. Models of Translation Process [M] // SCHWIETER J W, FERREIRA A. The Handbook of Translation and Cognition. Maiden: John Wiley & Sons.

CATFORD J C, 1965. A Linguistic Theory of Translation [M]. Oxford: Oxford University Press.

CHANG Li-Y, 2018. A Longitudinal Study on the Formation of Chinese Students' Translation Competence: With a Particular Focus on Metacognitive Reflection and Web Searching [D]. London: University College London.

CHESTERMAN A, 2012a. Teaching Strategies for Emancipatory Translation [M] // SCHÄFFNER C, ADAB B. Developing Translation Competence. Shanghai: Shanghai Foreign Language Education Press.

CHESTERMAN A, 2012b. Memes of Translation: The Spread of Ideas in Translation Theory [M]. Shanghai: Shanghai Foreign Language Education Press.

CHI M T H, FELTOVICH P J, GLASER R, 1981. Categorization and Representation of Physics Problems by Experts and Novices [J]. Cognitive Science, 5 (2).

CHI M T H, 2006. Two Approaches to the Study of Experts' Characteristics [M] // ERICSSON K A, FELTOVICH N C P J, HOMAN R R. The Cambridge Handbook of Expertise and Expert Performance. Cambridge: Cambridge University

Press.

CHINA ACCREDITATION TEST FOR TRANSLATORS AND INTERPRETERS (CATTI). (2017) [2018-11-14]. 考试大纲 [EB/OL]. http: //www. catti. net. cn/node_ 74543. htm.

CHINA INTERNET NETWORK INFORMATION CENTER (CNNIC). (2017) [2018-02-21]. 中国互联网络发展状况统计报告 [EB/OL]. http: //www. cnnic. cn/hlwfzyj/hlwxzbg/hlwtjbg/201708/ P020170807351923262153. PDF.

COLINA S, 2009. Translation Teaching from Research to the Classroom: A Handbook for Teachers [M]. Shanghai: Shanghai Foreign Language Education Press.

COLLINS J B, 2016. Changes in Electronic Dictionary Usage Patterns in the Age of Free Online Dictionaries: Implications for Vocabulary Acquisition [J]. APU Journal of Language Research (1).

CORRIS M, MANNING C, POETSCH S, et al. , 2000. Bilingual Dictionaries for Australian Languages: User Studies on the Place of Paper and Electronic Dictionaries [M] // HEID U, EVERT S, LEHMANN E, et al. Proceedings of the Ninth Euralex International Congress, EURALEX 2000. Stuttgart: Universität Stuttgart.

DAEMS J, CARL M, VANDEPITTE S, et al. , 2016. The Effectiveness of Consulting External Resources during Translation and Post-Editing of General Text Types [M] // CARL M, BANGALORE S, SCHAEFFER M. New Directions in Empirical Translation Process Research: Exploring the CRITT TPR-DB. Cham: Springer.

DANCETTE J, 1997. Mapping Meaning and Comprehension in Translation: Theoretical and Experimental Issues [M] // DANKS J H, SHREVE J M, FOUTAIN S B. Cognitive Processes in Translation and Interpreting. London: Sage.

DE SCHRYVER G, 2003. Lexicographers' Dreams in the Electronic-Dictionary Age [J]. International Journal of Lexicography, 16 (2).

DOMAS WHITE M, MATTESON M, ABELS E G, 2008. Beyond Dictionaries: Understanding Information Behavior of Professional Translators [J]. Journal of Documentation, 64 (4).

DRAGSTED B, 2005. Segmentation in Translation——Differences across Levels of Expertise and Difficulty [J]. Target, 17 (1).

DRASTED B, HANSEN I G, SØRENSEN H S, 2009. Experts Exposed [M] // MEES I M, ALVES F, GÖPFERICH S. Methodology, Technology and Innovation in Translation Process Research: A Tribute to Arnt Lykke Jakobsen. Denmark: Samfundslitteratur.

DREYFUS H L, DREYFUS S E, 1986. Mind over Machine [M]. Oxford: Blackwell.

DÉSILETS A, MELANÇON C, PATENAUDE G, BRUNETTE L, et al. (2009) [2019-03-01]. How Translators Use Tools and Resources to Resolve Translation Problems: An Ethnographic Study [EB/OL]. http: //www. mt - archive. info/MTS-2009-Desilets-2. pdf.

DUBAY W H. (2004) [2018-03-28]. The Principles of Readability [EB/OL]. http: //impact-information. com/impactinfo/readability02. PDF.

DUNCKER K. On Problem-Solving [J]. Psychological Monographs, 1945 (58).

DURÁN-MUÑOZ I. Translators' Needs into Account: A Survey on Specialised Lexicographical Resources [M] // GRANGER S, PAQUOT M. Elexicography in the 21ˢᵗ Century: New Challenges, New Applications. Lovaina-La-Nueva: Presses Universitaires de Louvain, 2010.

EHRENSBERGER-DOW M, PERRIN D. Capturing Translation Processes to Access Metalinguistic Awareness [J]. Across Languages and Cultures, 2009, 10 (2).

EHRENSBERGER-DOW M. (2014) [2018-02-12]. Translation in the Loop: Understanding How They Work with CAT Tools [EB/OL]. https: //

www. researchgate. net/publication/270878042.

EMARKETER. （2017） ［2018－01－19］. Worldwide Internet and Mobile Users：Emarketer's Updated Estimates and Forecast for 2017－2021 ［EB/OL］. https：//www. emarketer. com/Report/World － wide － Internet － Mobile － UserseMarketers－Updated－Estimates－Fore－cast－20172021/2002147.

EMT EXPERT GROUP. （2017） ［2018－08－20］. Competence Framework 2017 ［EB/OL］. https：//ec. europa. eu/info/sites/info/files/emt_compe－tence_ fwk_ 2017_ en_ web. PDF.

EMT EXPERT GROUP. （2009） ［2017－08－12］. Competences for Professional Translators，Experts in Multilingual and Multimedia Communication ［EB/OL］. https：//ec. europa. eu/info/sites/info/files/emt_competences_translators_en. PDF.

EMT EXPERT GROUP. （2022） ［2023－12－18］ . Competence Framework 2022 ［EB/OL］ . https：//Cormmission. europa. eu/system/files/2022－11/emt_ competence_ fwk_ 2022_ en. pdf.

ENGLUND DIMITROVA B, 2005. Expertise and Explicitation in the Translation Process ［M］. Amsterdam/Philadelphia：John Benjamins.

ENRÍQUEZ RAÍDO V E, 2011a. Investigating the Web Search Behaviors of Translation Students：An Exploratory and Multiple－Case Study ［D］. Barcelona：Universitat Ramon Llull.

ENRÍQUEZ RAÍDO V E, 2011b. Developing Web Searching Skills in Translator Training ［J］. Redit （6）.

ENRÍQUEZ RAÍDO V E, 2014. Translation and Web Searching ［M］. New York：Routledge.

ERICSSON K A, 2006. Protocol Analysis and Expert Thought：Concurrent Verbalizations of Thinking During Experts' Performance on Representative Tasks ［M］// ERICSSON A K, CHARNESS N, FELTOVICH P J, et al. The Cambridge Handbook of Expertise and Expert Performance. New York：Cambridge University Press.

ESFANDIARI M R, SEPORA T, MAHADI T, 2015. Translation Competence: Aging Towards Modern Views [J]. Procedia-Social and Behavioral Sciences (192).

EVETTS J, MIEG H, FELT U, 2006. Professionalism, Scientific Expertise and Elitism: A Sociological Perspective [M] // ERICSSON K A, CHARNESS N, FELTOVICH P J. The Cambridge Handbook of Expertise and Expert Performance. Cambridge: Cambridge University Press.

EYCHMANS J, ANCKAERT P, SEGERS W, 2009. The Peaks of Norm-Referenced Translation Evaluation [M] // ANGELELLI C V, JAKOBSEN H E. Testing and Assessment in Translation and Interpreting Studies. Amsterdam/Philadelphia: John Benjamins.

FERNÁNDEZ O, 2015. Exploratory Research into the Use of Web Resources of Students Enrolled in an Introductory University-Level Medical Translation Course [D]. Tempe: Arizona State University.

FOX O, 2012. The Use of Translation Diaries in a Process-Oriented Translation Teaching Methodology [M] // SCHÄFFNER C, ADAB B. Developing Translation Competence. Shanghai: Shanghai Foreign Language Education Press.

FRASER J, 1999. The Translator and the Word: The Pros and Cons of Dictionaries in Translation [M] // ANDERMAN G, ROGERS M. Word, Text, Translation: Liber Amicorum for Peter Newmark. England: Multilingual Matters.

FULFORD H, GRANELL-ZAFRA J, 2005. Translation and Technology: A Study of UK Freelance Translators [J]. The Journal of Specialised Translation, 4 (4).

GEERAERTS D. (2000) [2007-03-10]. Adding Electronic Value. The Electronic Version of the Grote Van Dale [EB/OL]. http://www. euralex. org/elx _ proceedings/Euralex2000/008 _ Dirk% 20GEERAERTS _ Adding% 20Electronic% 20Value% 20The% 20electronic% 20version% 20of% 20the% 20Grote%20Van%20Dale. PDF.

GERLOFF P A, 1988. From French to English: A Look at the Translation Process in Students, Bilinguals, and Professional Translators [D]. Cambridge: Harvard University.

GILE D, 2011. Basic Concepts and Models for Interpreter and Translator Training [M]. Shanghai: Shanghai Foreign Language Education Press.

GOUGH J, 2016. The Patterns of Interaction Between Professional Translators and Online Resources [D]. Guildford: The University of Surrey.

GÖPFERICH S. (2011) [2018 - 09 - 29]. From Multidisciplinary to Transdisciplinary: The Investigation of Competence Development as a Case in Point [EB/OL]. http: //www. sktl. fi/toiminta/seminaarit/mikael – verkkojulkaisu/vol-5-2011/.

GÖPFERICH S, JÄÄSKELÄINEN R, 2009. Process Research into the Development of Translation Competence: Where Are We, and Where Do we Need to Go? [J]. Across Languages and Cultures, 10 (2).

GÖPFERICH S, 2010. The Translation of Instructive Texts from a Cognitive Perspective: Novices and Professionals Compared [M] // Göpferich S, ALVES F, MEES I M. New Approaches in Translation Process Research. Copenhagen: Samfundslitteratur.

GÖPFERICH S, 2009. Towards a Model of Translation Competence and its Acquisition: The Longitudinal Study TransComp [M] // JAKOBSEN A L, MEES I, GÖPFERICH S. Behind the Mind. Copenhagen: Samfundslitteratur Press.

GÖPFERICH S, 2013. Translation Competence: Explaining Development and Stagnation from a Dynamic Systems Perspective [J]. Target, 25 (1).

GÓRNICZ M, 2013. Teaching Medical Translation to Non-Medical Students—A Case Study with some Theoretical Insights [J]. JAHR, 4 (7).

HALE S, CAMPBELL S, 2002. The Interaction Between Text Difficulty and Translation Accuracy [J]. Babel, 48 (1).

242

HANSEN G, 2003. Controlling the Process: Theoretical and Methodological Reflections on Research into Translation Process [M] // ALVES F. Triangulating Translation. Amsterdam/Philadelphia: John Benjamins.

HARTER S P, 1986. Online Information Retrieval: Concepts, Principles, and Techniques [M]. Orlando: Academic Press.

HAWKINS D T, WAGERS R, 1982. Online Bibliographic Search Strategy Development [J]. Online, 5 (3).

HARRIS B, SHERWOOD B, 1978. Translating as an Innate Skill [J]. Language Interpretation and Communication (6).

HILD A, 2007. Establishing Rigour in a Between-Methods Investigation of SI Expertise [M] // GAMBIER Y, SHLESINGER M, STOLZE R. Doubts and Directions in Translation Studies. Amsterdam/Philadelphia: Benjamins.

HIRCI N, 2012. Electronic Reference Resources for Translators: Implications for Productivity and Translation Quality [J]. Interpreter and Translator Trainer, 6 (2).

HIRCI N, 2009. The Efficacy of Using State-of-the-Art Translation Resources in Translating into a Non-Mother Tongue [J]. New Voices in Translation Studies (5).

HOUSE J, 2000. Consciousness and the Strategic Use of Aids in Translation [M] // TIRKKONEN-CONDIT S, JÄÄSKELÄINEN R. Tapping and Mapping the Processes of Translation and Interpreting. Amsterdam/Philadelphia: John Benjamins.

HOUSE J, 2015. Translation Quality Assessment: Past and Present [M]. London/New York: Routledge.

HURTADO ALBIR A, 2017. Researching Translation Competence by PACTE Group [C]. Amsterdam/Philadelphia: John Benjamins.

HVELPLUND K T. (2019) [2019 – 04 – 13]. Digital Resources in the Translation Process——Attention, Cognitive Effort and Processing Flow [J/OL]. Perspective. https://www.tandfonline.com/doi/full/10.1080/0907676X.2019.

1575883.

HVELPLUND K T, DRAGSTED B. Genre Familiarity and Translation Processing: Differences and Similarities Between Literary and LSP Translators [M] // LACRUZ I, JÄÄSKELÄINEN R. Innovation and Expansion in Translation Process Research. Amsterdam/Philadelphia: John Benjamins, 2018.

HVELPLUND K T, 2017. Translators' Use of Digital Resources During Translation [J]. Journal of Language and Communication in Business (56).

INTERNET WORLD STATS (IWS). (2017) [2018-03-21]. Internet Users in the World by Regions [EB/OL]. http: //www. internetworldstats. com/ stats. htm.

ISO 17100. (2015) [2018-01-31]. Translation Services Requirements for Translation Services [EB/OL]. http: //www. doc88. com/p-0048919694375. html.

IVANOVA A, 2000. The Use of Retrospection in Research on Simultaneous Interpretation [M] // TIRKKONEN-CONDIT S, JÄÄSKELÄINEN R. Tapping and Mapping the Processes of Translation and Interpretation. Amsterdam / Philadelphia: John Benjamins.

JAKOBSEN A L, 2003. Effects of Think Aloud on Translation Speed, Revision, and Segmentation [M] // ALVES F. Triangulating Translation: Perspectives in Process Oriented Research. Amsterdam: Benjamins.

JAKOBSEN A L, 2005. Instances of Peak Performance in Translation [J]. Lebende Sprachen (3).

JAKOBSEN A L, 2011. Tracking Translator's Keystrokes and Eye Movements with Translog [M] // ALVSTADl C, HILD A, TISELIUS E. Methods and Strategies of Process Research: Integrative Approaches in Translation Studies. Amsterdam/Philadelphia: John Benjamins.

JAKOBSEN A L, 2002. Translation Drafting by Professional Translators and by Translation Students [M] // GYDE H. Empirical Translation Studies: Process and Product. Copenhagen: Samfundslitteratur.

JANSEN B J. (2000) [2018-10-03]. An Investigation into the Use of Simple Queries on Web IR Systems [J/OL]. Information Research: An Electronic Journal, 6 (1). https://www. researchgate. net/publication/2329306_ An_ Inv estigation_ Into_ the_ Use_ of_ Simple_ Queries_ On_ Web_ IR_ Syste ms? enrichId = rgreqb30e84df91e59873ba15676a03545884 – XXX&enrichSource = Y292Z XJQYWdlOzIzMjkzMDY7QVM6Otc2NDgwODYzNTU5NzBAMTQwMDI5MjUyNjYyM g%3D%3D&el = 1_ x_ 2&_ esc = publicationCoverPDF.

JANSEN B J, SPINK A, SARACEVIC T, 2000. Real Life, Real Users, and Real Needs: A Study and Analysis of User Queries on the Web [J]. Information Processing and Management, 36 (2).

JELVEH R, NEJADANSARI D, 2013. The Role of Dictionaries in Translation Performance: A Case of English to Persian Translation [J]. International Education Research, 1 (2).

JENSEN AR, 1999. Time Pressure in Translation [M] // HANSEN G. Probing the Process in Translation: Methods and Results. Copenhagen: Samfundslitteratu.

JONASSEN D H, 2003. Learning to Solve Problems——An Instructional Design Guide [M]. San Francisco: Pfeiffer.

JOO S, 2013. Investigating User Search Tactic Patterns and System Support in Using Digital Libraries [D]. Milwaukee: University of Wisconsin-Milwaukee.

JÄÄSKELÄINEN R, 1989a. The Role of Reference Material in Professional vs. Non-Professional Translation: A Think-Aloud Protocol Study [M] // TIRKKONEN-CONDIT S, CONDIT S. Empirical Studies in Translation and Linguistics. Joensuu: University of Joensuu.

JÄÄSKELÄINEN R, 1989b. Teaching How to Use Reference Material in Translator Training: A Think-Aloud Protocol Study [M] // NUOPPONEN A, PALMBERG R. Special Languages and Second Languages: Methodology and Research. Jyvaskyla: Finnish Association for Applied Linguistics.

JÄÄSKELÄINEN R, 1996. Hard Work will Bear Beautiful Fruit: A

Comparison of Two Think-Aloud Protocol Studies [J]. Meta, 41 (1).

JÄÄSKELÄINEN R, KUJAMÄKI P, MÄKISALO J, 2011. Towards Professionalism——or Against it? Dealing with the Changing World in Translation Research and Translator Education [J]. Across Languages and Cultures, 12 (2).

JÄÄSKELÄINEN R, 1999. Tapping the Process: An Explorative Study of the Cognitive and Affective Factors Involved in Translating [D]. Joensuu: Joensuun Yliopisto.

JÄÄSKELÄINEN R, 2002. Think-Aloud Protocol Studies into Translation: An Annotated Bibliography [J]. Target, 14 (1).

JÄÄSKELÄINEN R, TIRKKONEN-CONDIT S, 1991. Automatised Processes in Professional vs. Non-Professional Translation: A Think-Aloud Protocol Study [M] // TIRKKONEN-CONDIT S. Empirical Research in Translation and Intercultural Studies: Selected Papers of the TRANSIF Seminar, Savonlinna 1988. Tübingen: Narr.

KARJEL A, 2012. Mining the Minefield: An Exploratory Study of Website Evaluation During the Translator's Terminology Work [D]. Stockholm: Stockholm University.

KIM R, 2006. Use of Extralinguisitic Knowledge in Translation [J]. Meta, 51 (2).

KIRALY D C, 1995. Pathways to Translation: Pedagogy and Process Translation Studies [M]. Kent: Kent University State Press.

KIRALY D C, 2013. Towards a View of Translator Competence as an Emergent Phenomenon: Thinking outside the Box (es) in Translator Education [M] // KIRALY D C, HANSEN-SCHIRRA S, MAKSYMSKI K. New Prospects and Perspectives for Educating Language Mediators. Tübingen: Narr Francke Attempo.

KLÖCKNER K, WIRSCHUM N, JAMESON A. (2004) [2008-01-12]. Depth-and Breadth-First Processing of Search Result Lists [EB/OL]. https: //

www. researchgate. net/publication/221515529_ Depth-_ and_ breadth-first_ processing_ of_ search_ result_ lists.

KÜNZLI A, 2005. Investigating Translation Proficiency—A Study of the Knowledge Employed by Two Engineers in the Translation of a Technical Text [J]. Swiss Association of Applied Linguistics (81).

KRINGS H P, 1986. Translation Problems and Translation Strategies of Advanced German Learners of French (L2) [M] // HOUSE J, BLUM-KULKA S. Inter-lingual and Intercultural Communication. Tübingen: Narr.

KUNTE N, VIHONEN I. (2016) [2018-01-23]. European Master's in Translation (EMT) ——Putting Quality, Innovation, and Students at the Heart of Translator Training [EB/OL]. https://www. gala-global. org/publica-tions/ european-masters-translation-emt---putting-quality-innovation-and-students- heart.

KUSSMAUL P, 1995. Training the Translator [M]. Amsterdam/Philadelphia: John Benjamins.

KUZNIK A, OLALLA-SOLER C, 2018. Results of PACTE Group's Experimental Research on Translation Competence Acquisition. The Acquisition of the Instrumental Sub-Competence [J]. Across Languages and Cultures, 19 (1).

KUZNIK A, 2017. Use of Instrumental Resources [M] // HURTADO ALBIR A. Researching Translation Competence by PACTE Group. Amsterdam / Philadelphia: John Benjamins.

KWASNIK B H. (1992) [2018 - 03 - 14]. A Descriptive Study of the Functional Components of Browsing [EB/OL]. https://surface. syr. edu/cgi/ viewcontent. cgi? escript = http% 253A% 252F% 252Fcn. bing. cm% 252Fsearch% 253Fq% 253DA% 2520descriptive% 2520study% 250of% 2520the% 2520functional% 2520componets%2520of%2520browsing&amp = &go = æ% C2% 8F% C2% 90ä&amp = &qs = n&amp = &form = QBLH&amp = &sp = -1&amp = &pq = a+escriptive+study+ of+the+functional+components+of+browsing&amp = &sc = 0-60&amp = &sk =

&amp = &cvid = F8E98DF6D4B14A4980D7B559009599A3&amp = &httpsredir = 1&amp = &article = 1142&amp = &context = istpub&mp = &seiredir = 1#search = %22descriptive%20study%20functional%20components%20browsing%22.

LAFEBER A, 2012. Translation Skills and Knowledge—Preliminary Findings of a Survey of Translators and Revisers Working at Inter-Governmental Organizations [J]. Meta, 57 (1).

LAUFFER S, 2002. The Translation Process: An Analysis of Observational Methodology [J]. Cadernos de Tradução, 2 (10).

LAUKKANEN J, 1996. Affective and Attitudinal Factors in Translation Process [J]. Target, 8 (2).

LAW W, 2009. Translation Students' Use of Dictionaries: A Hong Kong Case Study for Chinese to English Translation [D]. Durham: University of Durham.

LEHMANN V, 1986. Understanding in Translation and in Foreign Language Teaching: Inferencing Based on Verbal and Aspectual Meaning [M] // HOUSE J, BLUM-KULKA S. Interlingual and Intercultural Communication: Discourse and Cognition in Translation and Second Language Acquisition Studies. Tübingen: Gunter Narr Verlag.

LIN D. (1996) [2018 - 03 - 31]. On the Structural Complexity of Natural Language Sentences [EB/OL]. http://delivery.acm.org/10.1145/1000000/993295/p729 - lin. PDF? ip = 61.172.236.166&id = 993295&acc = OPEN&key = 4D4702B0C3E38B35%2E4D4702B0C3E38B35%2E4D4702B0C3E38B35%2E6D218144511F3437&_ _acm_ _ = 1522484315_ 35340cd ec6aa090e7b180e810c087631.

LIVBJERG I, MEES I M, 1999. A Study of the Use of Dictionaries in Danish-English Translation [M] // HANSEN G. Probing the Process in Translation Methods and Results. Denmark: Samfundslittleratur.

LIVBJERG I, MEES I M, 2003. Patterns of Dictionary Use in Non-Domain-Specific Translation [M] // ALVES F. Triangulating Translation. Amsterdam/Philadelphia: John Benjamins.

LIVBJERG I, MEES I M, 2002. Problem-Solving at Different Points in the Translation Process: Quantitative and Qualitative Data [M] // HANSEN G. Empirical Translation Studies Process and Product. Denmark: Samfundslitteratur.

LÖRSCHER W, 1996. A Psycholinguistic Analysis of Translation Processes [J]. Meta, XLI (1).

LÖRSCHER W, 1992. Investigating the Translation Process [J]. Meta, 37 (3).

LÖRSCHER W, 1986. Linguistic Aspects of Translation Processes: Towards an Analysis of Translation Performance [M] // HOUSE J, BLUM-KULKA S. Interlingual and Intercultural Communication: Discourse and Cognition in Translation and Second Language Acquisition Studies. Tübingen: Narr.

LÖRSCHER W, 2005. The Translation Process: Methods and Problems of Its Investigation [J]. Meta (2).

LÖRSCHER W, 1991. Translation Performance, Translation Process, and Translation Strategies [M]. Tübingen: Gunter Narr.

MACKINTOSH K, 1998. An Empirical Study of Dictionary Use in L2 – L1 Translation [M] // ATKINS B T S. Using Dictionaries: Studies of Dictionary Use by Language Learners and Translators. Tübingen: Max Niemeyer.

MAHMOUD A, 2017. Should Dictionaries Be Used in Translation Tests and Examinations? [J]. English Language Teaching, 10 (3).

MARCHIONINI G, 1995. Information Seeking in Electronic Environments [M]. New York: Cambridge University Press.

MASSEY G, EHRENSBERGER-DOW M, 2011a. Investigating Information Literacy: A Growing Priority in Translation Studies [J]. Across Languages and Cultures, 12 (2).

MASSEY G, EHRENSBERGER-DOW M, 2011b. Technical and Instrumental Competence in the Translator's Workplace: Using Process Research to Identify Educational and Ergonomic Needs [J]. ILCEA (14).

MASSEY G, EHRENSBERGER-DOW M, 2010. Investigating Demands on Language Professionals: Methodological Challenges in Exploring Translation Competence [J]. Bulletin Suisse de Linguistique Appliquée Special (1).

MASSEY G, RIEDIGER H, LENZ S, 2008. Teaching Instrumental Competence in an E-Learning Environment: A Swiss Perspective [M] // DIMITRIU R, FREIGAN K. Translation Technology in Translation Classes. Iasi: Editura Insitutul European.

MASSEY G, 2017. Translation Competence Development and Process-Oriented Pedagogy [M] // SCHWIETER J W, FERREIRA A. The Handbook of Translation and Cognition. Honoken: John Wiley & Sons.

MATEO R M, 2014. A Deeper Look into Metrics for Translation Quality Assessment (TQA): A Case Study [J]. Miscelánea: A Journal of English and American Studies (49).

MAYER R E, 2011. Problem Solving and Reasoning [M] // AUKRUST V G. Learning and Cognition—Issues and Concepts—Focus on Cognition. Oxford: Elsevier.

MELIS N M, HURTADO ALBIR A, 2001. Assessment in Translation Studies: Research Needs [J]. Meta, 46 (2).

MIKHAILOV M, 2015. Minor Language, Major Challenges: The Results of a Survey into the IT Competences of Finnish Translators [J]. Journal of Specialised Translation (24).

MISHRA A, BHATTACHARYYA P, CARL M. (2013) [2018-03-31]. Automatically Predicting Sentence Translation Difficulty [EB/OL]. https://www. cse. iitb. ac. in/~pb/papers/acl13-eye-tracking. PDF.

MUÑOZ MARTÍN R, 2009. Expertise and Environment in Translation [J]. Mutatis Mutandis, 2 (1).

HONG N S, 1998. The Relationship Between Well-Structured and Ill-Structured Problem Solving in Multimedia Simulation [D]. Philadelphia: The Pennsylvania State University.

NATTI. (2016) [2017-10-03]. The INCA Project: Intercultural Competence Assessment [EB/OL]. https://ec. europa. eu/migrant-integration/librarydoc/the-inca-project-intercultural-competence-assessment.

NESI H, 1999. A User's Guide to Electronic Dictionaries for Language Learners [J]. International Journal of Lexicography, 12 (1).

NEUBERT A, 2012. Competence in Languages, and in Translation [M] // SCHÄFFNER C, ADAB B. Developing Translation Competence. Shanghai: Shanghai Foreign Language Education Press.

NEUNZIG W, 2000. The Computer in Empirical Studies for the Didactics of Translation [M] // BEEBY A, ENSINGER D, PRESEAS M. Investigating Translation. Amsterdam/Philadelphia: John Benjamins.

NEWMARK P, 2001. Approaches to Translation [M]. Shanghai: Shanghai Foreign Language Education Press.

NIEDZIELSKI H, CHERNOVATY L, 1993. Linguistic and Technical Preparation in the Training of Technical Translators and Interpreters [M] // WRIGHT S E, WRIGHT L D Jr. Scientific and Technical Translation. Amsterdam/Philadelphia: John Benjamins.

NIELSEN S, 2010. Specialised Translation Dictionaries for Learners [M] // FUERTES-OLIVERA P A. Specialised Dictionaries for Learners. Göttingen: De Gruyter.

NOKES T J, SCHUNN C D, CHI M T H, 2010. Problem Solving and Human Expertise [J] International Encyclopedia of Education, 5.

NORD B, 2009. In the Year 1 BG (Before Google): Revisiting a 1997 Study Concerning the Use of Translation Aids [M] // WOTJAK G. Translatione via Facienda. Festschrift für Christiane Nord zum 65. Geburtstag. Frankfurt am Main: Lang.

NORD C, 2006. Text Analysis of Translation: Theory, Methodology, and Didactic Application of a Model for Translation-Oriented Text Analysis [M].

Beijing: Foreign Language Teaching and Research Press.

NUCCORINI S, 1992. Monitoring Dictionary Use [M] // TOMMOLA H, VARANTOLA K, SAKRÜ-TOLONEN T, et al. Euralex '92 Proceedings I – II. Tampere: University of Tampere.

OLALLA-SOLER C, 2018. Using Electronic Information Resources to Solve Cultural Translation Problems: Differences Between Students and Professional Translators [J]. Journal of Documentation, 7 (6).

OROZCO M, HURTADO ALBIR A, 2002. Measuring Translation Competence Acquisition [J]. Meta, 47 (3).

ORTEGA R M R, GONZÁLEZ P V, 2016. University Students' Use of Electronic Dictionaries in Hidalgo, Mexico [J]. Mextesol Journal, 40 (4).

PACTE, 2000. Acquiring Translation Competence: Hypotheses and Methodological Problems of a Research Project [M] // BEEBY A, ENSINGER D, PRESEAS M. Investigating Translation. Amsterdam/Philadelphia: John Benjamins.

PACTE, 2011a. Results of the Validation of the PACTE Translation Competence Model: Translation Project and Dynamic Translation Index [M] // O'BRIEN S. Cognitive Explorations of Translation. Kundli: India.

PACTE, 2011b. Results of the Validation of the PACTE Translation Competence Model: Translation Problems and Translation Competence [M] // ALVSTAD C, HILD A, TISELIUS E. Methods and Strategies of Process Research: Integrative Approaches in Translation Studies. Amsterdam: John Benjamins.

PACTE, 2003. Building a Translation Model [M] // ALVES F. Triangulating Translation. Amsterdam/Philadelphia: John Benjamins.

PACTE, 2018. Competence Levels in Translation: Working Towards a European Framework [J]. The Interpreter and Translator Trainer, 12 (2).

PACTE, 2002. Exploratory Tests in a Study of Translation Competence [J]. Conference Interpretation and Translation, 4 (2).

PACTE, 2008. First Results of a Translation Competence Experiment: Knowledge of Translation and Efficacy of the Translation Process [M] // KEARNS J. Translator and Interpreter Training: Issues, Methods and Debates. Cornwall: MPG Books.

PACTE, 2014. First Results of PACTE Group's Experimental Research on Translation Competence Acquisition: The Acquisition of Declarative Knowledge of Translation [P]. MonTI Special Issue—Minding Translation.

PACTE, 2005. Investigating Translation Competence: Conceptual and Methodological Issues [J]. Meta (2).

PACTE, 2009. Results of the Validation of the PACTE Translation Competence Model: Acceptability and Decision Making [J]. Across Languages and Cultures, 10 (2).

PASTOR V, ALCINA A, 2010. Search Techniques in Electronic Dictionaries: A Classification for Translators [J]. International Journal of Lexicography, 23 (3).

PAVLOVIĆ N, 2007. Directionality in Collaborative Translation Process—A Study of Novice Translators [D]. Reus: Universitat Rovira I Virgili; Zagreb: University of Zagreb.

PINTO M, SALES D, 2007a. Towards User-Centred Information Literacy Instruction in Translation [J]. The Interpreter and Translator Trainer, 2 (1).

PINTO M, SALES D, 2007b. A Research Case Study for User-Centered Information Literacy Instruction [J]. Journal of Information, 33 (5).

PINTO M, SALES D, 2008. INFOLITRANS: A Model for the Development of Information Competence for Translators [J]. Meta, 64 (3).

PRASSL F, 2010. Translators' Decision-Making Processes in Research and Knowledge Integration [M] // GÖPFERICH S, JAKOBSEN A L, MEES I M. New Approaches in Translation Process Research. Copenhagen: Samfundslitteratur Press.

PRESAS M, 2012. Bilingual and Translation Competence [M] // SCHÄFFNER

C, ADAB B. Developing Translation Competence. Shanghai: Shanghai Foreign Language Education Press.

PYM A, 1998. Ideologies of the Expert in Discourses on Translator Training [M] // SNELL-HORNBY M, GAMBIER Y. Problems and Trends in the Teaching of Interpreting and Translation. Misano: Istituto San Pellegrino.

PYM A, 2003. Redefining Translation Competence in an Electronic Age. In Defense of a Minimalist Approach [J]. Meta, XLVIII (4).

PYM A, 2013. Translation Skill-Sets in a Machine-Translation Age [J]. Meta, 58 (3).

QVARFORDT P, GOLOVCHINSKY G, DUNNIGAN T, AGAPIE E. (2013) [2018-04-23]. Looking Ahead: Query Preview in Exploratory Search [EB/OL]. http: //doi. acm. org/10. 1145/2484028. 2484084.

RISKU H, 2014. Translation Process Research As Interaction Research: From Mental to Socio-Cognitive Processes [P]. MonTI Special Issue—Minding Translation.

ROBERTSON S I, 2004. Problem Solving [M]. Zhang, et al. trans. Beijing: China Light Industry Press.

ROBERTS R P, 1990. Translation and the Bilingual Dictionary [J]. Meta, 35 (1).

ROBERTS R P, 1992. Translation Pedagogy: Strategies for Improving Dictionary Use [J]. TTR (51).

ROBERTS R P. (1997) [2018-01-11]. Using Dictionaries Efficiently [EB/OL]. http: //www. dico. uottawa. ca/articles-en. htm.

RONOWICZ E, HEHIR H, KAIMI T, et al. , 2005. Translator's Frequent Lexis Store and Dictionary Use as Factors in SLT Comprehension and Translation Speed——A Comparative Study of Professional, Paraprofessional and Novice Translators [J]. Meta (2).

ROSE D E, LEVISON D. (2004) [2018-03-18]. Understanding User Goals in

Web Search [EB/OL]. http://www2004. org/proceedings/docs/1p13. PDF.

ROTHE-NEVES R, 2003. The Influence of Working Memory Features on Some Formal Aspects of Translation Performance [M] // ALVES F. Triangulating Translation: Perspectives in Process Oriented Research. Amsterdam/ Philadelphia: John Benjamins.

SALDANHA G, O'BRIEN S, 2014. Research Methodologies in Translation Studies [C]. New York: Routledge.

SALES D, PINTO M, FERNÁNDEZ-RAMOS A, 2018. Undressing Information Behaviour in the Field of Translation: A Case Study with Translation Trainees [J]. Journal of Librarianship and Information Science, 50 (2).

SALES D, PINTO M, 2011. The Professional Translator and Information Literacy: Perceptions and Needs [J]. Journal of Librarianship and Information Science, 43 (4).

SAWYER D B, 2004. Fundamental Aspects of Interpreter Education Curriculum and Assessment [M]. Amsterdam/Philadelphia: John Benjamins.

SCHÄFFNER C, ADAB B, 2012. Developing Translation Competence [M]. Shanghai: Shanghai Foreign Language Education Press.

SCHÄFFNER C, 2012. Designing a Translation Programme [M] // SCHÄFFNER C, ADAB B. Developing Translation Competence. Shanghai: Shanghai Foreign Language Education Press.

SCHÖN D A, 1983. The Reflective Practitioner: How Professionals Think in Action [M]. New York: Basic Books.

SCHOLER F, WILLIAMS H E. (2002) [2018-02-18]. Query Association for Effective Retrieval [EB/OL]. https://dl. acm. org/citation. cfm? doid = 584792. 584846.

SÉGUINOT C, 2000a. Management Issues in the Translation Process [M] // TIRKKONEN-CONDIT S, JÄÄSKELÄINEN R. Tapping and Mapping the Processes of Translation and Interpreting: Outlooks on Empirical Research.

Amsterdam/Philadelphia: John Benjamins.

SÉGUINOT C, 2000b. Knowledge, Expertise, and Theory in Translation [M] // CHESTERMAN A, GALLARDO SAN SALVADOR N, GAMBIER Y. Translation in Context. Amsterdam/Philadelphia: Benjamins.

SHARKAS H, 2013. The Effectiveness of Targeted Subject Knowledge in the Teaching of Scientific Translation [J]. The Interpreter and Translator Training, 1 (7).

SHIH C Y. (2019) [2019-04-14]. A Quest for Web Search Optimisation: An Evidence-Based Approach to Trainee Translators' Behaviour [J/OL]. Perspective. https://www.tandfonline.com/doi/full/10.1080/0907676X.2019.1579847.

SHIH C Y, 2017. Web Search for Translation: An Exploratory Study on Six Chinese Trainee Translators' Behaviour [J]. Asia Pacific Translation and Intercultural Studies, 4 (1).

SHREVE G, ANGELONE E, 2010. Translation and Cognition [M]. Amsterdam/Philadelphia: John Benjamins.

SHREVE G, 2002. Knowing Translation: Cognitive and Experiential Aspects of Translation Expertise from the Perspective of Expertise Studies [M] // RICCARDI A. Translation Studies. Perspectives on an Emerging Discipline. Cambridge: University Press.

SHREVE G, LACRUZ I, 2017. Aspects of a Cognitive Model of Translation [M] // SCHEWIETER J W, FERREIRA A. The Handbook of Translation and Cognition. Hoboken: Wiley Blackwell.

SHREVE G, 2006. The Deliberate Practice: Translation and Expertise [J]. Journal of Translation Studies, 9 (1).

SIMON H A, NEWELL A. Human Problem Solving: The State of the Theory in 1970 [J]. American Psychologist, 1971, 26 (2).

SIRÉN S, HAKKARAINEN K, 2002. Expertise in Translation [J]. Across Languages and Cultures, 3 (1).

SKILLS CFA. (2007) [2017-09-21]. Translation [EB/OL]. http://www.skillscfa.org/standards-qualifications/language-intercultural.

SMITH C, 2010. Adaptive Search Behavior: A Response to Query Failure [D]. New Brunswick: Rutgers, The State University of New Jersey.

SÁNCHEZ RAMOS M. (2005) [2017-07-10]. Research on Dictionary Use by Trainee Translators [J/OL]. The Translation Journal, 9 (2). http://translationjournal.net/journal/32dictuse.htm.

SNELL-HORNBY M, 1988. Translation Studies. An Integrated Approach [M]. Amsterdam/Philadelphia: John Benjamins.

SOBKOWIAK W, 2007. E-Dictionaries and Phonolexicographic Needs of EFL Users [J]. Lexikos (17).

SPINK A, WOLFRAM D, JANSEN B J, et al., 2001. Searching the Web: The Public and Their Queries [J]. Journal of the American Society for Information Science and Technology, 52 (3).

SUNNARI M, HILD A. (2010) [2017-09-29]. A Multi-Factorial Approach to the Development and Analysis of Professional Expertise in SI [EB/OL]. https://www.openstarts.units.it/bitstream/10077/4748/1/SunnariHildIN15.PDF.

SUN S, 2012. Measuring Difficulty in English-Chinese Translation: Towards a General Model of Translation Difficulty [D]. Kent: Kent State University.

SUN S, SHREVE G, 2014. Measuring Translation Difficulty: An Empirical Study [J]. Target, 26 (1).

SYCZ-OPOŃ J. (2019) [2019-03-20]. Information Seeking Behaviour of Translator Students at the University of Silesia During Legal Translation——An Empirical Investigation [J/OB]. The Interpreter and Translator Trainer. https://doi.org/10.1080/1750399X.2019.1565076.

TAYLOR A, CHAN A. (1994) [2017-09-10]. Pocket Electronic Dictionaries and Their Use [EB/OL]. http://euralex.org/publications/pocket-electronic-dictionaries-and-their-use/.

TIRKKONEN-CONDIT S, 2005. The Monitor Model Revisited: Evidence from Process Research [J]. Meta, 50 (2).

TIRKKONEN-CONDIT S, 2000. Uncertainty in Translation Processes [M] // TIRKKONEN-CONDIT S, JÄÄSKELÄNINEN R. Tapping and Mapping the Processes of Translation and Interpreting. Amsterdam/Philadelphia: John Benjamins.

TISELIUS E, HILD A, 2017. Expertise and Competence in Translation and Interpreting [M] // SCHWIETER J W, FERREIRA A. The Handbook of Translation and Cognition. Hobeken: Wiley Blackwell.

TOURY G, 1991. Experimentation in Translation Studies: Achievements, Prospects and Some Pitfalls [M] // TITKKONEN-CONDIT S. Empirical Research in Translation and Intercultural Studies. Selected Papers of the TRANSIF Seminar, Savonlinna 1988. Tübingen: Gunter Narr.

VIENNE J, 2012. Which Competence Should We Teach to Future Translators, and How? [M] // SCHÄFFER C, ADAB B. Developing Translation Competence. Shanghai: Shanghai Foreign Language Education Press.

VOSS J F, 2006. Toulmin's Model and the Solving of Ill-Structured Problems [M] //HITCHCOCK D, VERHEJI B. Arguing on Toulmin Model: New Essays in Argument Analysis and Evaluation. New York: Springer.

WADDINGTON C, 2001. Different Methods of Evaluating Student Translations: The Question of Validity [J]. Meta, XLVI (2).

WADDINGTON C, 2006. Measuring the Effect of Errors on Translation Quality [J]. Lebende Sprachen (2).

WADDINGTON C, 2004. Should Student Translations be Assessed Holistically or Through Error Analysis [J]. Lebende Sprachen (1).

WAKABAYASHI J, 2003. Think-Aloud as a Pedagogical Tool [M] // BAER B J, KOBY G S. Beyond the Ivory Tower: Rethinking Translation Pedagogy. Amsterdam/Philadelphia: John Benjamins.

WILEY J, JEE B D, 2011. Cognition: Overview and Recent Trends

［M］// AUKRUST V G. Learning and Cognition—Issues and Concepts—Focus on Cognition. Oxford：Elsevier.

WILSON T D, 1999. Models in Information Behaviour Research ［J］. Journal of Documentation, 55 (3).

WILSON T D, 1981. On User Studies and Information Needs ［J］. Journal of Documentation, 37 (1).

WILSS W, 1982. Science of Translation：Problems and Methods ［M］. Tübingen：Gunter Narr.

XU M, WANG C, 2011. Translation Students' Use and Evaluation of Online Resources for Chinese-English Translation at the Word Level ［J］. Translation and Interpreting Studies, 6 (1).

ZAPATA J, 2016. Investigating Translator-Information Interaction：A Case Study on the Use of the Prototype Biconcordancer Tool Integrated in CASMACAT ［M］// CARL M, BANGALORE S, SCHAEFFER M. New Directions in Empirical Translation Process Research：Exploring the CRITT TPR-DB 2016. Cham：Springer.

ZHENG B, 2008. Choice-Making in the Process of English-to-Chinese Translation：An Empirical Study ［D］. Singapore：Nanyang Technological University.

ZHENG B, 2014. The Role of Consultation Sources Revisited：An Empirical Study of English-Chinese Translation ［J］. Perspectives：Studies in Translatology, 22 (1).

附录一

职业译者调查问卷

专业文本翻译与搜索知识调查（职业译者版）

本调查问卷考察译者对专业文本翻译和搜索知识的了解程度。你的信息将会是本研究重要的数据组成部分，请按照自身经历如实回答。本研究绝不会以任何方式泄露你的信息，非常感谢！

1. 你的姓名是_____（填空题＊必答）

2. 你的性别是（单选题＊必答）

　　○男　　　　　　　○女

3. 你的年龄是_____岁（填空题＊必答）

4. 你的邮箱是_____（填空题＊必答）

5. 你的学历是（单选题＊必答）

　　○本科毕业　　　○硕士毕业　　○博士在读　　　　○博士毕业

6. 你的本科专业是（单选题＊必答）

　　○语言类专业　　　　　　　　　○非语言类专业

　　○语言类专业，辅修非语言类专业 ○非语言类专业，辅修语言类专业

7. 你的硕士专业是（单选题＊必答）

　　○翻译硕士　　　　　　　　　　○英语语言文学硕士

　　○其他专业硕士

8. 你的主要翻译语言方向是（单选题＊必答）

　　○英译汉

　　○汉译英

　　○以上两个语言方向的翻译量差不多

9. 你是否参加过以下英语水平考试：托福，雅思，全国英语专业四、八级水平考试，全国大学英语四、六级考试？若曾参加，请注明参与的考试类型和分数/分数档。（多项填空题＊必答）

　　考试类型＿＿＿＿＿＿＿＿＿＿＿＿＿

　　分数/分数档＿＿＿＿＿＿＿＿＿＿＿＿

10. 迄今为止，你的翻译量是＿＿＿＿＿万字（填空题＊必答）

11. 你从事翻译的年限是＿＿＿＿＿年（填空题＊必答）

12. 你曾翻译过哪些专业领域的文本（多项填空题）

　　a. 科技类（电子、医药、机械、化学、生物、网络、通信、信息技术、本地化等），请注明类别＿＿＿＿＿＿＿＿＿＿＿＿＿

　　b. 文学类（小说、电影、诗歌、散文、传记、戏剧等），请注明类别＿＿＿＿＿＿＿＿＿＿＿＿＿

　　c. 政论类（政府报告、政府文件、政务等），请注明类别＿＿＿＿＿＿＿＿＿＿＿＿＿

　　d. 法律类（商业合同、法律、法规、条例、管理规定等），请注明类别＿＿＿＿＿＿＿＿＿＿＿＿＿

　　e. 文教类（新闻、报刊、广告、杂志、教育、学术论文/著作、广播等），请注明类别＿＿＿＿＿＿＿＿＿＿＿＿＿

　　f. 经济类（金融、证券交易、保险、人事、财务、市场、销售手册、备忘录、海报、宣传册、公司简介、产品介绍、商业文书、商品型录等），请注明类别＿＿＿＿＿＿＿＿＿＿＿＿＿

　　g. 实用类（个人简历、应用文、成绩单、证书、来往信件、邀请信、推荐信、出国申请等），请注明类别＿＿＿＿＿＿＿＿＿＿＿＿＿

13. 请按照翻译量的大小，将上题中的选项排序（从翻译量最大的领域开始）（排序题请填 1~7 数字排序 * 必答）

_____ a. 科技类　　　_____ b. 文学类　　　_____ c. 政论类

_____ d. 法律类　　　_____ e. 文教类　　　_____ f. 经济类

_____ g. 实用类

14. 你最常接触的专业领域的翻译量是_____万字（填空题 * 必答）

15. 请从最难的指标开始，列出你认为的主要专业文本翻译质量评估指标（如术语正确等，≤5 项）。（多项填空题）

a. _____

b. _____

c. _____

d. _____

e. _____

16. 在业余时间，你会学习哪个/哪些专业领域的知识（填空题 * 必答）

_____

17. 你使用电脑的年限为_____年（填空题 * 必答）

18. 你平均每日使用电脑的时长是_____小时（填空题 * 必答）

19. 你平均每日使用网络的时长是_____小时（填空题 * 必答）

20. 你认为搜索在专业文本翻译中（单选题 * 必答）

○非常重要　　　　○重要　　　　　　○不确定

○不重要　　　　　○非常不重要

21. 你认为翻译教学课堂上是否需要搜索知识的培训（单选题 * 必答）

○是　　　　　　○否

22. 你的搜索方面的知识来自（单选题 * 必答）

○课堂上教师的零星指点

○专门课程的完整培训（如翻译技术等课程）

○翻译实践中同学、同事等的指点

○自己在实践中体悟

23. 若你接受过翻译搜索方面的专门培训，请简述该培训的主要内容，若无请忽略（填空题＊必答）

    ＿＿＿＿＿＿＿＿＿＿＿＿＿

24. 若你接受过翻译搜索方面的专门培训，培训结果是否有效？如无培训请忽略（单选题）

    ○非常有效　　　　　　　　○有效

    ○不确定　　　　　　　　　○无效

25. 你在遇到术语问题时，通常采用哪些解决途径（多选题＊必答）

    □纸质单语/双语词典

    □光盘单语/双语词典（如 CD/DVD 为载体的词典）

    □其他纸质类资源（如百科辞典）

    □在线词典（包括集成类词典如灵格斯）

    □百科网站（如维基百科）

    □公用或公司内部语料库

    □公用术语库

    □自建记忆库或术语库

    □专业网站、论坛、博客

    □在线机器翻译

    □请教同事、客户或行业专家

26. 你在遇到术语问题时，哪些解决途径最有效？请从最有效的选项开始排序（排序题请填 1~11 数字排序＊必答）

    ＿＿＿＿ a. 纸质单语/双语词典

    ＿＿＿＿ b. 光盘单语/双语词典（如 CD/DVD 为载体的词典）

    ＿＿＿＿ c. 其他纸质类资源（如百科辞典）

    ＿＿＿＿ d. 在线词典（包括集成类词典如灵格斯）

    ＿＿＿＿ e. 百科网站（如维基百科）

    ＿＿＿＿ f. 公用或公司内部语料库

    ＿＿＿＿ g. 公用术语库

_____ h. 自建记忆库或术语库

_____ i. 专业网站、论坛、博客

_____ j. 在线机器翻译

_____ k. 请教同事、客户或行业专家

27. 你在遇到专业领域知识（即言外知识）方面的问题时，通常采用哪些解决途径（多选题＊必答）

□纸质单语/双语词典

□光盘单语/双语词典（如 CD/DVD 为载体的词典）

□其他纸质类资源（如百科辞典）

□在线词典（包括集成类词典如灵格斯）

□百科网站（如维基百科）

□公用或公司内部语料库

□公用术语库

□自建记忆库或术语库

□专业网站、论坛、博客

□在线机器翻译

□请教同事、客户或行业专家

28. 你认为遇到专业领域知识方面的问题时，哪些解决途径最有效？请从最有效的选项开始排序（排序题请填 1~11 数字排序＊必答）

_____ a. 纸质单语/双语词典

_____ b. 光盘单语/双语词典（如 CD/DVD 为载体的词典）

_____ c. 其他纸质类资源（如百科辞典）

_____ d. 在线词典（包括集成类词典如灵格斯）

_____ e. 百科网站（如维基百科）

_____ f. 公用或公司内部语料库

_____ g. 在线机器翻译

_____ h. 公用术语库

_____ i. 专业网站、论坛、博客

_____ j. 自建记忆库或术语库

_____ k. 请教同事、客户或行业专家

29. 你在遇到语言问题（除术语问题）时，通常采用哪些解决途径（多选题 * 必答）

□纸质单语/双语词典

□光盘单语/双语词典（如 CD/DVD 为载体的词典）

□其他纸质类资源（如百科辞典）

□在线词典（包括集成类词典如灵格斯）

□百科网站（如维基百科）

□公用或公司内部语料库

□公用术语库

□自建记忆库或术语库

□专业网站、论坛、博客

□在线机器翻译

□请教同事、客户或行业专家

30. 你认为遇到语言问题（除术语问题）时，哪些解决途径最有效？请从最有效的选项开始排序（排序题请填 1~11 数字排序 * 必答）

_____ a. 纸质单语/双语词典

_____ b. 光盘单语/双语词典（如 CD/DVD 为载体的词典）

_____ c. 其他纸质类资源（如百科辞典）

_____ d. 在线词典（包括集成类词典如灵格斯）

_____ e. 百科网站（如维基百科）

_____ f. 公用或公司内部语料库

_____ g. 公用术语库

_____ h. 自建记忆库或术语库

_____ i. 专业网站、论坛、博客

_____ j. 在线机器翻译

_____ k. 请教同事、客户或行业专家

31. 从你使用最多的词典开始，列举你常使用的词典（≤5项）（多项填空题）

     a. _____

     b. _____

     c. _____

     d. _____

     e. _____

32. 你使用最频繁的词典的原因是（多选题＊必答）

□方便易得　　　　　□专业性强　　　　　□词条全面

□没有更好的选择　　□其他

33. 你使用搜索引擎的频次是（单选题＊必答）

○经常使用　　　　　○偶尔使用　　　　　○完全不使用

34. 你经常使用的搜索引擎是（单选题＊必答）

○通用搜索引擎　　　○专业搜索引擎（如谷歌学术等）

35. 请从最常使用的搜索引擎开始，列举你经常使用的搜索引擎（≤8项）（多项填空题）

     a. _____

     b. _____

     c. _____

     d. _____

     e. _____

     f. _____

     g. _____

     h. _____

36. 你经常使用某个搜索引擎的原因是（多选题＊必答）

□查询界面友好

□查询结果详细全面

□查询结果匹配度高

□去重等信息过滤功能优秀

□内容更新快

□满足用户个性化搜索需求

37. 你是否经常使用搜索引擎的高级搜索功能（单选题＊必答）

○是　　　　　　　　○否

38. 请选择你经常使用的搜索引擎高级功能，如无请忽略（多选题）

□对完全匹配的字词使用引号

□使用"或"以搜索任意词

□使用减号以排除某些字词

□限定语言

□限定地区

□限定最后更新时间

□限定文件类型（如 PDF）

□使用"site"或"inurl"等限定网站

39. 请列举你曾使用过的语料库，如无请空缺（多项填空题）

a. _____

b. _____

c. _____

d. _____

e. _____

f. _____

g. _____

h. _____

40. 请列举你经常使用的语料库检索技巧，如无请空缺（多项填空题）

a. _____

b. _____

c. _____

d. _____

e. _____

41. 你在使用网络搜索信息解决翻译问题时经常遇到的问题是（多项填空题）

    a. _____

    b. _____

    c. _____

    d. _____

    e. _____

42. 当搜索引擎显示搜索信息结果时，你会（单选题＊必答）

    ○大致浏览后，选择与查询目标更相关的网页查看

    ○点击并仔细浏览第一页最前面的几条，其后随便点击浏览

    ○逐一点击，逐条查看

    ○随便点击一个查看

43. 你觉得影响你有效使用网络资源解决翻译问题的主要因素有（单选题＊必答）

    ○对辅助翻译的网络资源不够了解

    ○网络搜索技能不高

    ○计算机操作技能不高

    ○网络资源良莠不齐，不好辨别

44. 你是否会保存从网络获取的信息（单选题＊必答）

    ○是   ○否

45. 如果你会保存从网上获取的信息，通常你是怎样保存的（多选题＊必答）

    □利用浏览器中的书签或收藏夹等保存

    □将信息发送到邮箱保存

    □利用浏览器中的历史记录查看网络浏览历史

    □将网页内容拷贝下载到本机储存

    □将网页内容打印出来或记录下来

□不借助技术保存信息，但会记在脑子里

46. 你通常如何判断和评估搜索到的信息是否与要解决的翻译问题相关（多选题＊必答）

□简单浏览检索结果网页链接中显示的文字摘要后，做出判断

□跳读检索结果网页文内信息，得知大意后判断

□点击并通读感兴趣的网页全文后再做判断

□查看链接信息，如发布者、发布时间等，然后做出判断

学生译者调查问卷

专业文本翻译与搜索知识调查（学生译者版）

本调查问卷考察译者对专业文本翻译和搜索知识的了解程度。你的信息将会是本研究重要的数据组成部分，请按照自身经历如实回答。本研究绝不会以任何方式泄露你的信息，非常感谢你的配合！

1. 你的性别是（单选题＊必答）

　　○男　　　　　　　　○女

2. 你的年龄是_____岁（填空题＊必答）

3. 你的邮箱是_____（填空题＊必答）

4. 你所在的学校是_____（填空题＊必答）

5. 你的学历是（单选题＊必答）

　　○硕士一年级　　　　○硕士二年级　　　　○硕士三年级

6. 你的本科专业是（单选题＊必答）

　　○语言类专业

　　○非语言类专业

　　○语言类专业，辅修非语言类专业

　　○非语言类专业，辅修语言类专业

7. 迄今为止，你的翻译实践量是_____万字（填空题＊必答）

8. 你曾翻译过哪些专业领域的文本（多项填空题）

　　a. 科技类（电子、医药、机械、化学、生物、网络、通信、信息技术、本地化等），请注明类别＿＿＿＿＿＿＿＿＿＿＿＿＿

　　b. 文学类（小说、电影、诗歌、散文、传记、戏剧等），请注明类别＿＿＿＿＿＿＿＿＿＿＿＿＿

　　c. 政论类（政府报告、政府文件、政务等），请注明类别＿＿＿＿＿＿＿＿＿＿＿＿＿

　　d. 法律类（商业合同、法律、法规、条例、管理规定等），请注明类别＿＿＿＿＿＿＿＿＿＿＿＿＿

　　e. 文教类（新闻、报刊、广告、杂志、教育、学术论文/著作、广播等），请注明类别＿＿＿＿＿＿＿＿＿＿＿＿＿

　　f. 经济类（金融、证券交易、保险、人事、财务、市场、销售手册、备忘录、海报、宣传册、公司简介、产品介绍、商业文书、商品型录等），请注明类别＿＿＿＿＿＿＿＿＿＿＿＿＿

　　g. 实用类（个人简历、应用文、成绩单、证书、来往信件、邀请信、推荐信、出国申请等），请注明类别＿＿＿＿＿＿＿＿＿＿＿＿＿

9. 请按照翻译量的大小，将上题中的选项排序（从翻译量最大的领域开始）（排序题请填 1~7 数字排序 ＊必答）

　　＿＿＿ a. 科技类　　　＿＿＿ b. 文学类　　　＿＿＿ c. 政论类

　　＿＿＿ d. 法律类　　　＿＿＿ e. 文教类　　　＿＿＿ f. 经济类

　　＿＿＿ g. 实用类

10. 请从最难的指标开始，列出你认为的主要专业文本翻译（即非文学翻译）质量评估指标（如术语正确等，≤5 项）（多项填空题）

　　　a. ＿＿＿＿＿＿＿＿＿＿＿＿＿

　　　b. ＿＿＿＿＿＿＿＿＿＿＿＿＿

　　　c. ＿＿＿＿＿＿＿＿＿＿＿＿＿

　　　d. ＿＿＿＿＿＿＿＿＿＿＿＿＿

　　　e. ＿＿＿＿＿＿＿＿＿＿＿＿＿

11. 你使用电脑的年限为_____年（填空题＊必答）

12. 你平均每日使用电脑的时长是_____小时（填空题＊必答）

13. 你平均每日使用网络的时长是_____小时（填空题＊必答）

14. 你认为搜索在专业文本翻译中（单选题＊必答）

　　○非常重要　　　　○重要　　　　　　○不确定

　　○不重要　　　　　○非常不重要

15. 你的搜索方面的知识来自（单选题＊必答）

　　○课堂上教师的零星指点

　　○专门课程的完整培训（如翻译技术等课程）

　　○翻译实践中同学等的指点

　　○自己在实践中体悟

16. 若你接受过翻译搜索方面的专门培训，请简述该培训的主要内容，若无请忽略（填空题＊必答）

　　_____

17. 若你接受过翻译搜索方面的专门培训，培训结果是否有效？如无培训请忽略（单选题）

　　○非常有效　　　　○有效

　　○不确定　　　　　○无效

18. 你认为翻译教学课堂上是否需要搜索知识的培训（单选题＊必答）

　　○是　　　　　　　○否

19. 你在遇到术语问题时，通常采用哪些解决途径（多选题＊必答）

　　□纸质单语/双语词典

　　□光盘单语/双语词典（如 CD/DVD 为载体的词典）

　　□其他纸质类资源（如百科辞典）

　　□在线词典（包括集成类词典如灵格斯）

　　□百科网站（如维基百科）

　　□公用或公司内部语料库

　　□公用术语库

□自建记忆库或术语库

□专业网站、论坛、博客

□在线机器翻译

□请教同事、同学、客户或行业专家

20. 在你遇到术语问题时，哪些解决途径最有效，请从最有效的选项开始排序（排序题请填 1~11 数字排序 * 必答）

　　____ a. 纸质单语/双语词典

　　____ b. 光盘单语/双语词典（如 CD/DVD 为载体的词典）

　　____ c. 其他纸质类资源（如百科辞典）

　　____ d. 在线词典（包括集成类词典如灵格斯）

　　____ e. 百科网站（如维基百科）

　　____ f. 公用或公司内部语料库

　　____ g. 公用术语库

　　____ h. 自建记忆库或术语库

　　____ i. 专业网站、论坛、博客

　　____ j. 在线机器翻译

　　____ k. 请教同事、同学、客户或行业专家

21. 你在遇到专业领域知识（即言外知识）方面的问题时，通常采用哪些解决途径（多选题 * 必答）

□纸质单语/双语词典

□光盘单语/双语词典（如 CD/DVD 为载体的词典）

□其他纸质类资源（如百科辞典）

□在线词典（包括集成类词典如灵格斯）

□百科网站（如维基百科）

□公用或公司内部语料库

□公用术语库

□自建记忆库或术语库

□专业网站、论坛、博客

□在线机器翻译

□请教同事、同学、客户或行业专家

22. 你认为遇到专业领域知识方面的问题时，哪些解决途径最有效，请从最有效的选项开始排序（排序题请填 1~11 数字排序 * 必答）

_____ a. 纸质单语/双语词典

_____ b. 光盘单语/双语词典（如 CD/DVD 为载体的词典）

_____ c. 其他纸质类资源（如百科辞典）

_____ d. 在线词典（包括集成类词典如灵格斯）

_____ e. 百科网站（如维基百科）

_____ f. 公用或公司内部语料库

_____ g. 在线机器翻译

_____ h. 公用术语库

_____ i. 专业网站、论坛、博客

_____ j. 自建记忆库或术语库

_____ k. 请教同事、同学、客户或行业专家

23. 你在遇到语言问题（除术语问题）时，通常采用哪些解决途径？（多选题 * 必答）

□纸质单语/双语词典

□光盘单语/双语词典（如 CD/DVD 为载体的词典）

□其他纸质类资源（如百科辞典）

□在线词典（包括集成类词典如灵格斯）

□百科网站（如维基百科）

□公用或公司内部语料库

□公用术语库

□自建记忆库或术语库

□专业网站、论坛、博客

□在线机器翻译

□请教同事、同学、客户或行业专家

24. 你认为遇到语言问题（除术语问题）时，哪些解决途径最有效，请从最有效的选项开始排序（排序题请填 1~11 数字排序 * 必答）

　　＿＿＿ a. 纸质单语/双语词典

　　＿＿＿ b. 光盘单语/双语词典（如 CD/DVD 为载体的词典）

　　＿＿＿ c. 其他纸质类资源（如百科辞典）

　　＿＿＿ d. 在线词典（包括集成类词典如灵格斯）

　　＿＿＿ e. 百科网站（如维基百科）

　　＿＿＿ f. 公用或公司内部语料库

　　＿＿＿ g. 公用术语库

　　＿＿＿ h. 自建记忆库或术语库

　　＿＿＿ i. 专业网站、论坛、博客

　　＿＿＿ j. 在线机器翻译

　　＿＿＿ k. 请教同事、同学、客户或行业专家

25. 从你使用最多的词典开始，列举你常使用的词典（≤5 项）（多项填空题）

　　a. ＿＿＿＿＿＿＿＿＿＿＿＿＿＿

　　b. ＿＿＿＿＿＿＿＿＿＿＿＿＿＿

　　c. ＿＿＿＿＿＿＿＿＿＿＿＿＿＿

　　d. ＿＿＿＿＿＿＿＿＿＿＿＿＿＿

　　e. ＿＿＿＿＿＿＿＿＿＿＿＿＿＿

26. 你使用最频繁的词典的原因是（多选题 * 必答）

　　□方便易得　　　　□专业性强　　　　□词条多

　　□没有更好的选择　□其他

27. 你使用搜索引擎的频次是（单选题 * 必答）

　　○经常使用　　　　○偶尔使用　　　　○完全不使用

28. 你经常使用的搜索引擎是（单选题 * 必答）

　　○通用搜索引擎

　　○专业搜索引擎（如谷歌学术等）

29. 请从最常使用的搜索引擎开始，列举你经常使用的搜索引擎（≤8项）（多项填空题）

   a. ＿＿＿＿＿＿＿＿＿＿＿＿＿＿＿

   b. ＿＿＿＿＿＿＿＿＿＿＿＿＿＿＿

   c. ＿＿＿＿＿＿＿＿＿＿＿＿＿＿＿

   d. ＿＿＿＿＿＿＿＿＿＿＿＿＿＿＿

   e. ＿＿＿＿＿＿＿＿＿＿＿＿＿＿＿

   f. ＿＿＿＿＿＿＿＿＿＿＿＿＿＿＿

   g. ＿＿＿＿＿＿＿＿＿＿＿＿＿＿＿

   h. ＿＿＿＿＿＿＿＿＿＿＿＿＿＿＿

30. 你经常使用某个搜索引擎的原因是（多选题＊必答）

   □查询界面友好

   □查询结果详细全面

   □查询结果匹配度高

   □去重等信息过滤功能优秀

   □内容更新快

   □满足用户个性化搜索需求

31. 你是否经常使用搜索引擎的高级搜索功能（单选题＊必答）

   ○是　　　　　　○否

32. 请选择你经常使用的搜索引擎高级功能，如无请忽略（多选题）

   □对完全匹配的字词使用引号

   □使用"或"以搜索任意词

   □使用减号以排除某些字词

   □限定语言

   □限定地区

   □限定最后更新时间

   □限定文件类型（如 PDF）

33. 请列举你曾使用过的语料库，如无请空缺（多项填空题）

　　a. _____

　　b. _____

　　c. _____

　　d. _____

　　e. _____

　　f. _____

　　g. _____

　　h. _____

34. 请列举你经常使用的语料库检索技巧，如无请空缺（多项填空题）

　　a. _____

　　b. _____

　　c. _____

　　d. _____

　　e. _____

35. 你在使用网络资源解决翻译问题时经常遇到的问题是（多项填空题）

　　a. _____

　　b. _____

　　c. _____

　　d. _____

　　e. _____

36. 当搜索引擎显示搜索信息结果时，你会（单选题＊必答）

　　○大致浏览后，选择与查询目标更相关的网页查看

　　○点击并仔细浏览第一页最前面的几条，其后随便点击浏览

　　○逐一点击，逐条查看

　　○随便点击一个查看

37. 你觉得影响有效使用网络资源解决翻译问题的主要原因有（单选题＊必答）

   ○对辅助翻译的网络资源不够了解

   ○网络搜索技能不高

   ○计算机操作技能不高

   ○网络资源良莠不齐，不好辨别

38. 你是否会保存从网上获取的信息（单选题＊必答）

   ○是　　　　　　　　○否

39. 如果你会保存从网上获取的信息，通常你是怎样保存的（多选题＊必答）

   □利用浏览器中的书签或收藏夹等保存

   □将信息发送到邮箱保存

   □利用浏览器中的历史记录查看网络浏览历史

   □将网页内容拷贝下载到本机储存

   □将网页内容打印出来或记录下来

   □不借助技术保存信息，但会记在脑子里

40. 你通常如何判断和评估搜索到的信息是否与要解决的翻译问题相关（多选题＊必答）

   □简单浏览检索结果网页链接中显示的文字摘要后，做出判断

   □跳读检索结果网页文内信息，得知大意后判断

   □点击并通读感兴趣的网页全文后再做判断

   □查看链接信息，如发布者、发布时间等，然后做出判断

实验材料一

环境与化学（政府组织）文本

1	**Effective date（s）of entry into force of actions**	March 14,2013
	Reference to the regulatory document	*Prohibition of Certain Toxic Substances Regulations*,2012 Canada Gazette,Part II,Vol. 147,No. 1-January 2,2013.
2	**Succinct details of the final regulatory action(s)**	The regulatory action notified by Canada relates to the use of SCCP as industrial chemicals. The final regulatory action states that all manufacture,use,sale,offer for sale or import of SCCP or products containing them is prohibited,unless SCCP are incidentally present in the product or if they are used in a laboratory for analysis,in scientific research or as a laboratory analytical standard（UNEP/FAO/RC/CRC. 10/6 section 2. 1,2. 2. 1 and 2. 2. 3）.
3	**Basis for inclusion into Annex III**	The final regulatory action was taken to protect human health and environment. The regulatory action was based on a risk evaluation taking into account the prevailing conditions in Canada.

3.1	Risk evaluation	The risk evaluation considered all Chlorinated Alkanes (CA), including SCCP, Medium-Chain Chlorinated Alkanes (MCCA) and Long-Chain Chlorinated Alkanes(LCCA). For SCCP, critical data relevant to both estimation of exposure of the general population in Canada and assessment of the weight of evidence for the mode of induction of specific tumours were identified following release of the first Priority Substances List (PSL1) assessment and prior to February 2001, although most of this information has been reported in incomplete published summary accounts or abstracts. These data suggest that several tumours observed in carcinogenicity bioassays in rats and mice exposed to SCCP are induced by modes of action either not relevant to humans (kidney tumours in male rats) or for which humans are likely less sensitive (in rats, liver tumours related to peroxisome proliferation and thyroid tumours related to thyroid-pituitary disruption). Complete documentation of available studies and consideration in additional investigations of the reversibility of precursor lesions in the absence of continued exposure is lacking. However, reported data on mode of induction of tumours in addition to the weight of evidence that SCCP are not DNA reactive are at least sufficient as a basis for consideration of a Tolerable Daily Intake (TDI) for non-cancer effects as protective for carcinogenicity for observed tumours. Upper-bounding estimates of daily intake of SCCP approach or exceed the TDI for these compounds, which, on the basis of available information, is likely also protective for potential carcinogenicity (UNEP/FAO/RC/CRC. 10/6 section 2.4.2.1).(390字)

实验材料二

机械制造文本

CS 800 series commercial/industrial pressure reducing regulators

Description（Page 2）

CS800 Series regulators are typically installed on industrial and commercial applications. See Table 1 for available configurations. Constructions with External Registration, e.g. , Type CS800EN, require an external control line. The CS 800 Series offers multiple forms of overpressure protection including:

Internal Relief—Minimizes downstream pressure buildup by relieving gas through the diaphragm assembly and out the 1 NPT vent to atmosphere in the event of an overpressure situation.

High Capacity Relief—Provides an increase in relief performance over basic internal relief via a $2-1/2$ NPT vent thereby offering a significant improvement in the level of overpressure protection to the downstream system in the event of an overpressure occurrence.

Integral True-Monitor^{TM} Protection—Provides a monitoring regulator integrally mounted on the inlet side of the valve body that assumes control of flow to the downstream system should the primary regulator cease to regulate flow.

Secondary Seat^{TM} Protection—Provides a solution to the most common cause of regulators failing to shutoff by employing a secondary seating surface to provide shutoff in the event the primary orifice seating surface becomes damaged or blocked.

Principle of Operation（Page 6）

Type CS800，CS820，and CS850

Base Regulators Operation

Refer to Figures 2 and 3. When downstream demand decreases, the pressure under the diaphragm increases. This pressure overcomes the regulator setting（which is set by the regulator control spring）. Through the action of the pusher post assembly, lever, and calce stem, the valve disk moves closer to the orifice and reduces gas flow. If demand downstream increases, pressure under the diaphragm decreases. Spring force pushes the pusher post assembly downward, the valve disk moves away from the orifice, and the gas flow increases downstream as the regulator opens in response to the decreased pressure underneath the diaphragm.

The Type CS800IR regulator includes an internal relief valve for overpressure protection. If the downstream pressure exceeds the regulator setting by 7-inches w. c. to 2. 5 psig/17 to 172 mbar（depending on the type number and main spring used）, the relief valve opens and excess gas is vented through the stabilizer vent in the upper spring case. Units with standard internal relief valve have 1 NPT vent size, Figure 2, while units with high-capacity relief valve have 2 – 1/2 NPT vent size, Figure 3. （375 字）

实验材料三

法律文本

1. 1. The Principal appoints the Introducer on a non-exclusive basis to identify prospective [commercial partners and/or investors] for the Principal and/or its projects ("**Prospective Counterparties**"), and to introduce such persons on the terms of this agreement.

1. 2. The Introducer is under no obligation to introduce any Prospective Counterparties to the Principal.

1. 3. The Introducer shall:

(a) act in good faith towards the Principal and not allow its other interests or duties to conflict with any of its duties under this agreement;

(b) comply with all laws, regulations, rule and codes of conduct applicable to it and its activities; and

(c) comply with all reasonable and lawful instructions of the Principal.

1. 4. The Introducer shall have no authority, and shall not hold itself out, or permit any person to hold itself out, as being authorised to bind the Principal in any way.

1. 5. The Introducer shall not, without the Principal's prior written consent:

    (a) make or give any representations, warranties or other promises concerning the Principal or any of the Principal's projects or investment opportunities which are not contained in the Principal's marketing materials; or

    (b) produce any marketing materials relating to the Principal or its projects or use the Principal's name, logo or trade marks on any documents.

2. 1. The Introducer will be solely responsible for complying with all laws, regulations, rules and codes of conduct applicable to it and its activities, including without limitation its sourcing of Prospective Counterparties and the communication of any financial promotions.

2. 2. Without prejudice to the generality of clause 3. 1, the Introducer shall comply with all applicable laws, statutes, regulations and codes relating to anti-bribery and anti-corruption and shall not (whether directly or through a third party) offer, promise or give any financial or other advantage to any person:

    (a) with the intention of bringing about an improper performance of any function or activity by another person or to reward such improper performance; or

    (b) where the Introducer knows or believes that the acceptance of the advantage offered, promised or given, constitutes in itself the improper performance of a function or activity; or

    (c) with the intention of influencing a public official in that person's capacity as a public official. （367 字）

附录六

实验建议书

尊敬的各位译者:

感谢拨冗参与实验!

你的实验文件在本研究中会以编号的形式出现,真实信息只为联系之用,绝不会以任何方式泄露出去,请确知。为了确保实验信度和效度,请按照以下步骤进行操作。

第一步:填写调查问卷,以下两种方式均可,请选其一。

网上填写,网址:https://www.wenjuan.in/s/6NrYv22/ 密码:******

手机二维码扫码填写:

第二步:安装录屏软件。

请将录屏软件 BB FlashBack Pro 软件安装在 Windows 系统的电脑上。程序如下:

a. 解压文件 BBFlashBack.zip 后,打开 BBFlashBack 文件,点击 BB_FlashBack_ Pro,首先双击 bbflbk5.exe 安装文件。文件安装完毕后,点击 patch.exe,会有两个文件安装完成:BB FlashBack Pro 5 Player

和 BB FlashBack Pro 5 Recorder。

b. 双击 BB FlashBack Pro 5 Player，屏幕中出现录像机欢迎界面，点击
"录制您的屏幕"。请先不要勾选"录制声音"，这样在录制视频时
文件会小很多，如图所示。

然后请点击"工具"—"选项"，对"键盘操作记录"项勾选"捕获
按键"，如图所示，点击"确定"。

然后点击播放器的"视图"—"侧边面板"，勾选"键日志"。如图
所示。

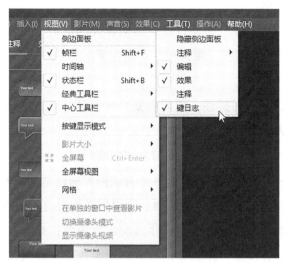

该设置很重要，可导出键盘记录。设置完毕，你就可以试录了！

第三步：试录屏幕和录音。

现在可以点击红色录制按钮进行试录，试录时可将"BB FlashBack Pro 5 录像机"或"播放器"最小化，并打开空白 WORD 随意打字，试录 30 秒~1 分钟。录制完成，保存试录文件后，请用 BB FlashBack Pro 5 Player 打开"一个录制"，这时会显示你的录屏结果，请同时试着将侧面板的"键日志""导出"，导出界面如图所示。

导出日志后，请试做回溯性口头报告。方法如下：

打开已录制好的视频，但不播放。请先点击上部面板中的"声音"，点击"录制声音"，然后再点击播放视频箭头，一边观看视频，一边进行口头报告，口头报

告主要内容见提纲。

口头报告内容为整个翻译过程中你对翻译问题的处理，特别是怎样用搜索行为解决问题的过程，要点中尽可能包括：

你遇到的问题；

你对该问题性质的描述：该问题是理解问题？表达问题？还是似乎有译文答案，但需确认的问题？

你觉得哪些网络资源可以帮助解决该问题？

你点击某一网页的原因是什么？你对该网页的评估如何？（例如，你对该网页的期待；是否了解该网页资源；你对网页内容有用与否的评价等）

试录口头报告后，请保存文件并再次回放视频，确保录屏与录音都无误。若能完整观看视频，并能导出日志，说明你的操作没问题，下面开始正式录制啦！

第三步：正式翻译并录制视频。

译前准备也是本实验的考察环节，请确保录制程序如下：

a. 打开 BB FlashBack Pro 5 Player 和 BB FlashBack Pro5 Recorder 都可开始录制。

b. 待 3、2、1 倒计时后，最小化软件，打开文件一，并翻译。

c. 翻译结束后，请将视频文件和键盘日志文件名命名为你的"姓名 1-2018xxxx"（第二篇文件翻译后生成的录屏和键日志文件名为你的"姓名 2-2018xxxx"）。

回放录屏时，请做口头报告并录音，然后保存文件。录音与录屏文件仍是一个文件。

录音小贴士：录制口头报告时，请先点击"声音"，选择"录制声音"，再播放视频，这时声音就可以添加在视频文件中了。

若你暂停录音，点击视频暂停键，再次点击播放键时会回放添加声音的视频。重启录音时，请重复"录制声音"和播放视频程序。点击红色时间帧标记，视频就会拖放到该时间播放。通过这种方式，你可以充分回忆翻译过程后再录音。请确保译后即口头报告，确保记忆尽可能真实再现。

d. 打开文件二，翻译并录制视频。回放视频时，做口头报告并录音，录制程序如文件一。

温馨提示：每次实验操作结束后，请回放视频与口头报告录音，确保你的录制完整有效。

e. 最后，请从浏览器中"历史记录"中导出网上浏览记录。不同浏览器中的导出方法不同。360 极速浏览器可以从 History 中直接拷贝到 WORD 或其他格式的文件中。

你也可安装一个很小的文件 BrowsingHistoryView.exe，包括 IE 浏览器的很多浏览器可用它导出浏览记录。方法为全选并拷贝记录到 excel 文件中。

f. 实验结束后共生成 7 个文件：

文件一的翻译录屏+口头报告录音

文件一的键日志

文件一的译文

文件二的翻译录屏+口头报告录音

文件二的键日志

文件二的译文

网页浏览历史记录文件

g. 撒花～～实验全部结束！请将 5 个文件拷贝上传至天翼云盘，用户名 *******，密码：*******，并通知我实验结束，我的手机号 *******。

非常感谢各位参与调查和耐心配合！你的实验数据非常珍贵，本人除研究之用外，绝不会用作他途。最后再次对你的支持表示感谢！

王　静

非常规任务中信息需求表征方式改变频次多于常规任务的信息需求与信息资源

编号	信息需求	信息资源	
		常规任务	非常规任务
1	force of actions	有道、Unterm、必应	搜狗翻译、搜狗屏幕划词、必应、有道、百度
2	succinct details	eluna、有道、Unterm、灵格斯	有道、谷歌翻译
3	notify	Unterm、eluna、eluna 结果页中 NUEP/FAO/CRC. 11/2/REV. 1 双语句对、[PDF]多氯化萘第 CRC-10/3 号决定附件化学品审查委员会关于加拿大提交……	搜狗翻译、灵格斯、有道、谷歌
4	Chlorinated Alkanes	Unterm、有道、百度、谷歌、必应、eluna	有道、搜狗翻译、灵格斯、谷歌必应、百度百科——氯代烷
5	offer for sale	有道、Unterm、linguee、百度、eluna	有道、谷歌、谷歌"offer for sale"销售第 2~5 页、百度、百度 part 法律文件结果页中百度文库——part chapter section

续表

编号	信息需求	信息资源	
		常规任务	非常规任务
6	incidentally present	eluna、eluna 结果页中点击 NUEP/FAO/CRC. 11/2/REV. 1 双语句对、有道	灵格斯、有道、谷歌、谷歌"incidentally present"第 2~7、8 页、谷歌"incidentally present"出现第 2 页、谷歌短链氯化石蜡系无法避免存在于产品中第 2 页、谷歌搜"incidentally present"存在第 2 页、谷歌"incidentally present"产品第 2 页、食品伙伴网——2012 年禁止特定有毒物质条例(prohibition of certain toxic substances)、金山词霸
7	Priority Substances List	Unterm、eluna、eluna 结果页 UNEP/FAO/RC/COP8/12/ADD. 1、谷歌、有道、百度、有道、谷歌结果页 glosbe 页面、glosbe 中 UN-2 翻译记忆库来源 UN-2、百度 priority substances list 结果页第 2 页、eluna 搜 priority substances list 第 2 页	有道、灵格斯、谷歌、必应、百度、百度百科——高关注物质、glosbe——abstraction 页有记忆库句对、谷歌翻译、谷歌 first priority substances list 物质第 2 页、谷歌"first priority substances list"物质第 2 页、谷歌搜"PSL1"物质第 2 页、glosbe——priority substance、谷歌搜"PSL1"物质清单第 2 页、谷歌搜首要物质清单第 2 页、glosbe-priority substance in Chinese、欧盟 REACH 法规——新闻-欧盟有毒化学物质替代品在线查询系统正式开放
8	exposure	Unterm、linguee、谷歌、有道、谷歌结果页[PDF]关于持久性有机污染物的斯德哥尔摩公约风险简介草案增编:短链氯化石蜡	灵格斯、有道、谷歌、谷歌"extimation of exposure"第 2 页、百度、谷歌搜小鼠接触 接触短链氯化石蜡 前期病变可逆性第 2 页、glosbe
9	mode of induction	Unterm、有道、eluna、百度、必应、灵格斯	灵格斯、有道、谷歌、谷歌"mode of induction"第 2 页
10	modes of action	eluna、eluna、有道	有道、谷歌、百度、家庭医生在线——肿瘤的病因、症状、治疗方式、保健饮食
11	weight of evidence	Unterm、有道、eluna、eluna 结果页中 UNEP/POPS/POPRC. 13/3、谷歌翻译、谷歌、百度	有道、金山词霸、谷歌、法律网——明显的证据力;明显的证据份量、ECHA——weight of evidence、百度、谷歌特定肿瘤引发模式的证据权重第 2 页、百度翻译——weight of evidence

续表

编号	信息需求	信息资源	
		常规任务	非常规任务
12	liver tumour	有道、谷歌	有道、金山词霸、谷歌
13	DNA reactive	有道、百度、必应、eluna	有道、谷歌、ICH 指导原则——M7 为限制潜在致癌风险二队药物中 DNA 活性、谷歌"DNA reactive"基因第 2~5 页
14	protective	有道、Unterm、谷歌翻译、有道、谷歌、百度、博客——科学网-喝酒致癌再添新"铁证"、百度文库——致癌物分类、百度结果页下一页、百度搜 protective 致癌第 2 页、360 文库——伪生物医学出身方舟子"验(中)药"的真相-假洋鬼子篇、必应 protective 致癌第 2 页	灵格斯、有道、百度、谷歌、谷歌报告数据至少可以作为耐受日摄入量的考虑依据,用于计算对所观察肿瘤致癌性具有防护作用的非癌因素的耐受日摄入量第 2 页、谷歌搜肿瘤致癌性具有防护作用第 2 页、谷歌搜肿瘤致癌性 防护 每日允许摄取量第 2~4 页、世界卫生组织—与食品中农药残留物有关的健康风险、谷歌防护 肿瘤 每日允许摄取量第 2 页、谷歌搜抑制致癌性 每日允许摄取量第 2 页、谷歌搜保护 致癌性 每日允许摄取量第 2 页、谷歌搜几种肿瘤的致癌性来说安全的每日允许摄取量第 2 页
15	upper-bounding	有道、谷歌翻译、谷歌、必应、百度	有道、灵格斯、谷歌、博客园——论文笔记之-speed up tracking by ignoring features、谷歌"upper-bounding"第 2 页、谷歌翻译
16	thyroid tumour	有道	有道、谷歌
17	specific tumours	有道	有道
18	thyroid-pituitary disruption	有道、百度、linguee、谷歌、有道翻译、必应	有道、谷歌、灵格斯、谷歌"thyroid-pituitary disruption"第 2 页、谷歌搜"thyroid-pituitary"第 2~5 页、金山词霸、glosbe 甲状腺、医学百科、glosbe——pituitary、谷歌搜"complete document-ation of available studies"研究第 2 页、百度、中国期刊网——垂体柄中断综合征临床特点分析、百度百科——甲状腺

续表

编号	信息需求	信息资源	
		常规任务	非常规任务
19	Fisher CS 800 regulator	灵格斯、有道、谷歌、谷歌"pressure reducing regulator"减压第2~3页、谷"pressure reducing regulator"减压阀第2、3页、艾默生官网——sigher™ CS800系列调压器、百度	谷歌,百度,百度文库——EMERSON费希尔CS 800的[PDF]文件(英语),百度文库——EMERSON FISHER阀门培训(汉语)、富特阀门网页——进口CS800系列调压器、进口阀门、VT富特、波纹管截止阀、进口疏水阀
20	external registration	灵格斯、有道、谷歌专利——CN105473854B-用于在真空系统中工作的流体操作机器的启动阀英语网站链接、谷歌、谷歌专利——CN102314365A-一种安装包制作方法和工具、谷歌 external registration 外部页的第2~6页、SCI dict学术词典网页、谷歌"pressure registration"压力第2页、CN105473854B——用于在真空系统中工作的流体操作机器的启动阀页中点击 English 链接、谷歌专利——CN105473854B-用于在真空系统中工作的流体操作机器的启动阀、文档 US2014090726A1、"青云翻译论坛——pressure registration 的翻译是:什么意思?"、谷歌"pressure registration"压力第3页、能源网——威炼627系列调压器美国(Fisher)费希尔,规格参数、报价、评价-产品中心、商务网站慧聪网——FISHER MR95 series pressure reducing regulators、艾默生中国——Emerson、谷歌、[PDF]技术通稿:299H系列减压调压器-Emerson(点击2次)、必应、谷歌 internal registration valve 阀门页 handbook of valves and activators: valves manual international、百度、百度文库——费希尔调压器技术资料	谷歌、有道、free dictionary

编号	信息需求	信息资源	
		常规任务	非常规任务
21	internal relief	灵格斯、有道、百度文库费希尔调压器技术资料页、百度	谷歌、有道、必应
22	vent	金山词霸、百度文库——费希尔、谷歌、谷歌 vent 排气 CS800 第 2 页	谷歌、百度百科——npt 螺纹、有道、必应
23	high capacity relief	灵格斯、有道、谷歌、Emerson Fisher CS800 英语页、Fisher CS800 系列调压器 艾默生汉语页、ircom——压力调节器-小型压力调节器-R309、谷歌 high capacity relief 第 2、3 页、fisher-page 2-进口采购-bypress.cn、谷歌专利 CN101517216A、bypress——page 37165-进口采购、百度、谷歌"high capacity"阀门第 2~5 页	谷歌、有道、必应
24	base regulator	灵格斯、有道	有道、谷歌、[PDF]压力调压器基础——Emerson、必应、百度百科——基地式调节器、谷歌翻译
25	overcome	灵格斯	有道、必应、马棚网——overcoming inertia——机械咨询
26	pusher post assembly	有道、必应、百度百科——推杆、百度百科——电动推杆	有道、谷歌、[PDF]压力调压器基础——Emerson、post assembly-Wikitionary、谷歌 post assembly 第 2 页
27	valve disk	灵格斯	有道、必应
28	w.c.	灵格斯	谷歌、有道、measurement unit conversation:inch w.c.-convert units、1pa 等于多少 inch WC、Yahoo 奇摩知识+(繁体字)、必应、Bing 网典-英寸、百度知道——英寸水柱的单位是什么(w.c.)?代表什么意思?能不能给出一个详细的解释?、百度知道——in.w.c 是什么压力单位、作业帮——in.w.c 是什么压力单位、wikipedia——inch of water、灵格斯、百度

编号	信息需求	信息资源	
		常规任务	非常规任务
29	stabilizer vent	灵格斯、有道、谷歌、patent CN204 942669U——Fluid regulator-Google. com. af、文档 CN10344250B	有道、谷歌、[PDF]压力调压器基础——Emerson、必应、谷歌翻译
30	upper spring case	有道、必应、灵格斯、有道	谷歌
31	prospective	金山词霸、谷歌［PDF］ausforex-introducing broker agreement、谷歌 "prospective counter-parties" 潜在缔约第2页	有道
32	on a non-exclusive basis	有道、谷歌、yahoo 知识+——合约上的 on an exclusive basis、谷歌委托人 on a non-exclusive basis 第2、3页、百度文库——美国 DFTT 正式代理、谷歌委托人 "on a non-exclusive basis"第2、3页	谷歌、百度、百度百科——非排他性、金山词霸、新浪博客——翻译和出版协议（中英文）、谷歌 non-exclusive basis 翻译第2页、［doc］《上标许可协议》英译中过程中的实践技巧探讨、yahoo 奇摩知识——合约上的 on an exclusive basis 是什么意思、有道
33	hold itself out	谷歌翻译、金山词霸、the free dictionary——hold out、［PDF］ausforex 4、［PDF］introduction 5、谷歌、新浪博客-市场营销许可协议（中英文）、谷歌 "hold itself out" 主张第2页、翻译论坛——译网情深-hold itself out 如何理解、有道、灵格斯、Wordreference forum-hold oneself out、有道、灵格斯、谷歌、英汉法律翻译 legal translation（14）supreme translation14	有道、谷歌、百度知道——搜索结果 hold out、［doc］附件三——W-8BEN-E-于美国扣缴税款与申报目的下之最终受益人身份、法律英语翻译中的省略与重复——翻译技巧-万法通翻译、查查——交易完成的双语例句、交易完成的英语汉语、英汉双语对照
34	logo	有道	有道
35	sourcing	金山词霸、有道	有道、金山词霸
36	financial promotion	有道、谷歌、谷歌"financial promotion" 金融第2、3页、financial promotion-保险-英译汉	有道、Unterm、灵格斯、百度、谷歌、百度文库——英国《2000年金融服务于市场法》评介三、搜狗
37	anti-bribery	有道	有道、金山词霸

续表

编号	信息需求	信息资源	
		常规任务	非常规任务
38	financial advantage	有道、谷歌	有道、谷歌、谷歌"financial advantage"利益第2、3页
39	reward	灵格斯	有道、金山词霸
40	counterparty	有道、灵格斯	有道、金山词霸、谷歌
41	reversibility	有道、UNEP/FAO/RC/CRC. 11. 2/REV. 1	有道、百度、灵格斯

致　谢

致谢页是本书中最温暖的一页了吧。冬雨的申城，终于成稿，我却没感到如释重负。撰写的过程经历困顿曲折，幸有每一位帮助我的挚爱导师、同学、译员与亲友，用他们的每份善意和鼓励促成本书，在此谨向各位表示深深的谢意。

导师柴明颎教授春风化雨，化人无数。四十多年的从教生涯造就导师广阔的专业视野和严谨的学术态度，如高山仰止，景行行止。能再次师从导师，观行效仿，越险峰，徜览学术美景，是读博以来最大幸事。严格意义上来说，我的专业学术训练是在读博期间因导师的循循善诱而逐渐建立起根基。是导师引领我踏入学术殿堂，用聚焦与全景等各种方法转换学术视角，看待学术课题，培养学术思维。感谢导师，在我困惑时点醒，在我顽固时教化，在我需要帮助时从不吝慈爱援手。

柴明颎教授对工作投入的"狂"和"拗"刻印在每一个谈及的话题中，每一杯袅袅而香的咖啡里，每一段抚掌而笑的时光里。导师对音乐的热爱执着、"理工男"的科学故事和生活历练后的豁达从容总给我科研困顿之外的启迪。"毕业"的汉语拼音首字母是 BY，也是 Be You。我虽不能成为斯，但在未来的学术和生活中会将导师的"模因"复制和传扬下去。

感谢敬爱的谢天振教授、戴惠萍教授、龚龙生教授、吴刚教授、宋炳辉教授、黄协安副教授、李梅教授、王立非教授，亲爱的同学们旻、蓉、喆、蕾、澜、雪、梅、其、亚、骏、伟、廷、婷、超、锐，以及学哥、学姐、学弟、学妹们。青葱岁月炙热浓烈，同砚犀利温情，贞友清风高格。感谢有你们，伴我嬉笑，慰我啜泣，亮我明灯，许我冥思。感谢我善良友爱的同事们华、贺、玲、媛、梅，以及每个帮助我顺利完成实验的译员和翻译公司管理人员。你们是我读博小世界的大人物，每一份友爱和诚挚我都记在心。

我的亲人们在我学习期间默默支持，慰勉激励，是我学习的强大后盾。是你们的从容使我心无旁骛地安于自己的小世界，使我拥有坚定不变之信念。

图书在版编目（CIP）数据

英汉翻译职业译者搜索行为研究 /
王静著 . --北京：社会科学文献出版社，2024.4（2025.2 重印）
ISBN 978-7-5228-3020-9

Ⅰ.①英…　Ⅱ.①王…　Ⅲ.①英语-翻译-网络检索
-研究　Ⅳ.①H315.9

中国国家版本馆 CIP 数据核字（2024）第 011023 号

英汉翻译职业译者搜索行为研究

著　　者 / 王　静

出 版 人 / 冀祥德
责任编辑 / 吕秋莎
文稿编辑 / 尚莉丽
责任印制 / 王京美

出　　版 / 社会科学文献出版社·国际出版分社（010）59367142
　　　　　地址：北京市北三环中路甲 29 号院华龙大厦　邮编：100029
　　　　　网址：www.ssap.com.cn
发　　行 / 社会科学文献出版社（010）59367028
印　　装 / 唐山玺诚印务有限公司

规　　格 / 开本：787mm×1092mm　1/16
　　　　　印张：19.25　字数：286 千字
版　　次 / 2024 年 4 月第 1 版　2025 年 2 月第 2 次印刷
书　　号 / ISBN 978-7-5228-3020-9
定　　价 / 138.00 元

读者服务电话：4008918866